Sonderseiten

METHODE		Hier kannst du naturwissenschaftliche Arbeitsweisen trainieren.
PINNWAND		Hier findest du Zusatzinformationen für inhaltliche Vertiefungen.
STREIFZUG		Hier findest du Verknüpfungen mit anderen Fachgebieten.
LERNEN IM TEAM		Hier findest du Vorschläge für die Projektarbeit mit offen formulierten Handlungsaufträgen.
AUF EINEN BLICK		Hier findest du die Inhalte des Kapitels in kurzer und übersichtlicher Form dargestellt.
LERNCHECK		Hier findest du vielfältige Aufgaben zum Wiederholen und Vertiefen der Inhalte des Kapitels.
BASISKONZEPTE		Hier findest du fachliche Fragestellungen, die nach übergeordneten Blickwinkeln sortiert sind.

Aufgabentypen

A: Dies sind Aufgaben, die mithilfe der Texte und/oder der Bilder des Buches zu lösen sind.

Q: Dies sind Aufgaben, zu deren Bearbeitung du zusätzliche Quellen wie Fachbücher, das Internet, Fachleute usw. nutzen musst.

V: Dies sind Versuchsanleitungen, für die du in der Regel einfache, gut zugängliche Materialien brauchst.

ERLEBNIS
Biologie
10

Ein Lehr- und Arbeitsbuch

ERLEBNIS
Biologie
10

Autoren
Johannes Gräter

Peter Hartmann

Andreas Kegelmann

Nadine Lindner

Werner Reitberger

Mit Beiträgen von
Gerd-Peter Becker

Heike Claßen

Jasmin Dittmar

Joachim Dobers

Nicole Fischer

Imme Freundner-Huneke

Marietta und Dieter Keller

Silke Kraft

Olga Leuchtenberg

Ralph Möllers

Siegfried Schulz

Anja Thesing

Annely Zeeb

unter Mitarbeit der Verlagsredaktion

Illustrationen
2 & 3d design Renate Diener

Wolfgang Gluszak

Birgitt Biermann-Schickling

Enrico Casper

Franz-Josef Domke

Eike Gall

Christine Henkel

Wolfgang Herzig

Brigitte Karnath

Heike Keis

Silke Leisse

Lieselotte Lüddecke

Karin Mall

Olav Marahrens

Walther-Maria Scheid

Birgit und Olaf Schlierf

Ingrid Schobel

take five - Joachim Seifried

Werner Wildermuth

Grundlayout und Umschlaggestaltung
SINNSALON
Agentur für Kommunikation und Design
LIO Design GmbH

Fotos
Volker Minkus

Vorbereiten. Organisieren. Durchführen.

BiBox ist das umfassende Digitalpaket zu diesem Lehrwerk mit zahlreichen Materialien und dem digitalen Schulbuch. Für Lehrkräfte und für Schülerinnen und Schüler sind verschiedene Lizenzen verfügbar. Nähere Informationen unter **www.bibox.schule**

westermann GRUPPE

© 2022 Westermann Bildungsmedien Verlag GmbH, Braunschweig, www.westermann.de

Druck A¹/ Jahr 2022
Alle Drucke der Serie A sind inhaltlich unverändert.

Satz: SAZ-Zeichen, Algermissen
Druck und Bindung: Westermann Druck GmbH, Braunschweig

ISBN 978-3-507-**77810**-8

Inhalt

Verantwortungsvolle Elternschaft

Anhang

Sicheres Arbeiten im Fachraum

1.
a) Informiere dich über das richtige Verhalten bei Feuer, Unfällen und Brandalarm.
b) Erkundige dich über die Flucht- und Rettungswege an deiner Schule.

2.
Begründe, warum Essen und Trinken im Fachraum nicht erlaubt sind.

3.
Erläutere anhand der Sicherheitsbelehrung, wie du im Fachraum sicher experimentierst.

Schilder im Fachraum

Die Hinweisschilder zur Unfallverhütung, zur Sicherheit und zur Hilfe sind unterschiedlich in Form und Farbe gekennzeichnet:

1 Rote Schilder geben Hinweise für den Gefahrenfall.

2 Weiße Schilder mit rotem Rand sind Gefahrstoffsymbole.

3 Gelbe Schilder sind Warnzeichen.

4 Grüne Schilder sind Rettungszeichen.

Klasse: 10b   **Datum:** 02.09.

Sicherheitsbelehrung

- Jacke, Schal und Mütze hängst du an die Garderobe. Binde Haare zusammen und lege Schmuck ab.

- Die Arbeitsaufträge liest du vor Versuchsbeginn sorgfältig durch.

- Chemikalien und Laborgeräte holst du erst nach Aufforderung.

- Die Experimente führst du nur im Fachraum durch.

- Bei Bedarf musst du die Schutzbrille aufsetzen.

- Während des Experimentierens bleibst du an deinem Platz.

- Du isst und trinkst nur außerhalb des Fachraumes.

- Jeden Unfall und jede Panne meldest du sofort.

- Am Ende jeder Stunde wäschst du dir die Hände.

Unterschrift   *Laura Schäfer*

METHODE

Was tun im Notfall?

1. Anderen Lehrer oder andere Lehrerin informieren

2. Im Sekretariat Bescheid geben

Umgang mit Basiskonzepten

Wozu dienen Basiskonzepte?

Als Naturwissenschaftler stellt ihr Fragen an die Natur. Beim Beantworten dieser Fragen können euch bestimmte Blickwinkel helfen – sogenannte **Basiskonzepte.** Indem ihr Neues gezielt aus diesen Blickwinkeln betrachtet, erkennt ihr Ähnlichkeiten zu bereits Bekanntem. Ihr versteht Zusammenhänge leichter und könnt Gelerntes besser behalten.

In der Biologie gibt es drei übergeordnete Basiskonzepte: **System, Struktur und Funktion** sowie **Entwicklung.** System sowie Struktur und Funktion können dabei in sieben weitere Basiskonzepte unterteilt werden: Reproduktion, Organisationsebenen, Steuerung und Regelung, Stoff- und Energieumwandlung, Information und Kommunikation, Biodiversität sowie Variabilität und Angepasstheit.

Variabilität und Angepasstheit

Im Laufe der Erdgeschichte hat es viele maulwurfähnliche Tiere gegeben, die mehr oder weniger an ihren Lebensraum angepasst waren. Auch der heute bekannte Maulwurf hat sich so entwickelt, dass er, zum Beispiel durch seine Grabschaufeln, an sein Leben unter der Erde angepasst ist.

Lebewesen sind also veränderlich, man sagt, sie sind „variabel".

Basiskonzept Struktur und Funktion

Baumerkmale der Lebewesen oder ihrer Bestandteile stehen in engem Zusammenhang zu einer entsprechenden Funktion. Oft zeigt sich hier eine Angepasstheit an die Lebensbedingungen.

Basiskonzept Entwicklung

Lebewesen, wie Menschen und auch Pflanzen, vermehren sich. Sie wachsen und entwickeln sich im Laufe ihres Lebens. Über viele Generationen hinweg verändern sich Lebewesen und entwickeln sich weiter. Auch Lebensräume entwickeln sich im Laufe der Zeit.

Information und Kommunikation

Der Stürmer läuft auf das Tor zu und schießt! Der Torwart reagiert rechtzeitig: An der Körperhaltung erkennt er die Absicht des Stürmers, er setzt zum Sprung an und hechtet sich auf die Seite. Mit seinen Händen fängt er den Ball. Bei dieser Reaktion haben die Augen des Torwarts die Information, also den zufliegenden Ball, aufgenommen und weitergegeben. Das Gehirn ermöglicht Reaktionen, den Sprung und das Fangen.

Alle Lebewesen nehmen Informationen auf, speichern und verarbeiten sie und kommunizieren.

Organisationsebenen

Wenn du einatmest, strömt die Luft z. B. durch die Nase und die Luftröhre in die Lungenbläschen der Lunge. Alle an der Atmung beteiligten Organe bilden das Atmungssystem, ein Organsystem. Die verschiedenen Organsysteme unseres Körpers beeinflussen sich gegenseitig. So ist das Kreislaufsystem eng mit dem Atmungssystem verbunden. Alle Organsysteme zusammen bilden den Organismus Mensch.

Alle Lebensvorgänge lassen sich auf verschiedenen Systemebenen erklären.

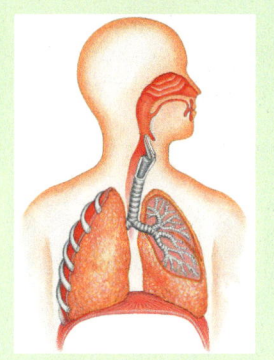

Basiskonzept System

Systeme bestehen aus verschiedenen Teilen, die zusammen eine funktionierende Einheit mit besonderen Eigenschaften bilden. Dabei tauschen die Teile Stoffe, Informationen und Energie aus. Zellen, Organe, Organismus und Lebensräume sind Beispiele für Systeme auf verschiedenen Systemebenen.

Steuerung und Regelung

Deine Körpertemperatur ist, unabhängig vom Wetter, immer nahezu gleich. Sie wird vom Körper geregelt. Wenn allerdings Krankheitserreger in deinen Körper eindringen, kann die Körpertemperatur ansteigen. Dann hast du Fieber.

Alle Lebewesen können also bestimmte Werte gleich halten, aber auch bei Einflüssen von innen oder außen verändern.

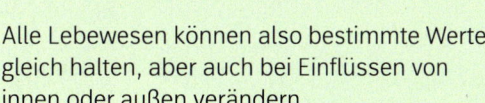

Stoff- und Energieumwandlung

Dein Körper benötigt Nährstoffe, um arbeiten zu können. Dabei wird die Nahrung, zum Beispiel dein Pausenbrot, im Verdauungssystem in seine Bausteine zerlegt. Diese Bausteine braucht der Körper unter anderem, um Energie zu gewinnen.

Alle Lebewesen nehmen Stoffe auf und wandeln sie in Energie um.

Biodiversität

In deiner Umgebung gibt es verschiedene Lebensräume wie Wald, Wiese und Gewässer. In so einem Lebensraum leben viele verschiedene Arten. Aber auch die Individuen einer Art unterscheiden sich: Auf einer Wiese gibt es Gänseblümchen, die größer bzw. kleiner sind als andere ihrer Art.

Biodiversität bezeichnet die Vielfalt des Lebens auf der Erde auf allen Systemebenen.

Reproduktion

Aus befruchteten Hühnereiern schlüpfen nach 21 Tagen Küken. Der Löwenzahn vermehrt sich durch Samen, die an Schirmchen hängen.

Alle Lebewesen pflanzen sich fort und vermehren sich.

Genetik

Was ist eigentlich das Erbgut und wie kann es die Eigenschaften meines Körpers bestimmen?

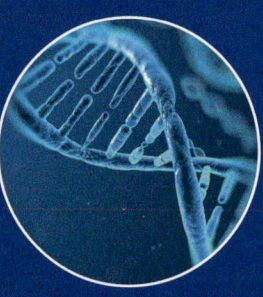

Wie werden Merkmale vererbt und welchen Einfluss hat die Umwelt auf diese?

Welche Möglichkeiten und Risiken liegen in der Gentechnik?

**Versuchsfläche
Betreten verboten**

Versuch mit gentechnisch
veränderten Kartoffeln, die nicht als
Lebensmittel oder Futtermittel
zugelassen sind. Eine Entnahme
durch Unbefugte ist nicht gestattet.

Die Entdeckung des Erbguts

1. ☰ Ⓐ

a) Beschreibe, was man unter der Transformation von Bakterien versteht.

b) OSWALD AVERY nutzte die Tatsache, dass Bakterien transformierbar sind, um herauszufinden, aus welchem Stoff das Erbgut besteht. Beschreibe, wie er dabei vorging.

2. ☰ Ⓐ Ⓝ

a) Beschreibe schrittweise, wie im unten abgebildeten Versuch vorgegangen wurde. Welches Ergebnis wurde erzielt?

b) Erkläre das Versuchsergebnis.

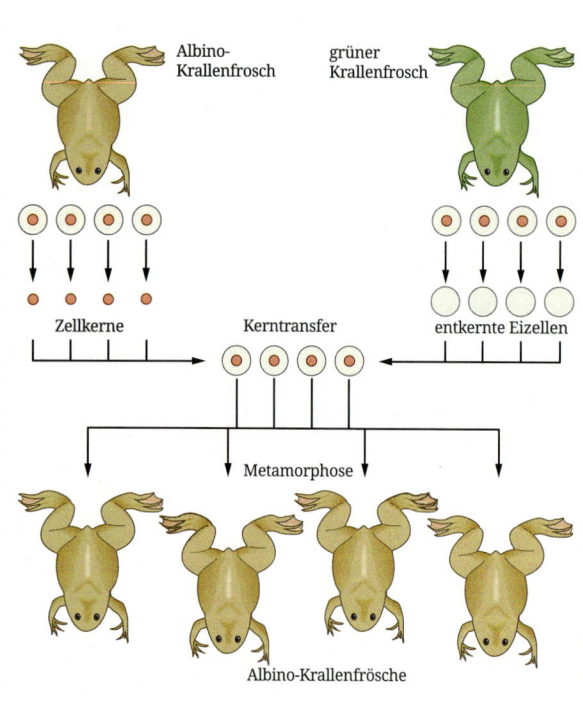

3. ☰ Ⓠ

a) Nenne die Schritte eines naturwissenschaftlichen Erkenntnisweges.

b) Beschreibe am Beispiel des Versuchs mit der Schirmalge *Acetabularia*, was in den einzelnen Schritten gemacht wird.

Wo befindet sich das Erbgut?

Schon seit tausenden von Jahren wissen Menschen, dass bestimmte Eigenschaften vererbt werden. Wie Vererbung funktioniert, welcher Stoff dafür verantwortlich ist und wo in der Zelle dieser steckt, wusste jedoch bis Anfang des 20. Jahrhunderts niemand.

Der Ort, an dem das Erbgut in der Zelle vorkommt, konnte durch Experimente mit der einzelligen Schirmalge *Acetabularia* bestimmt werden.

1 Die Schirmalge *Acetabularia*

Acetabularia besteht im Wesentlichen aus Schirm, Stiel und dem unteren Teil, dem Rhizoid. Dieser enthält den Zellkern.

Verliert die Alge einzelne Teile, so können diese nachgebildet werden. Auch die Teile verschiedener Algen können miteinander verwachsen.

Man kombinierte in Experimenten nun das Rhizoid einer Algenart mit dem Stiel einer anderen. Es bildete sich der Schirm derjenigen Algenart, von der der Teil mit dem Zellkern stammte. Dies war der erste Beweis dafür, dass der **Zellkern** Merkmale beeinflusst.

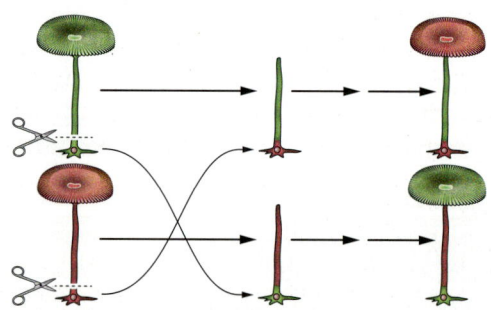

2 Experiment mit Schirmalgen

Der Zellkern

Anschließend versuchten Wissenschaftler herauszufinden, welcher der vielen verschiedenen Stoffe im Zellkern das Erbgut darstellt. Man findet dort Kohlenhydrate, Fette und Proteine. Außerdem wurden 1869 die Nukleinsäuren entdeckt, die in Zellkernen vorkommen. Ein Beispiel für eine Nukleinsäure ist die DNA.

Transformation von Bakterienzellen

Einen ersten Einblick in die Natur des Erbguts lieferten die Versuche von FREDERICK GRIFFITH 1928.
Er arbeitete mit Bakterien, die Lungenentzündungen auslösen. Es gibt zwei verschiedene Stämme: Der S-Stamm kann eine Schleimkapsel bilden und wird deshalb vom Immunsystem nicht abgetötet. Wird er in eine Maus injiziert, so erkrankt diese und stirbt. Der R-Stamm kann keine Kapsel bilden, weshalb er vom Immunsystem unschädlich gemacht werden kann. Er ist also ungefährlich.
Im ersten Schritt nahm GRIFFITH den infektiösen S-Stamm und tötete die Bakterien mit Hitze ab. Spritzte er diese einer Maus, so erkrankte sie nicht. Anschließend mischte er die abgetöteten Bakterien des S-Stamms mit dem nicht infektiösen R-Stamm. Bei einer Injektion dieser Mischung erkrankte die Maus und starb. Durch die Hitze wurde also das Erbgut nicht zerstört und die Bakterien des R-Stamms konnten es aufnehmen. Man nennt dies **Transformation.** Die Bakterien waren dadurch fähig, eine Schleimhülle zu bilden.
Auf Grundlage dieser Ergebnisse war OSWALD AVERY 1944 in der Lage, herauszufinden, aus welchem Stoff das Erbgut besteht.

Versuch von Avery

Dazu nahm er Zellmaterial von Bakterien des S-Stamms, die bereits GRIFFITH in seinen Experimenten verwendet hatte. Er isolierte die einzelnen Stoffgruppen, die darin vorkommen. Daraufhin gab er diese jeweils zu den Bakterien des R-Stamms. Diese Mischungen spritzte er anschließend jeweils in Mäuse.
Bis zu diesem Zeitpunkt gingen die meisten Wissenschaftler davon aus, dass es sich beim Erbgut um Proteine handelt. In AVERYS Versuchen funktionierte die Transformation von Bakterien aber nur mit Nukleinsäuren. So konnte er beweisen, dass es sich beim Erbgut um Nukleinsäuren handelt.

> Das Erbgut befindet sich im Zellkern. OSWALD AVERY fand heraus, dass es sich beim Erbgut um Nukleinsäuren handelt.

3 Modell einer tierischen Zelle

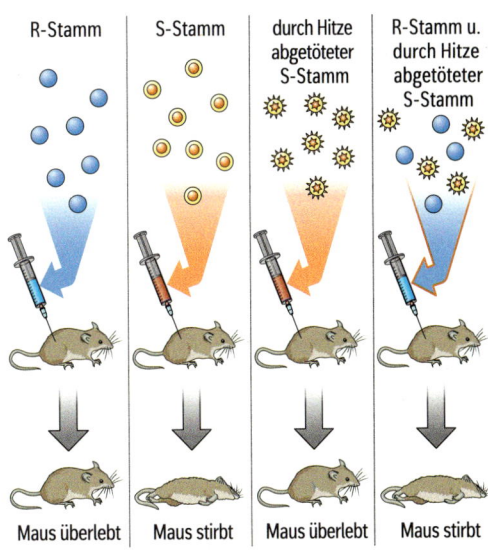

4 Versuch von GRIFFITH

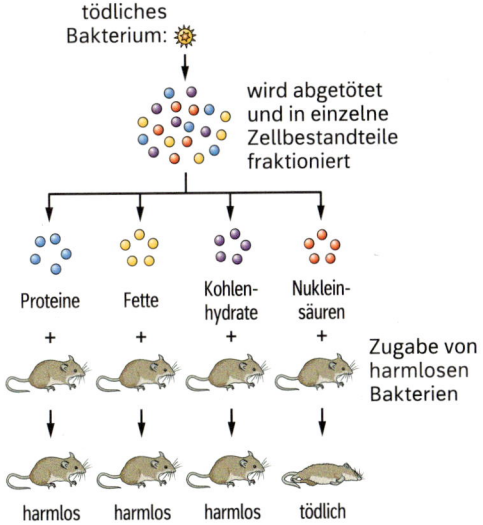

5 Versuch von AVERY

Aufbau der Erbinformation

1. ≡ Ⓐ
Der Fachbegriff Desoxyribonukleinsäure setzt sich aus drei Wörtern zusammen.
a) Teile den Fachbegriff in seine Bestandteile auf.
b) Ordne den Bestandteilen jeweils einen Baustein der DNA zu.

2. ≡ Ⓐ Ⓚ
Beschreibe den Aufbau eines DNA-Doppelstranges in eigenen Worten. Nutze dafür die folgenden Begriffe:
Phosphorsäure · Nukleotid · Nukleinbasen · Desoxyribose · Basenpaarung

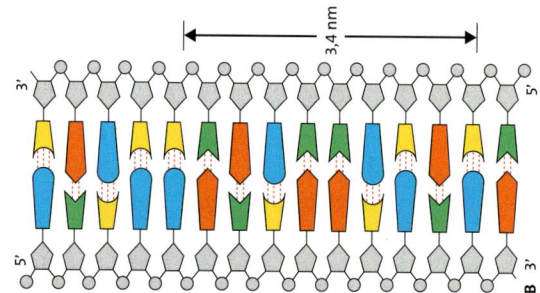

3. ≡ Ⓐ
Beschreibe, wie die DNA in einem Chromosom verpackt ist.

4. ≡ Ⓠ
Der Begriff Wasserstoffbrückenbindung stammt aus der Chemie. Recherchiere den Begriff. Achte dabei darauf, wie sie gebildet wird und bei welchen anderen Molekülen sie vorkommt.

5. ≡ Ⓠ
Einen wesentlichen Anteil an der Aufklärung der DNA hatte der Wissenschaftler ERWIN CHARGAFF. Recherchiere sein Leben und die sogenannten CHARGAFF'schen Regeln. Halte einen kurzen Vortrag.

6. ≡ Ⓥ
Baut Modelle der DNA-Doppelhelix. Präsentiert und erklärt diese anschließend. Geht dabei auf folgende Fragen ein:
a) Wie sind die Desoxyribose-Phosphorsäure-Ketten der Einzelstränge und die vier Basen dargestellt?
b) Wie wird die Basenpaarung dargestellt?
c) Lässt sich die Doppelhelix-Struktur erkennen?
d) Nennt Unterschiede zwischen Modell und Wirklichkeit.

Die DNA

Durch den Versuch von AVERY wurde bewiesen, dass Nukleinsäuren für die Vererbung verantwortlich sind. In weiteren Experimenten wurde klar, dass das zuständige Molekül die **Desoxyribonukleinsäure** oder kurz **DNA** ist. Das A in dieser Abkürzung steht für das englisch Wort acid, zu Deutsch Säure. Sie bildet einen extrem dünnen Faden, der aus drei Grundbausteinen besteht:

- einem bestimmten Zucker, der **Desoxyribose**
- der **Phosphorsäure,** die der DNA ihre saure Eigenschaft gibt
- **Nukleinbasen,** von denen es vier verschiedene gibt: Adenin (A), Cytosin (C), Guanin (G) und Thymin (T)

Chromosomen

Die DNA, die sich in einer menschlichen Zelle befindet, ist insgesamt etwa zwei Meter lang. Damit sie in den Zellkern passt, muss sie platzsparend untergebracht werden.

Der Doppelstrang ist zu einer schraubenförmigen Struktur, der **Doppelhelix,** gewunden. Sie ist so um Proteine gewickelt, dass die Struktur an eine Perlenkette erinnert. Diese bildet das **Chromatin,** die Arbeitsform der DNA. Während die Zelle normal arbeitet, liegt das Erbgut in dieser Form vor.

Wenn Zellen sich teilen, muss die DNA auf die beiden entstehenden Zellen verteilt werden. Das Chromatin wird dann noch weiter verdichtet und bilden die sogar im Lichtmikroskop sichtbaren **Chromosomen.**

> Die DNA besteht aus Desoxyribose, Phosphorsäure und Nukleinbasen. Beim Chromatin ist die Doppelhelix um Proteine gewickelt. Durch weiteres Verdichten bilden sich Chromosomen.

Chromosom

A

B

Proteine

DNA

C

D

DNA-Doppelhelix

1 Erbmaterial:
A angefärbte Chromosomen im Lichtmikroskop
B Bau eines Chromosoms
C Chromatin
D Doppelhelixstruktur der DNA
E Nukleotid
F Bausteine der DNA

Zusammen bilden jeweils einer dieser Bausteine, also Desoxyribose, Phosphorsäure und eine Base, ein **Nukleotid.** Millionen von Nukleotiden bilden einen DNA-Strang. Dabei ist der Zucker eines Nukleotids immer mit der Phosphorsäure des nächsten verbunden. Ein zweiter solcher Strang liegt passgenau so dem ersten gegenüber, dass die Basen parallel zueinander stehen. Dabei liegen sich immer Adenin und Thymin bzw. Guanin und Cytosin gegenüber und bilden eine feste **Basenpaarung.** Sie werden durch Wasserstoffbrückenbindungen zusammengehalten. So entsteht ein Doppelstrang, der einer Strickleiter ähnelt. Dabei werden die „Seile" durch die Verbindung von Desoxyribose und Phosphorsäure gebildet, die „Sprossen" entstehen durch die Basenpaarungen.

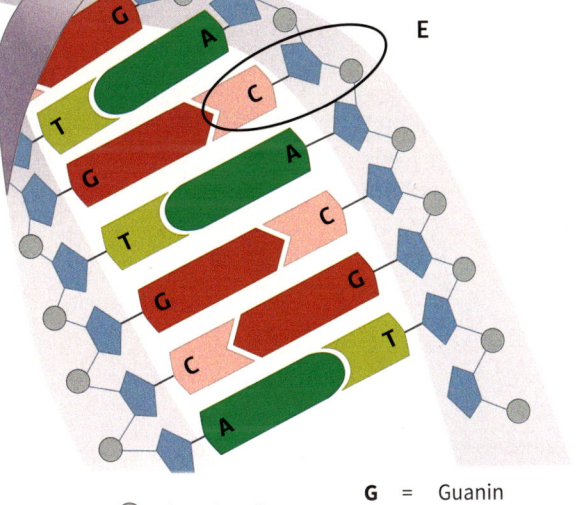

E

G
A
T
C
G
A
T
C
G
G
C
T
A

F

⬤ Phosphorsäure	**G** =	Guanin
	A =	Adenin
⬢ Zucker	**C** =	Cytosin
	T =	Thymin

Geschichte der Genetik

Aus der Geschichte
Bereits vor fast 3000 Jahren im antiken Griechenland war den Menschen aufgefallen, dass Kinder oft einem der Eltern ähneln. Die Erklärungsversuche wirken für uns heutzutage aber oft eher amüsant.

Urzeugung
Eine Theorie, die vermutlich auf den griechischen Philosophen ARISTOTELES (384 – 322 v. Chr.) zurückgeht und in vielen Teilen bis in die Neuzeit Bestand hatte, ist die Urzeugungstheorie. Niedere Tiere (Insekten, Würmer, …) entstehen danach aus unbelebter Materie. Diese Theorie wurde erst gegen Ende des 17. Jahrhunderts widerlegt.

Präformationstheorie
Der griechische Philosoph ANAXAGORAS (499 – 428 v. Chr.) vertrat die sogenannte Präformationstheorie. Nach dieser ist der gesamte Organismus bereits im Spermium enthalten und reift in der Frau nur noch heran. Deshalb wurde früher auch der Begriff Samen für Spermien verwendet. Diese Theorie fand auch in der Neuzeit viele Anhänger und wurde erst im 19. Jahrhundert widerlegt.
Auch das Geschlecht des Kindes war nach Meinung einiger Philosophen bereits vorbestimmt: Die Spermien aus dem rechten Hoden werden Jungen, die aus dem linken Mädchen.

Spermien
Gegen Ende des 16. Jahrhunderts wurden die ersten Mikroskope entwickelt. Als zum ersten Mal Spermien mikroskopiert wurden, glaubte man aufgrund der vorherrschenden Präformationstheorie, darin kleine Menschlein erkennen zu können.

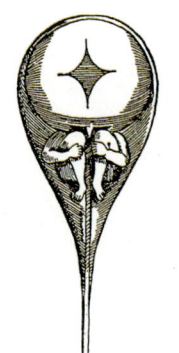

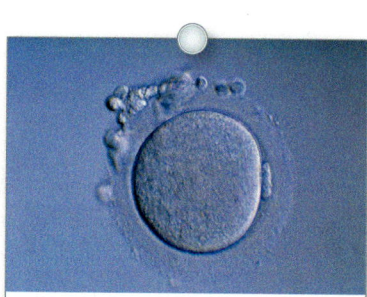

Entdeckung der Eizelle
Die weibliche Eizelle wurde erst 1827 von KARL ERNST RITTER VON BAER EDLER VON HUTHORN (1792 – 1876) entdeckt. Damit wurde die Präformationstheorie eindeutig widerlegt und bewiesen, dass auch die Frauen Eigenschaften an die Nachkommen weitergeben.

Zelltheorie
Mit der von MATTHIAS JAKOB SCHLEIDEN (1804 – 1881) und THEODOR SCHWANN (1810 – 1882) entwickelten Allgemeinen Zelltheorie wurde klar, dass die Ursache für die Ähnlichkeiten zwischen Eltern und Kindern in jeder einzelnen Zelle eines Lebewesens enthalten sein muss.

1.
Die Urzeugungstheorie wurde durch LOUIS PASTEUR in einem berühmten Versuch widerlegt. Informiere dich darüber und erkläre das Experiment deiner Klasse.

2.
Du hast die Zelltheorie bereits in der 7. Klasse kennengelernt. Recherchiere diese und erkläre den Begriff.

Die Entschlüsselung der DNA

Die DNA-Doppelhelix

Die chemischen Bestandteile der DNA waren bereits bekannt. Man konnte sich aber nicht vorstellen, wie das Molekül genau aussieht, das Informationen zum Aufbau eines ganzen Organismus enthält.

Francis Crick und James Watson machten sich 1951 daran, die DNA-Struktur zu entschlüsseln. Um sich genauere Vorstellungen machen zu können, bauten sie sich Modelle und probierten verschiedenste Zusammensetzungen aus.

Dabei nutzten sie die Ergebnisse von Rosalind Franklin, an die sie ohne deren Wissen und Zustimmung gekommen waren. Die Wissenschaftlerin hatte Röntgenstrahlen durch Kristalle aus DNA geschickt. Aus den Ergebnissen konnte man schließen, dass DNA-Moleküle schraubenförmige Strukturen aufweisen müssen. Ein Kollege, Maurice Wilkins, gab diese an Watson und Crick weiter.

Auch Ergebnisse von Erwin Chargaff flossen in die Arbeiten ein: Er hatte festgestellt, dass Adenin und Thymin immer in der gleichen Menge in der DNA vorkommen. Für Guanin und Cytosin galt dasselbe. Dies brachte Watson und Crick auf die Idee der Basenpaarung.

1953 war es dann soweit: Watson und Crick präsentierten ihr Modell der DNA-Doppelhelix. Es erklärt alle bekannten Eigenschaften der DNA und ist bis heute gültig. 1962 erhielten die beiden zusammen mit Maurice Wilkins den Nobelpreis für ihre Entdeckung.

2 James Watson und Francis Crick

Das Human-Genom-Projekt

Forschergruppen aus zahlreichen Ländern schlossen sich 1990 – anfangs unter der Leitung von James Watson – zum Human-Genom-Projekt zusammen. Ziel war es, innerhalb von zwanzig Jahren die Reihenfolge der Basen der menschlichen DNA zu entschlüsseln. Durch rasante Fortschritte in der biochemischen Technik konnte eine weitgehende Automatisierung in der DNA-Analyse erreicht werden. So konnte bereits 2001 die Abfolge von 3 Milliarden Basenpaaren des Menschen vorgestellt werden. Seit 2003 gilt das menschliche Erbgut offiziell als entschlüsselt.

Nun kennt man zwar die Buchstabenabfolge des Lebens und kann auf etwa 20 000 – 25 000 menschliche Gene schließen. In weiten Bereichen der DNA ist jedoch noch völlig unbekannt, welche Information dort gespeichert ist. Deshalb arbeiten weltweit hunderte Forschungsgruppen daran, diese zu entschlüsseln. Die Erkenntnisse über die Funktion von Genen und über ihr Zusammenspiel ist von großer Bedeutung, weil sie auch für die Entwicklung neuer Behandlungsmethoden gegen Krankheiten genutzt werden.

1. ☰ Q
Informiere dich über den Nobelpreis und erkläre deinen Mitschülern kurz dessen Entstehung und Bedeutung.

2. ☰ Q
Von einer Reihe von Forschern wird die Entdeckungsgeschichte der DNA-Doppelhelix als ethisch fragwürdig eingestuft. Suche nach Informationen und formuliere eine eigene Beurteilung.

1 Rosalind Franklin

STREIFZUG

DNA wird identisch verdoppelt

1. ≡ Ⓐ
Beschreibe in einem Satz, was man unter Replikation versteht.

2. ≡ Ⓐ
Beschreibe in eigenen Worten den Verlauf der DNA-Replikation.

3. ≡ Ⓥ

a) Benutzt DNA-Modelle aus der Schulsammlung oder selbst konstruierte Modelle, um daran die Verdopplung der DNA zu zeigen. Geht dabei folgendermaßen vor:
• Öffnet den Doppelstrang in Längsrichtung zu zwei Einzelsträngen, indem ihr die gepaarten Basen an einer Stelle voneinander trennt.
• Ergänzt nun jeden der beiden Einzelstränge durch die passenden Molekülbausteine wieder zu einem Doppelstrang.
Achtet auf die korrekte Basenpaarung.
b) Vergleicht die Reihenfolge der Basenpaare und die Verteilung von „altem" und „neuem" Material der beiden entstandenen Doppelstränge.

4. ≡ Ⓐ ◐
Auf einem Einzelstrang ist folgende Basensequenz vorhanden:
ATTGACTCCGAT
Bilde den Gegenstrang dazu, der bei der Replikation entsteht.

5. ≡ Ⓠ
Es ist wichtig, dass die Nukleotide bei der Replikation nur entsprechend der Basenpaarung eingebaut werden. Die Proteine, die sicherstellen sollen, dass dies passiert, können aber auch defekt sein. Was dann passiert, kann man zum Beispiel am sogenannten Werner-Syndrom beobachten. Informiere dich über diese Krankheit und halte einen kurzen Vortrag.

DNA-Verdopplung und Zellteilung

Bevor sich eine Zelle teilt, wird die DNA verdoppelt, sodass die gleiche Information zweimal vorliegt. Nur so kann bei der Zellteilung jede Tochterzelle die gesamte Erbinformation erhalten. Da in jeder Zelle ein Bauplan vorhanden sein muss, ist dieser Prozess unverzichtbar.

Die Replikation

Bei der identischen DNA-Verdopplung, der **Replikation,** öffnet sich der DNA-Doppelstrang in Längsrichtung wie ein Reißverschluss. Nun lagern sich der Basenpaarung entsprechend passende Nukleotide an die offenen Einzelstränge an und werden miteinander verknüpft. So entstehen wieder zwei komplette Doppelstränge.

Proteine entwinden die DNA

Die Verdopplung der DNA wird erst durch unterschiedliche Enzyme möglich gemacht. Zuerst entwindet ein Protein die Doppelhelix, sodass der Doppelstrang flach vorliegt. Nur in dieser Form kann die DNA verdoppelt werden. Auch beim Ablesen der Information von der DNA wird dieser Vorgang benötigt. Als nächstes muss der Doppelstrang aufgespalten werden. Hierfür wird ein weiteres Protein benötigt. Es trennt die Wasserstoffbrückenbindungen zwischen den Basen. Somit liegen dann zwei DNA-Einzelstränge vor. Da sich die Basen gegenseitig anziehen würden, werden Proteine benötigt, die verhindern, dass sich nach der Aufspaltung gleich wieder ein Doppelstrang bildet. Diese Eiweiße binden an den Einzelstrang.

Die Verdopplung

Es liegen nun zwei DNA-Einzelstränge vor, die verdoppelt
werden können.

An diese bindet die **DNA-Polymerase,** die den geöffneten
Einzelstrang entlangläuft. Dabei
verbindet sie die neu angelager-
ten Nukleotide zu einem neuen
Strang. Außerdem überprüft sie,
ob die neuen Nukleotide entsprechend der Basenpaarung zu
denen auf dem alten Strang
passen.

Die beiden gebildeten Doppelstränge liegen nun noch in einer
ebenen Form vor. Ein weiteres
Protein sorgt dafür, dass sie um
einander gewunden werden und
sich wieder eine Doppelhelix
bildet.

Die gebildeten Doppelstränge
bestehen je zur Hälfte aus einem
alten DNA-Strang und aus einem
neu gebildeten. Durch die festge-
legte Basenpaarung haben beide
DNA-Doppelstränge dieselbe
Basenreihenfolge wie der alte
Doppelstrang. Sie enthalten also
identische Informationen und
geben diese bei der Zellteilung an
die Tochterzellen weiter.

Die Verdopplung der DNA wird als
Replikation bezeichnet. Dabei
wird die Doppelhelix entspirali-
siert und der Doppelstrang
aufgetrennt. Die DNA-Polymerase
verbindet die neuen Nukleotide zu
einem Strang. Zum Schluss wird
jeder der entstandenen Stränge
wieder spiralisiert.

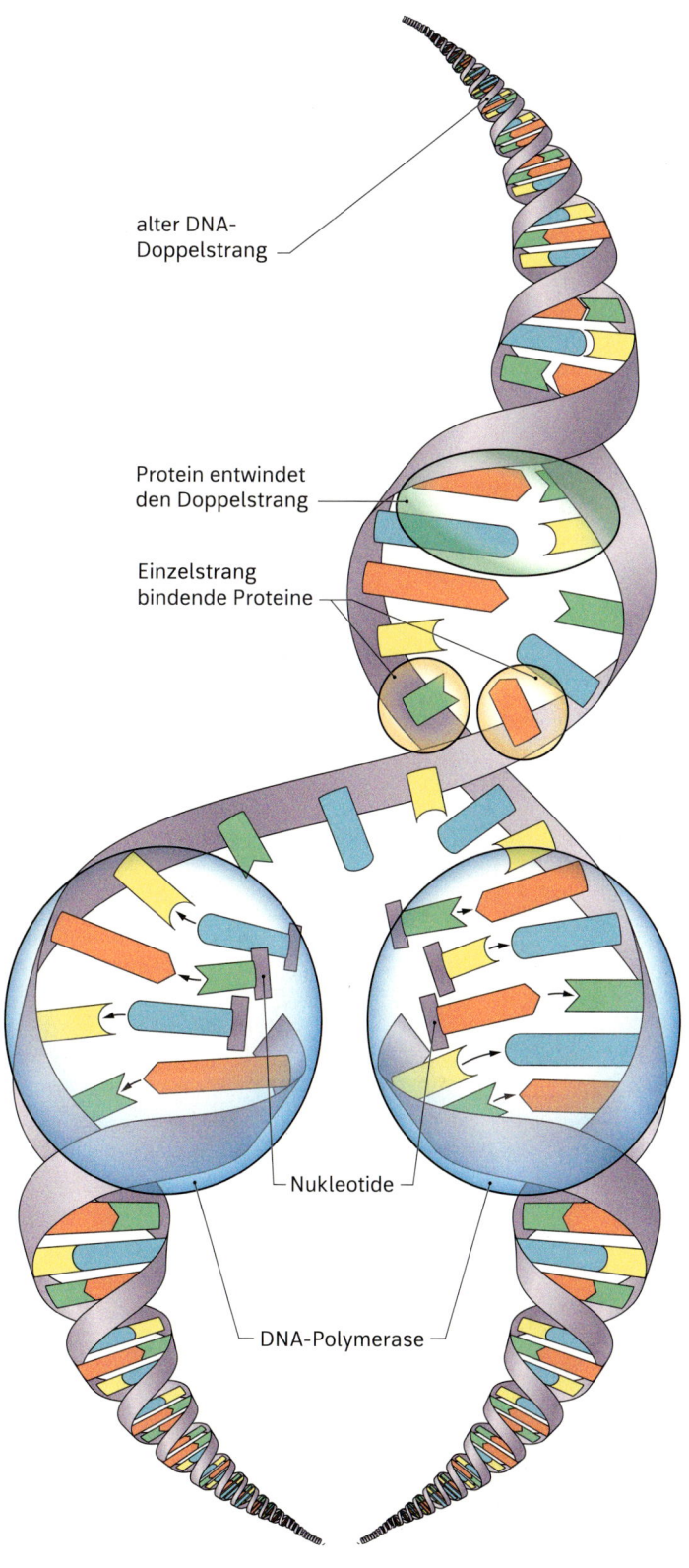

alter DNA-
Doppelstrang

Protein entwindet
den Doppelstrang

Einzelstrang
bindende Proteine

Nukleotide

DNA-Polymerase

1 DNA-Verdopplung

Genetische Information der DNA

1. ≣ Ⓐ
Beschreibe in einem Satz, was ein Gen ist.

2. ≣ Ⓐ
Nenne drei verschiedene Arten von Proteinen, die im menschlichen Körper vorkommen.

3. ≣ Ⓐ ⓐ
Vergleiche die Abbildung unten mit der Umsetzung der genetischen Information.

Bauanleitung in Fachsprache

passende Bauteile

Fachmann: versteht Information und setzt sie um

funktionierendes Getriebe

1 Ohne Anleitung geht es nicht!

Die DNA als Informationsträger

Die DNA lässt sich als Bau- und Betriebsanleitung für die Zelle und letztlich für den Körper auffassen. Die Anleitung ist als DNA-Doppelhelix im Zellkern gespeichert. Bevor sich Zellen teilen, wird sie durch eine identische DNA-Verdopplung kopiert und die Information an die Tochterzellen weitergegeben.

Nützlich wird diese aber erst, wenn sie gelesen und umgesetzt wird. Ähnlich wie ein Text mit 26 Buchstaben in einer Fachsprache geschrieben und vom Fachmann gelesen und umgesetzt werden kann, ist die Information auf der DNA in der Reihenfolge der Basen verschlüsselt. Statt der 26 Buchstaben des Alphabets sind also nur vier „Buchstaben" in der DNA vorhanden.

In den Zellen sorgt nun ein chemischer Mechanismus dafür, dass die Basenreihenfolge gelesen und übersetzt wird. Dadurch werden entsprechend der „Anleitung" auf der DNA entsprechende Proteine gebildet. Dies bezeichnet man als **Proteinbiosynthese.**

Was sind Proteine?

Proteine, auch Eiweiße genannt, sind kettenförmige Moleküle, die aus kleinen Bausteinen, den **Aminosäuren,** aufgebaut sind. Von diesen gibt es 20 verschiedene. Die langen Ketten, die oft hunderte von Aminosäuren enthalten, sind räumlich wie bei einem Knäuel aufgewickelt. Einen Abschnitt auf der DNA, der die Information zum Aufbau eines bestimmten Proteins enthält, nennt man **Gen.** Letztlich werden alle Merkmale eines Organismus auf der Grundlage der Gene ausgebildet.

Proteine sind lebensnotwendig

Es gibt eine unglaubliche Vielzahl von Proteinen in unserem Körper, die viele unterschiedliche Aufgaben erfüllen. So sind sie als Baustoffe in unseren Muskeln, Haaren und der elastischen Schicht unserer Haut vorhanden. Als Enzyme wirken sie als Katalysatoren in unserem Körper und sorgen so dafür, dass chemische Reaktionen ablaufen können. Manche Proteine wie das Insulin sind Botenstoffe. Antikörper, die wichtigste Waffe unseres Immunsystems gegen Krankheitserreger, sind ebenso Eiweiße wie das Hämoglobin, das in unseren roten Blutkörperchen für den Transport von Sauerstoff verantwortlich ist.

> In der Proteinbiosynthese werden mithilfe der Information auf der DNA Proteine hergestellt. Diese erfüllen vielfältigste Aufgaben in unserem Körper.

DNA selbst gewinnen

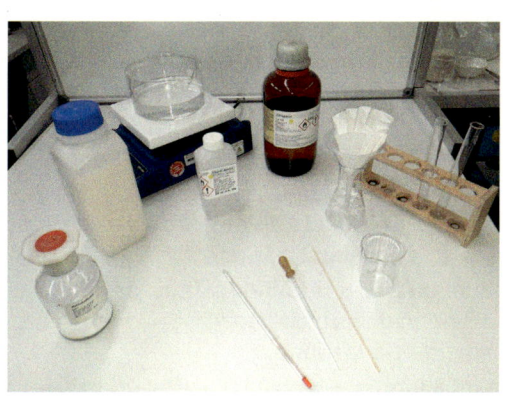

In jeder Zelle eines jeden Lebewesens ist DNA vorhanden. Es stehen also im Prinzip viele Quellen zur Verfügung. Allerdings ist die Isolierung der Erbsubstanz unterschiedlich schwierig: Je weicher das Gewebe, desto einfacher lässt sich meist auch die DNA gewinnen.

Vorbereitung

Bevor ihr mit dem Versuch beginnt, stellt etwas Spiritus oder, wenn vorhanden, Isopropanol (2-Propanol) ins Gefrierfach des Kühlschranks.
Gebt in ein Becherglas 20 ml Leitungswasser, 1,2 g Kochsalz, 2,2 g Natriumcitrat und 5 ml Spülmittel.

Schritt 1

Nehmt für den Versuch ein ca. 5 cm langes Stück Zucchini, eine Tomate oder anderes weiches Material entsprechender Größe. Reibt oder zerdrückt dieses möglichst fein. Das erhaltene Material gebt ihr zu der vorbereiteten Flüssigkeit in das Becherglas.
Um an die DNA zu gelangen, müssen Zellwände, Zellmembranen und Zellkerne zerstört werden. Durch das Zerreiben wird die Oberfläche vergrößert und viele Zellen werden auch schon zerstört. Je größer die Oberfläche, desto mehr Zellen können im nächsten Schritt angegriffen werden.

Schritt 2

Erhitzt nun das Becherglas unter Rühren in einem Wasserbad auf 60 bis 70 °C für etwa 5 Minuten.
Die nicht aufgelösten Reste müssen nun noch entfernt werden. Gebt dazu die Flüssigkeit in einen Filter.
Durch das Erhitzen in einer Spülmittellösung werden viele Zellen zerstört und die DNA befindet sich jetzt in der Flüssigkeit.

Schritt 3

Nun muss die DNA, die in der Flüssigkeit gelöst ist, noch aus dieser isoliert werden. Gebt von dem Filtrat so viel in ein Reagenzglas, dass dieses etwa 3 cm hoch gefüllt ist. Nehmt nun mit einer Pasteurpipette den eiskalten Spiritus (oder Isopropanol) auf und lasst ihn vorsichtig an der Wand des Reagenzglases herunterlaufen. So entsteht eine Schicht von Alkohol über der anderen Flüssigkeit. Diese obere Schicht sollte fast so hoch sein wie die untere. An der Grenze zwischen dem Alkohol und dem Filtrat kann sich die DNA nicht mehr lösen, sie fällt als durchsichtiges bis weißliches Material aus. Wickelt sie nun mit einem Holzstäbchen auf und zieht sie aus der Flüssigkeit heraus.

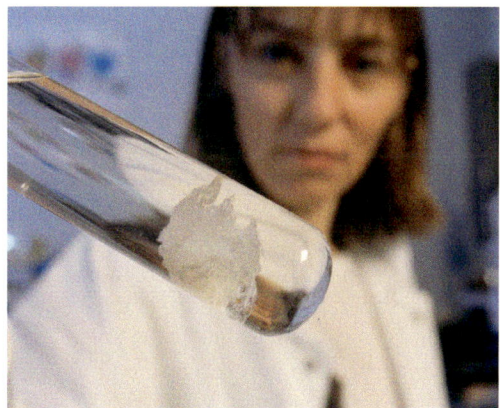

Vom Gen zum Protein – die Information wird lebendig

1.
a) Benenne die zwei Hauptschritte der Proteinbiosynthese und die Produkte, die dabei jeweils entstehen.
b) Nenne die RNA-Typen, die bei der Proteinbiosynthese eine Rolle spielen und beschreibe jeweils ihre Funktion.

2.
Erläutere, wie bei der Translation die Reihenfolge der Basen auf der mRNA in die Reihenfolge der Aminosäuren des Proteins übersetzt wird.

3.
Genmutationen sind Veränderungen der DNA. Erläutere mögliche Auswirkungen einer veränderten Reihenfolge der DNA-Basen auf die Reihenfolge der mRNA-Basen und auf das gebildete Protein.

4.
Wie viele Positionen auf der DNA sind nötig, damit man mit den 4 verschiedenen Basen die 20 verschiedenen Aminosäuren codieren kann?
Für den folgenden Versuch benötigst du Schafkopf- oder Tarotkarten. Suche Karten mit gleichem Wert (z. B. alle Buben oder alle 9er) in den vier unterschiedlichen Farben.
Die Farben stehen für die vier verschiedenen Nukleinbasen. Ein Wert steht für eine Position auf der DNA.
Finde heraus, wie viele Positionen der DNA nötig sind, damit 20 verschiedene Kombinationsmöglichkeiten an unterschiedlichen Farben möglich sind.

5.
Der Triplettcode wird häufig als Codesonne dargestellt. Die Buchstaben stehen für die Basen der mRNA. Eine Kombination aus drei Basen, ein Triplett, ist von innen nach außen zu lesen. Dann gelangt man zu einer Abkürzung für eine der Aminosäuren. So liest man beispielsweise für CCA die Abkürzung Pro ab, die für die Aminosäure Prolin steht. Daneben lässt der Triplettcode noch Raum für Start- und Stopp-Tripletts. Manche Aminosäuren sind mehrfach codiert.
Ermittle mithilfe der Codesonne,
a) welche Aminosäuren jeweils durch AAA und UGC codiert werden.
b) welche Tripletts für die Aminosäure Alanin (Ala) codieren können.
c) bei welchen Tripletts die Translation beendet wird (Stopp-Signal).

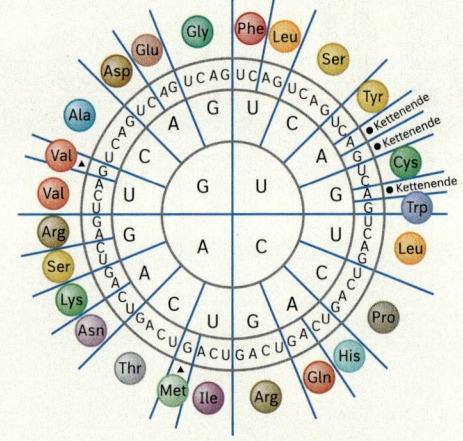

▲ Start - Codons: hier beginnt die Translation
● Stopp - Codons: hier endet die Tanslation

1 Codesonne

In zwei Schritten vom Gen zum Protein

Proteine bestehen aus Aminosäurebausteinen. Die Reihenfolge, in der sie in der Kette vorliegen, bestimmt die Funktion eines jeden Proteins.
Die Herstellung von Proteinen in der Zelle läuft in zwei Schritten ab. Zuerst wird bei der **Transkription** im Zellkern eine Abschrift der auf der DNA gespeicherten Erbinformation angefertigt und in Form einer Boten-RNA ins Zellplasma geschickt. Dort wird im zweiten Schritt, der **Translation,** das Protein gebildet.

Die Transkription

Die DNA enthält sämtliche Information zu Aufbau und Funktion der Zelle. Deshalb wird sie geschützt, indem sie von einer Kernhülle umgeben ist. Soll ein Protein gebildet werden, so wird die wichtige DNA nicht direkt zu den **Ribosomen** geschickt, sondern nur eine Kopie davon. Deshalb öffnet sich die Doppelhelix im Bereich des Gens. Entlang der DNA-Vorlage wird nun aus Nukleotiden eine **mRNA** (vom engl. messenger = Bote) mit passender Basenfolge synthetisiert. Im Unterschied zur DNA enthält RNA als Zucker Ribose anstatt Desoxyribose und die Base Uracil (U) anstatt Thymin. So wird die mRNA als Kopie gekennzeichnet. Nur sie verlässt den Zellkern.

Die Translation

Die mRNA bewegt sich zu den Ribosomen. Anschließend wird die Reihenfolge der Basen der mRNA schrittweise in die Reihenfolge der Aminosäuren des sich bildenden Proteins übersetzt. Da 20 verschiedene Aminosäuren vorhanden sind, aber die Information in der Abfolge von nur vier verschiedenen Basen enthalten ist, müssen mehrere Basen für eine Aminosäure stehen. Deshalb wird durch die Kombination von drei Basen, einem so genannten **Triplett,** auf der mRNA bestimmt, welche Aminosäure in das Protein eingebaut werden soll. Diese Zuordnung zwischen einem Basentriplett und einer Aminosäure bezeichnet man als **genetischen Code.** Dieser ist für alle Lebewesen nahezu identisch, Man bezeichnet ihn daher als **universell.**

Für den Transport zu den Ribosomen werden die Aminosäuren an sogenanntem **tRNA**s (transfer RNA) gebunden. Jede tRNA besitzt auf der einen Seite eine Kombination von drei Basen, die bestimmt, welche Aminosäure auf der anderen Seite der tRNA angekoppelt wird. Wenn eine mit einer Aminosäure beladene tRNA eine Basenkombination besitzt, die zum Basentriplett auf der mRNA passt, dann kann sie sich an diese Stelle anlagern. Das Ribosom verbindet dann die Aminosäuren der Reihe nach. Die tRNA, die ihre Aminosäure abgegeben hat, löst sich vom Ribosom. Dieses „rutscht" auf der mRNA ein Triplett weiter und die nächste beladene tRNA lagert sich an. So wächst die Proteinkette, bis ein Stopp-Signal kommt, das die Translation beendet.

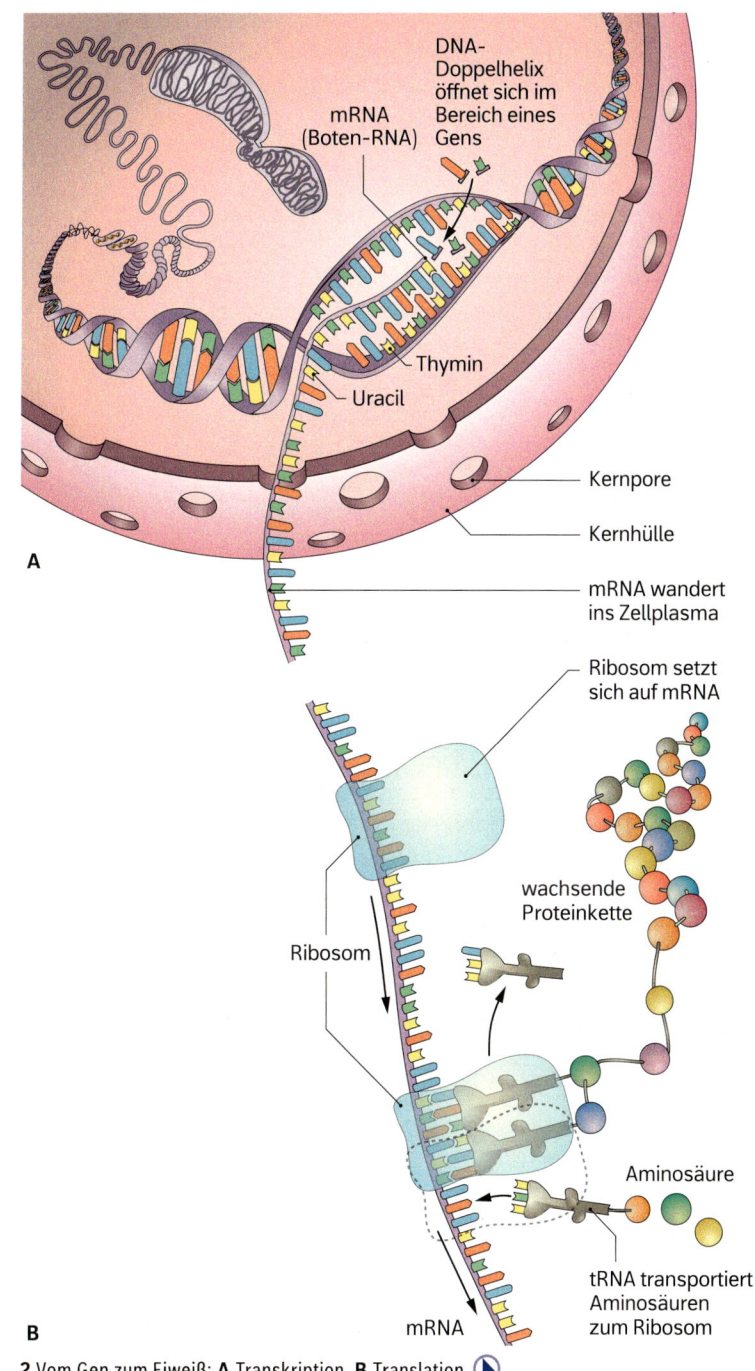

A

mRNA (Boten-RNA)

DNA-Doppelhelix öffnet sich im Bereich eines Gens

Thymin

Uracil

Kernpore

Kernhülle

mRNA wandert ins Zellplasma

Ribosom setzt sich auf mRNA

wachsende Proteinkette

Ribosom

Aminosäure

tRNA transportiert Aminosäuren zum Ribosom

B

mRNA

2 Vom Gen zum Eiweiß: **A** Transkription, **B** Translation

Bei der Transkription wird ein Gen auf der DNA kopiert. Dabei entsteht die mRNA. Bei der Translation wird danach auf Grundlage dieser Information ein Protein hergestellt. tRNAs liefern Aminosäuren, die vom Ribosom zu einem Protein verbunden werden.

Chromatin und Chromosomen

1. ≣ Ⓐ
a) Erkläre, woher der Name Chromosom kommt.
b) Erkläre, warum Chromosomen nur zu bestimmten Zeiten in einer Zelle vorkommen.

2. ≣ Ⓐ
a) Fertige eine Skizze eines Chromosoms in deinem Heft an.
b) Beschreibe den Aufbau eines Chromosoms in eigenen Worten. Nutze dabei die Begriffe Chromatid, Centromer und Chromosomenarm.

3. ≣ Ⓐ
a) Beschreibe, was man unter einem Karyogramm versteht.
b) Definiere die Begriffe haploider und diploider Chromosomensatz.
c) Erkläre, warum in ein und demselben Menschen zwei verschiedene Chromosomensätze vorkommen müssen.

4. ≣ Ⓐ
a) Beschreibe, was man unter homologen Chromosomen versteht.
b) Begründe, warum es aus biologischer Sicht sinnvoll ist, dass jede Körperzelle einen diploiden Chromosomensatz mit je 2 homologen Chromosomen besitzt.

5. ≣ Ⓐ �◑
Unten siehst du das Karyogramm eines Mannes. Vergleiche dieses mit dem einer Frau in Abbildung 2. Beschreibe Unterschiede und Gemeinsamkeiten unter Verwendung von Fachbegriffen.

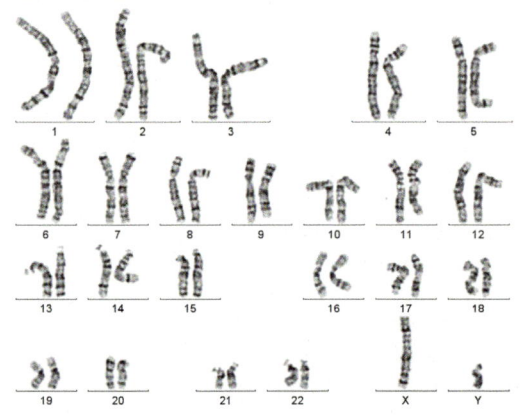

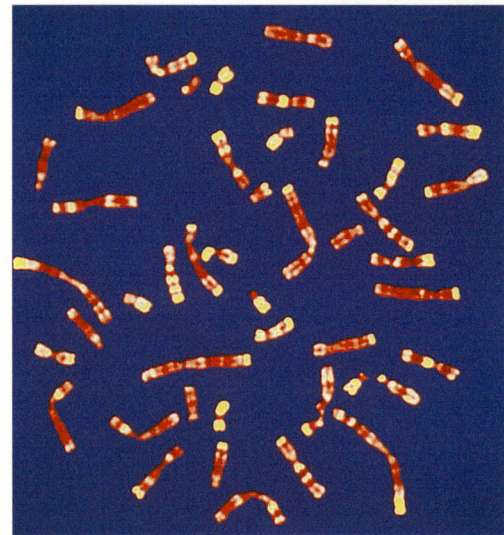

1 Mikroskopische Aufnahme der Chromosomen einer Zelle

Chromosomen

In den Zellen finden zu jeder Zeit unzählige Auf- und Abbauvorgänge von Stoffen statt. Gesteuert werden sie von der DNA.
Meist kommt die DNA als Chromatin vor. Nur in dieser Form kann die Transkription stattfinden und die Information auf dem Erbgut damit auch abgelesen werden. Deshalb bezeichnet man das Chromatin auch als **Arbeitsform** der DNA.
Wenn eine Zelle sich teilt, muss die DNA auf die beiden neu entstehenden Zellen verteilt werden. Dies ist wesentlich einfacher, wenn das Erbgut möglichst kompakt vorliegt. Deshalb wird das Chromatin dafür noch weiter verdichtet, es entstehen die Chromosomen. Sie werden auch als **Transportform** der DNA bezeichnet. In dieser Form kann die Information aber nicht abgelesen werden. Ihren Namen verdanken die Chromosomen ihrer leichten Anfärbbarkeit (griechisch: chroma = Farbe, soma = Körper).

Karyogramm

Ordnet man die Chromosomen, die man im Mikroskop in einer Zelle erkennen kann, nach Form und Größe, so erhält man ein sogenanntes **Karyogramm.** In diesem fällt auf, dass es immer zwei Chromosomen gibt, die sich stark ähneln. Man nennt sie **homologe Chromosomen.** Je ein Chromosom eines homologen Chromosomenpaares stammt von der Mutter

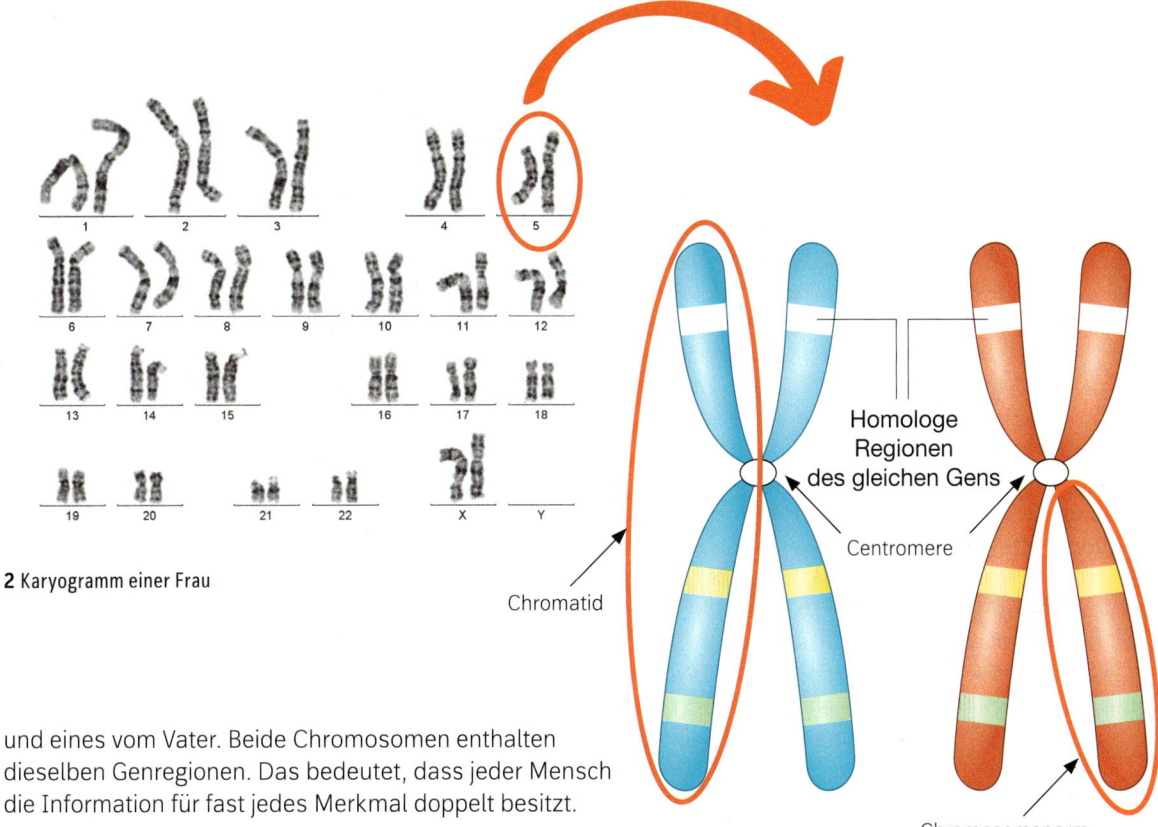

2 Karyogramm einer Frau

3 Aufbau von Chromosomen

Homologe Regionen des gleichen Gens

Centromere

Chromatid

Chromosomenarm

und eines vom Vater. Beide Chromosomen enthalten dieselben Genregionen. Das bedeutet, dass jeder Mensch die Information für fast jedes Merkmal doppelt besitzt.

Im Karyogramm kann man außerdem erkennen, dass in jeder menschlichen Körperzelle 46 Chromosomen vorhanden sind. Man spricht von einem doppelten oder **diploiden Chromosomensatz.**

Bildet ein Mensch nun Keimzellen, also Eizellen oder Spermien, dann muss der Chromosomensatz auf 23 Chromosomen halbiert werden. Man erhält dann einen einfachen oder **haploiden Chromosomensatz.** Bei der geschlechtlichen Fortpflanzung verschmelzen die beiden Keimzellen. Aus der befruchteten Eizelle entsteht ein Mensch, der dann wieder 46 Chromosomen, also einen diploiden Chromosomensatz, besitzt.

Die Anzahl der Chromosomen im Zellkern ist von der Art des Lebewesens abhängig. Es besteht keinerlei Zusammenhang zwischen der Chromosomenzahl und dem Entwicklungsstand des Lebewesens.

Bau der Chromosomen

Chromosomen ähneln im Bau dem Buchstaben X. Je eine Hälfte bezeichnet man als Chromatid. Sie sind exakte Kopien, enthalten also beide die identische genetische Information. Die beiden Chromatiden sind am **Centromer** miteinander verbunden. Der Teil eines Chromatids ober- bzw. unterhalb des Centromers heißt **Chromosomenarm.** Die beiden Arme eines **Chromatids** sind meist unterschiedlich lang.

Lebewesen	Anzahl der Chromosomen
Stechmücke	6
Champignon	8
Goldhamster	44
Mensch	46
Schimpanse	48
Goldfisch	94
Wurmfarn	164

4 Anzahl der Chromosomen von verschiedenen Lebewesen

Die DNA kommt in zwei Formen in der Zelle vor: Chromatin ist die Arbeitsform, Chromosomen sind die Transportform des Erbguts. Die Körperzellen eines Menschen besitzen 46 Chromosomen, also einen diploiden Chromosomensatz. Je 2 Chromosomen sind darin homolog. Keimzellen enthalten einen haploiden Chromosomensatz. Ein Chromosom besteht aus 2 Chromatiden, die im Centromer miteinander verbunden sind.

Zellteilung führt zu Vermehrung und Wachstum

1.

In den Wurzelspitzen austreibender Zwiebeln finden viele Mitosen statt.

Du kannst selbst Präparate zur mikroskopischen Untersuchung der Mitosestadien anfertigen:

a) Entferne die äußere Schale einer Küchenzwiebel und setze sie auf ein Glas mit Wasser. Im Glas sollte so viel Wasser sein, dass die Zwiebel die Wasseroberfläche gerade nicht berührt.

b) Nach 2 bis 4 Tagen haben sich kleine Wurzeln gebildet. Schneide etwa 3 mm lange Spitzen ab und lege sie alle zusammen in ein kleines Becherglas. Gib so viel Karmin-Essigsäure hinzu, dass die Wurzelspitzen bedeckt sind. Koche dann alles kurz auf.

c) Bringe 3 bis 4 Wurzelspitzen mit der Pinzette auf einen Objektträger und lege ein Deckgläschen auf.

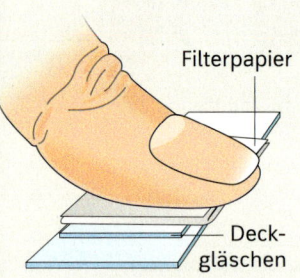

Filterpapier

Deckgläschen

Fertige nun ein Quetschpräparat an: Lege dazu den Objektträger auf den Tisch als ebenen Untergrund. Falte ein Stück Filterpapier mehrfach und lege es auf das Deckgläschen. Drücke dann von oben mit dem Daumen kräftig auf das Filterpapier, möglichst ohne seitliches Verrutschen.

d) Mikroskopiere die Wurzelspitzen. Suche bei geringer Vergrößerung Zellen in verschiedenen Mitosestadien. Mikroskopiere dann bei starker Vergrößerung (z. B. 500-fach). Fertige Zeichnungen einzelner Mitosestadien an oder fotografiere sie mithilfe deines Smartphones.

2.

a) Stellt die Phasen der Mitose mithilfe eines Modells aus Pfeifenputzern nach.

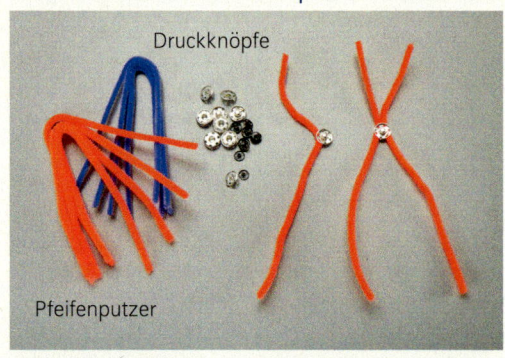

Druckknöpfe

Pfeifenputzer

b) Erklärt bei einer Präsentation, was das Modell gut zeigt.

c) Nennt die Vorgänge der Mitose, die mit diesem Modell nicht so gut oder gar nicht dargestellt werden können.

3.

a) Gib die Phasen der Mitose in Form einer Tabelle an. Beschreibe dabei die Veränderungen und die Bewegungen der Chromosomen.

Phase	Veränderung
Prophase	

b) Begründe, warum einer Zellteilung eine Mitose voraus gehen muss.

c) Eine Zelle kann sich nach erfolgter Zellteilung nicht sofort wieder teilen. Erkläre den Hintergrund dieser Aussage.

Der Zellzyklus

Einzellige Lebewesen vermehren sich durch Zellteilung. Vielzellige Lebewesen wie Pflanzen und Tieren wachsen, indem sich Zellen teilen. Bei jeder Zellteilung muss sich auch der Zellkern teilen. Diesen Prozess nennt man **Mitose**. Dabei lassen sich mehrere Phasen unterscheiden, die auf der nächsten Seite am Beispiel der Zwiebel gezeigt werden. Nach erfolgter Zellteilung müssen die entstandenen Zellen wachsen und die DNA muss sich wieder verdoppeln. Dann erst ist eine erneute Zellteilung möglich.

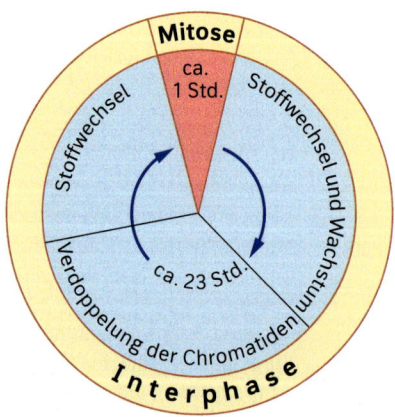

1 Zellzyklus

Prophase

Das Chromatin beginnt sich zu Chromosomen zu verdichten. Die Kernmembran löst sich auf. Es bildet sich von den Polkappen aus der **Spindelfaserapparat,** der die Chromosomen bewegt.

Metaphase

Die Chromosomen sind jetzt am dichtesten gepackt. Der Spindelfaserapparat verbindet sich mit den Centromeren und bringt die Chromosomen in die Mitte der Zelle, der **Äquatorialebene.**

Anaphase

Die Chromosomen werden in ihre Chromatiden getrennt und je ein Chromatid jedes Chromosoms wird in eine Zellhälfte gezogen. So erhält jede entstehende Zelle die komplette Erbinformation.

Telophase

Die Chromatiden entspiralisieren sich und der Spindelfaserapparat löst sich auf. Es werden Kernmembranen gebildet. Durch die Entstehung von Zellmembran und Zellwand werden die beiden Zellen getrennt.

Interphase

Zwischen zwei Zellteilungen, in der Interphase, wachsen die Zellen. Die DNA liegt in Form von Chromatin vor und es findet Stoffwechsel statt. Durch Replikation werden die Chromatiden wieder verdoppelt.

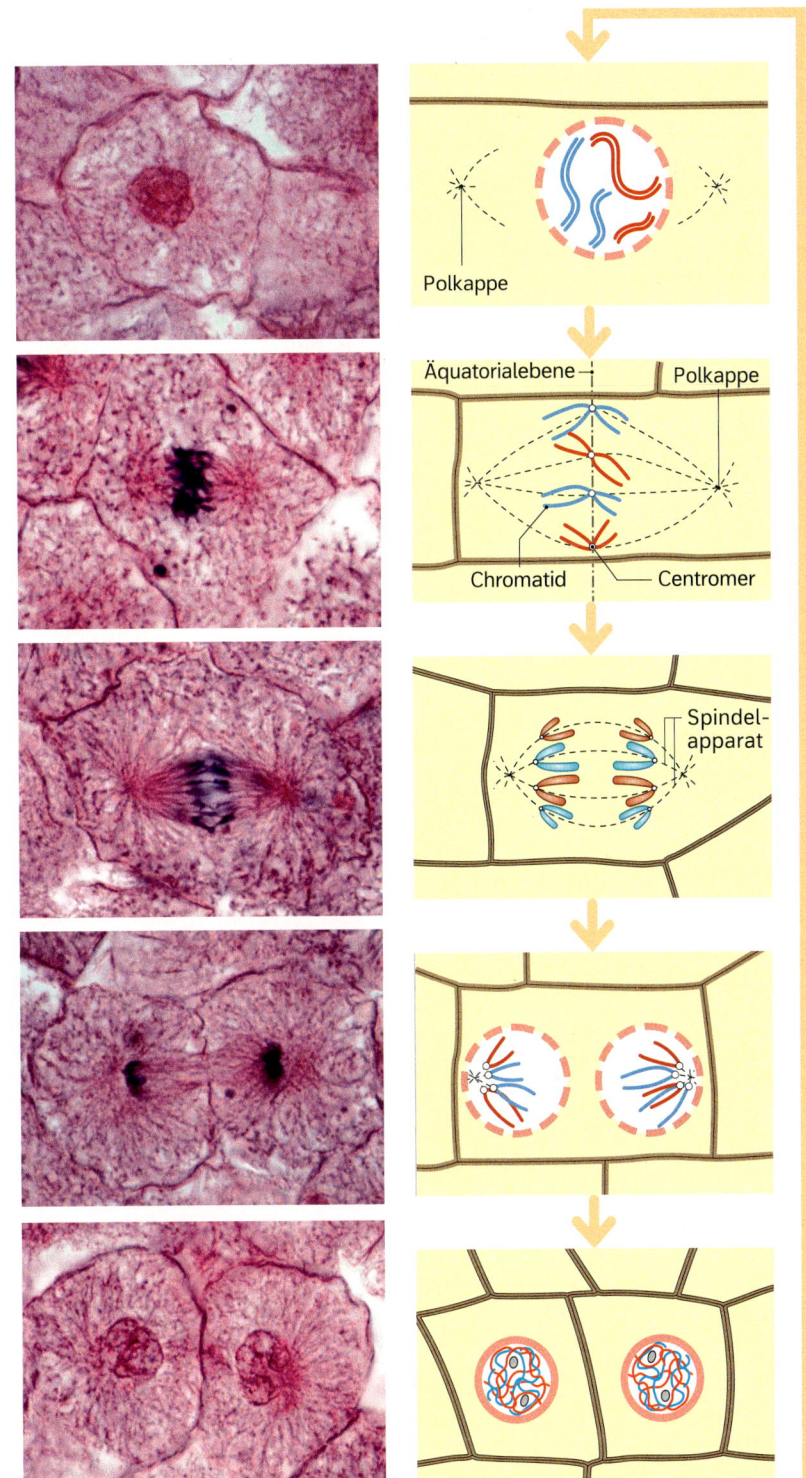

Die Kernteilung oder Mitose lässt sich in mehrere Phasen unterteilen. Bei diesem Prozess werden die Chromatiden getrennt und auf die beiden entstehenden Zellen verteilt.

Keimzellbildung und Befruchtung

1. **A**
Erkläre die folgenden Begriffe: haploid, diploid, homologe Chromosomen, Keimzelle und Befruchtung.

2. **V**
Benutzt zwei Chromosomenmodelle aus Pfeifenputzern, die ihr für Aufgabe 2 auf der vorherigen Seite gebaut habt. Führt folgende Partnerarbeit durch:
a) Vergleicht die Teile des Modells mit den Bestandteilen eines Chromosoms.
b) Einer liest den Text über die Meiose vor, der andere vollzieht die Vorgänge mithilfe der Chromosomenmodelle nach.

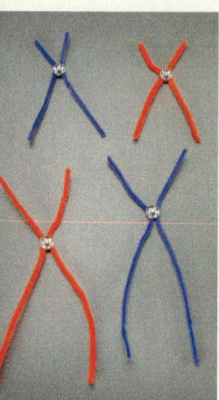

3. **V**
Baue entsprechend der Abbildung vier Chromosomenmodelle: es sollen zwei unterscheidbare Chromosomenpaare werden. Baue also zwei große und zwei kleine Paare. Die einzelnen Chromosomen jedes Paars werden in unterschiedlichen Farben hergestellt.
Verdeutliche mithilfe der Modelle, wie sich Chromosomen während der Meiose verteilen können und ermittle die Zahl an möglichen Kombinationen.

4. **Q**
Erkläre, was man unter dem Begriff genetische Variabilität versteht.

5. **A** **⬆**
a) Gib die Anzahl an möglichen Keimzellen eines Lebewesens mit drei bzw. vier Chromosomenpaaren an.
b) Wie lässt sich die Anzahl an möglichen Keimzellen für ein Lebewesen mit beliebiger Anzahl an Chromosomenpaaren berechnen? Formuliere eine allgemeine Gleichung.
c) Berechne die möglichen Keimzellen eines Menschen.
d) Berechne die theoretisch mögliche Anzahl an genetisch unterschiedlichen Nachkommen, die ein menschliches Paar zeugen kann.

6. **A**
a) Benenne die in den lichtmikroskopischen Aufnahmen unten gezeigten Phasen der Meiose.
b) Beschreibe mithilfe von Fachbegriffen, was in der jeweiligen Phase passiert.

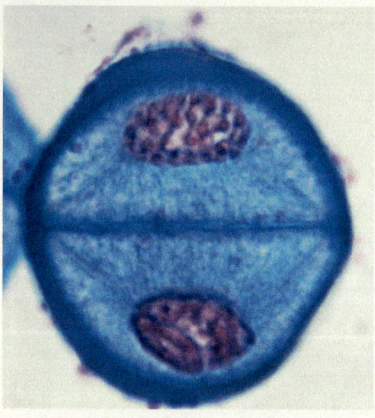
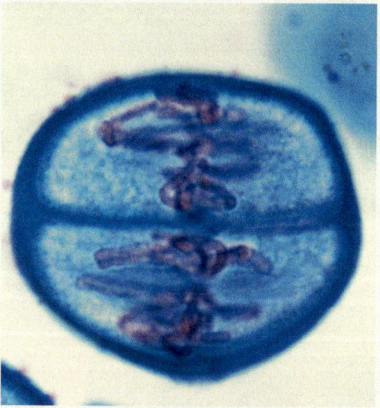
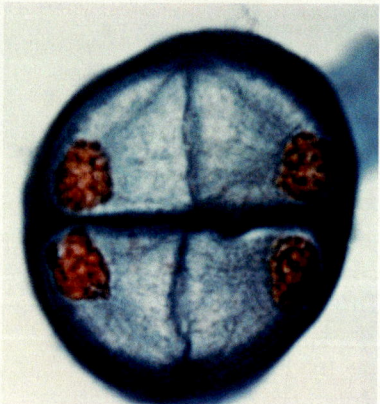

Keimzellbildung
Die zur geschlechtlichen Fortpflanzung notwendigen Keimzellen, also die Spermien und Eizellen, werden aus spezialisierten Zellen der Eierstöcke und Hoden gebildet. Der diploide Chromosomensatz dieser Zellen muss dabei zum haploiden Satz vermindert werden. So wird sichergestellt, dass es von einer Generation zur nächsten nicht zu einer Verdopplung der Chromosomenzahl kommt.

Kernteilung bei der Keimzellbildung
Bei der Bildung der Keimzellen findet eine besondere Kernteilung statt, die **Meiose.** Sie lässt sich in zwei Abschnitte unterteilen: In der Meiose I werden die homologen Chromosomen getrennt und auf zwei Zellen verteilt, sodass haploide Zellen entstehen. In der Meiose II werden die Chromatiden getrennt.

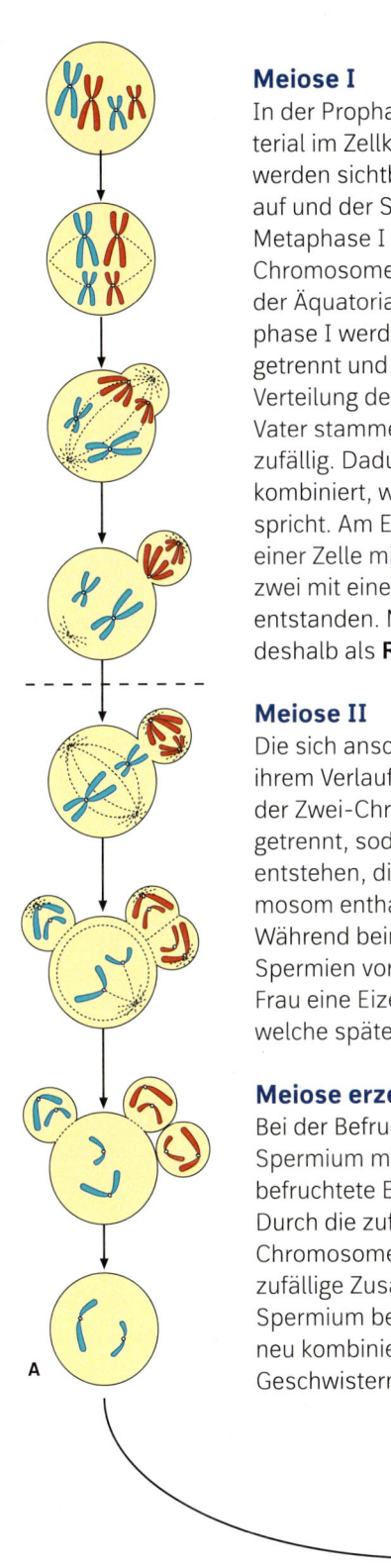

Meiose I

In der Prophase I verdichtet sich das Erbmaterial im Zellkern und die Chromosomen werden sichtbar. Die Kernmembran löst sich auf und der Spindelapparat bildet sich. In der Metaphase I ordnen sich die homologen Chromosomen paarweise nebeneinander in der Äquatorialebene an. Während der Anaphase I werden die homologen Chromosomen getrennt und auf die Tochterzellen verteilt. Die Verteilung der von der Mutter und der vom Vater stammenden Chromosomen ist dabei zufällig. Dadurch werden die Gene neu kombiniert, weshalb man von **Rekombination** spricht. Am Ende der Telophase I sind aus einer Zelle mit diploidem Chromosomensatz zwei mit einem haploiden Chromosomensatz entstanden. Man bezeichnet die Meiose I deshalb als **Reduktionsteilung.**

Meiose II

Die sich anschließende Meiose II entspricht in ihrem Verlauf einer Mitose. Die Chromatiden der Zwei-Chromatid-Chromosomen werden getrennt, sodass vier haploide Keimzellen entstehen, die jeweils Ein-Chromatid-Chromosom enthalten.
Während beim Mann nach der Meiose vier Spermien vorhanden sind, entstehen bei der Frau eine Eizelle und drei Polkörperchen, welche später abgebaut werden.

Meiose erzeugt Vielfalt

Bei der Befruchtung verschmilzt ein haploides Spermium mit einer haploiden Eizelle. Die befruchtete Eizelle ist dann diploid.
Durch die zufällige Verteilung homologer Chromosomen während der Meiose und das zufällige Zusammentreffen von Eizelle und Spermium bei der Befruchtung werden Gene neu kombiniert. So entsteht auch unter Geschwistern eine große Vielfalt.

Pro-
phase I

Meta-
phase I

Ana-
phase I

Telo-
phase I

Meiose I

Meiose II

B

A

C   befruchtete
Eizelle

1 Keimzellbildung: **A** Bei der Frau,
B beim Mann, **C** Befruchtung

> Die Kernteilung bei der Bildung von Keimzellen heißt Meiose. Sie läuft in zwei Phasen ab. In der Meiose I werden die homologen Chromosomen getrennt und der Chromosomensatz dadurch halbiert. Die Meiose II läuft wie die Kernteilung in der Mitose ab.

Ein Mönch entdeckt die Gesetzmäßigkeiten der Vererbung

1 JOHANN GREGOR MENDEL

G. MENDEL experimentierte

In der Mitte des 19. Jahrhunderts führte der Augustinermönch JOHANN GREGOR MENDEL in seinem Klostergarten Kreuzungsexperimente mit der Gartenerbse durch. Er entdeckte dabei die grundlegenden Prinzipien der Vererbung und stellte allgemein gültige Vererbungsregeln auf. Dass MENDEL seine Entdeckungen machen konnte, bevor man die Meiose kannte, lag nicht zuletzt an seiner Vorgehensweise: Er plante seine Versuche sorgfältig, führte sie exakt durch und deutete die Beobachtungen auf geniale Weise.

Versuchsobjekt Erbse

Die Erbsenpflanze als Versuchsobjekt eignete sich in besonderer Weise für diese Versuche: Sie lässt sich in großen Mengen anbauen und erzeugt innerhalb kurzer Zeit zahlreiche Samen als Nachkommen. Ihre erblichen Merkmale kommen außerdem stets in zwei klar zu unterscheidenden Merkmalsformen vor.

So tritt das Merkmal Blütenfarbe nur in Form einer weißen oder purpurfarbenen Blüte auf, Mischformen wie rosa existieren bei der Erbsenpflanze nicht. Die Blüten enthalten männliche und weibliche Geschlechtsorgane. Gelangt nun der Pollen von den Staubblättern auf den Fruchtknoten derselben Blüte, so findet Selbstbefruchtung statt.

Reinerbige Elterngeneration

MENDEL startete seine Experimente mit Pflanzen, die für eine

3 Erbsenblüte und Früchte mit Samen

Merkmalsform reinerbig waren. Das bedeutet, dass eine Pflanze mit zum Beispiel weißen Blüten nur Samen produziert, aus denen wieder Pflanzen mit weißen Blüten wachsen. Dies erreichte er dadurch, dass er immer wieder für Selbstbestäubung bei Erbsenpflanzen mit gewünschten Merkmalsformen sorgte. Entstand dann eine Pflanze mit einem unerwünschten Merkmal, so wurde diese aussortiert.

Blütenfarbe	Blütenstellung	Samenfarbe	Samenform	Hülsenform	Hülsenfarbe	Stiellänge
purpurfarben	achsenständig	gelb	rund	einfach gewölbt	grün	langstielig
weiss	endständig	grün	runzelig	eingeschnürt	gelb	kurzstielig

2 Merkmale und Merkmalsformen, die von MENDEL untersucht wurden

Kreuzungsexperimente

Mit den erhaltenen reinerbigen Pflanzen führte MENDEL dann Kreuzungsexperimente durch. Zum Beispiel kreuzte er eine Pflanze mit purpurfarbenen Blüten mit einer, die weiße Blüten besaß. Erst entfernte er die Staubgefäße der purpurfarbenen Blüte, um eine Selbstbestäubung zu verhindern. Bei der anschließenden Fremdbestäubung übertrug er mithilfe eines Pinsels den Pollen der weißen Blüte auf die Narbe der purpurfarbenen Blüte. Im Fruchtknoten entwickelten sich dann die Samen, aus denen sich nach dem Aussäen neue Erbsenpflanzen bildeten.

Die Samen und die entstehenden neuen Pflanzen sind mischerbige Individuen oder **Hybriden.** Sie bildeten die erste Tochtergeneration, die man auch erste Filialgeneration (F_1-**Generation**) nennt.

Die Pflanzen, die den Pollen lieferten und empfingen, waren die Eltern- oder Parentalgeneration (**P-Generation**). In weiteren Experimenten ließ MENDEL die F_1-Generation sich selbst bestäuben und erhielt so die zweite Tochtergeneration (F_2-**Generation**).

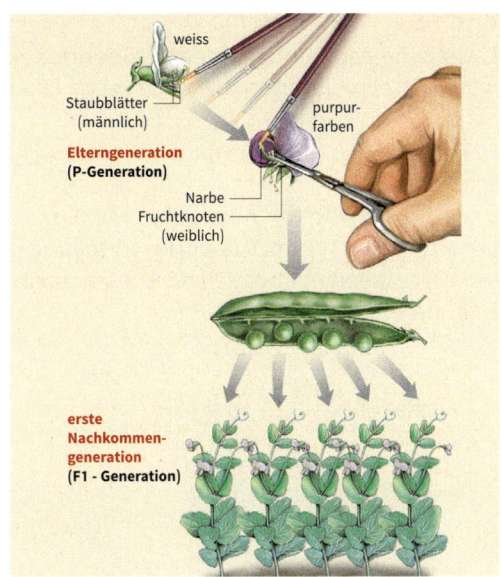

4 Fremdbestäubung bei der Erbse und anschließende Aussaat der Samen

MENDELS Ergebnisse

MENDEL wiederholte seine Versuche viele Male und notierte exakt, welche Merkmalsform wie häufig in jeder Generation auftrat. Über einen Zeitraum von sieben Jahren kultivierte er etwa 28 000 Erbsenpflanzen. Aus 355 Fremdbestäubungen mit unterschiedlichen Merkmalen zog er 12 980 Pflanzenhybriden. Auf diese Weise erhielt er umfangreiches und gesichertes Zahlenmaterial. Zufällige Ergebnisse einzelner Kreuzungen, etwa infolge einer gestörten Fruchtbarkeit einzelner Pflanzen, konnten so das Gesamtergebnis nicht nachhaltig beeinflussen. Seine Experimente protokollierte er sorgfältig, sodass andere Forscher die Versuche wiederholen und überprüfen konnten.

1865 veröffentlichte MENDEL sein Werk: „Versuche über Pflanzenhybriden", in dem er seine Beobachtungen und Deutungen beschrieb. Bei der mathematischen Auswertung seiner Experimente waren ihm bestimmte Gesetzmäßigkeiten aufgefallen, die später als MENDELsche Erbregeln bezeichnet wurden.

MENDELS Werk wurde zunächst nicht beachtet und geriet in Vergessenheit. Erst um 1900 gelangten verschiedene Forscher unabhängig voneinander zu den gleichen Beobachtungen und Folgerungen. Auch heute noch bilden die MENDELschen Regeln die Grundlagen der Genetik.

5 MENDELS ehemalige Wirkungsstätte, der Klostergarten in Brünn

1. ☰ Ⓐ
a) Erkläre den Unterschied zwischen einem Merkmal und einer Merkmalsform.
b) Nenne für beides Beispiele.

2. ☰ Ⓐ
Erläutere, warum Erbsenpflanzen für Kreuzungsexperimente gut geeignet sind.

3. ☰ Ⓐ
Erkläre, warum MENDEL so viel Mühe auf die Züchtung reinerbiger Elterngenerationen verwandte.

MENDELsche Erbregeln

1. ≡ Ⓐ
Erkläre die Bedeutung folgender Begriffe:
Allel, Genotyp, Phänotyp, homozygot,
heterozygot, dominant, rezessiv.

2. ≡ Ⓐ
Erläutere mithilfe der Abbildung, wie die
Erkenntnisse MENDELS über die Verteilung
der Erbanlagen mit heutigen Erkenntnissen
zu erklären sind.

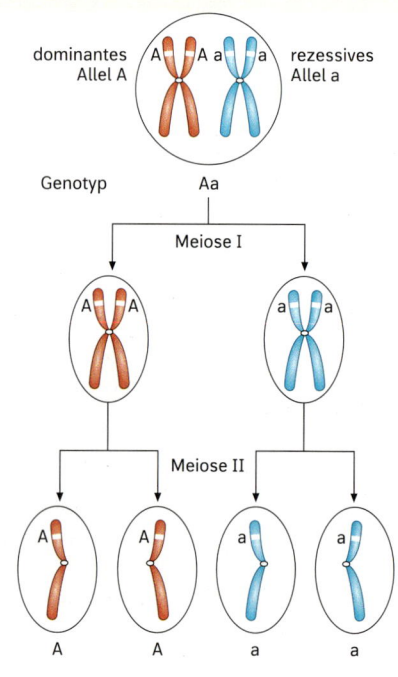

dominantes Allel A — A A a a — rezessives Allel a

Genotyp — Aa

Meiose I

A A — a a

Meiose II

A — A — a — a

A — A — a — a

Keimzellen mit dem Allel A bzw. a

3. ≡ Ⓥ
Mische gleich viele blaue und
rote Karten. Ziehe dann zufällig
und blind jeweils zwei Farbkar-
ten und lege diese zu Paaren
nebeneinander, bis alle Karten
gezogen sind.

a) Gib jeweils die Anzahl der Paare an, die blau / blau,
rot / blau oder rot / rot sind.
b) Erkläre, wofür in diesem Modell die Karten und
Kartenpaare stehen. Welche MENDELsche Erbregel soll
hier veranschaulicht werden?

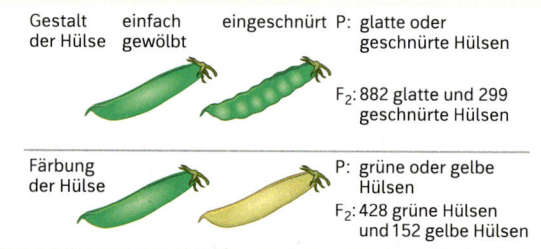

	einfach gewölbt	eingeschnürt	
Gestalt der Hülse			P: glatte oder geschnürte Hülsen
			F₂: 882 glatte und 299 geschnürte Hülsen
Färbung der Hülse			P: grüne oder gelbe Hülsen
			F₂: 428 grüne Hülsen und 152 gelbe Hülsen

4. ≡ Ⓐ ⦿
a) Ermittle anhand der obenstehenden Kreuzungser-
gebnisse für jede Merkmalsform, ob sie dominant oder
rezessiv vererbt wird.
b) Erstelle ein Kreuzungsschema ähnlich der Abb. 1 auf
der rechten Seite für die Kreuzung einer Erbsenpflanze
mit glatter Hülse und einer Pflanze, die geschnürte
Hülsen ausbildet. Verwende dabei folgende Buchstaben: G für glatte Hülsen und g für geschnürte Hülsen.
c) Erkläre, wie das Zahlenverhältnis in der F_2-Generati-
on zustande kommt.

Kreuzungsversuche

MENDEL experimentierte mit **homozygoten**
(reinerbigen) Erbsenpflanzen, die sich nur in
einem Merkmal, z. B. der Blütenfarbe (rot und
weiß), unterschieden. Werden die rotblühenden Pflanzen der Elterngeneration (P-Generation) mit Pollen der weißblühenden Sorte
bestäubt, sehen alle entstehenden Pflanzen
gleich aus. Diese haben eine Anlage für „rot"
und eine für „weiß". Sie sind **heterozygot**
(mischerbig). Diese erste Tochtergeneration
(F_1-Generation) bildet rote Blüten. Die rote
Anlage überdeckt also die Anlage für weiß, sie
ist **dominant.** Die weiße Anlage ist hier
rezessiv. Dominante Merkmale werden in

einem Erbschema mit Großbuchstaben gekennzeichnet,
rezessive mit einem kleinen. Daher spricht man von einem
dominant-rezessiven Erbgang. Aus solchen Ergebnissen
leitet sich eine Regel ab.

> **1. MENDELsche Regel (Uniformitätsregel)**
> Kreuzt man die Individuen einer Art, die sich in
> einer Merkmalsform reinerbig unterscheiden, so
> sind die Nachkommen in der F_1-Generation
> untereinander gleich.

MENDEL kreuzte anschließend die Mischlinge der F_1-Gene-
ration miteinander. Daraus gingen Pflanzen mit roten und
weißen Blüten hervor. Das Zahlenverhältnis betrug im

dominant-rezessiven Erbgang ungefähr 3 : 1. Aus diesen und ähnlichen Versuchen leitete er eine weitere Regel ab.

---

2. MENDELsche Regel (Spaltungsregel)
Kreuzt man die Mischlinge (Hybriden) der F_1-Generation untereinander, so treten in der F_2-Generation beide Merkmalsformen in einem Zahlenverhältnis von 3 : 1 auf.

Erklärung der MENDELschen Erbregeln

MENDEL nahm an, dass Pflanzen zwei Anlagen für die Bildung eines Merkmals besitzen. Heute wissen wir, dass es sich hierbei um Gene handelt, die auf homologen Chromosomen liegen. Das Gen, das für die Blütenfarbe verantwortlich ist, kommt in zwei unterschiedlichen Formen vor, in einer für rote Blüten und einer anderen für weiße Blüten. Diese unterschiedlichen Formen eines Gens nennt man **Allele.**

Die reinerbigen Eltern besitzen zwei gleiche Allele. Sie bilden die genetische Ausstattung der Eltern, den Genotyp. Der **Genotyp** bestimmt das äußere Erscheinungsbild, den **Phänotyp.** Elterliche Allele werden während der Keimzellenbildung in der Meiose getrennt und bei der Befruchtung neu zusammengeführt. So entstehen mischerbige Pflanzen, die ein Allel vom einen Elternteil und ein Allel vom anderen Elternteil bekommen haben. Dabei überdecken die dominanten Allele die rezessiven.

Die Wunderblume

Die Wunderblume ist eine beliebte Pflanze für Vererbungsversuche. Man kreuzt reinerbige Elternpflanzen (P-Generation) der Wunderblume, die sich nur im Merkmal Blütenfarbe unterscheiden. Werden die rotblühenden mit Pollen einer weißblühenden Sorte bestäubt, so haben die Nachkommen rosa Blüten. Einen solchen Erbgang, bei dem der Phänotyp der heterozygoten Nachkommen zwischen den Erscheinungsbildern der Eltern liegt, bezeichnet man als **intermediären Erbgang.**

Kreuzt man die Hybriden der F_1-Generation wieder untereinander, so erhält man rotblühende, rosablühende und weißblühende Pflanzen im Verhältnis 1 : 2 : 1.

Bei einem dominant-rezessiven Erbgang setzt sich bei heterozygoten Lebewesen das dominante Allel im Phänotyp durch, bei einem intermediären Erbgang liegt er zwischen denen der Eltern. MENDEL fand zwei nach ihm benannte Regeln, die die Gesetzmäßigkeiten der Vererbung beschreiben.

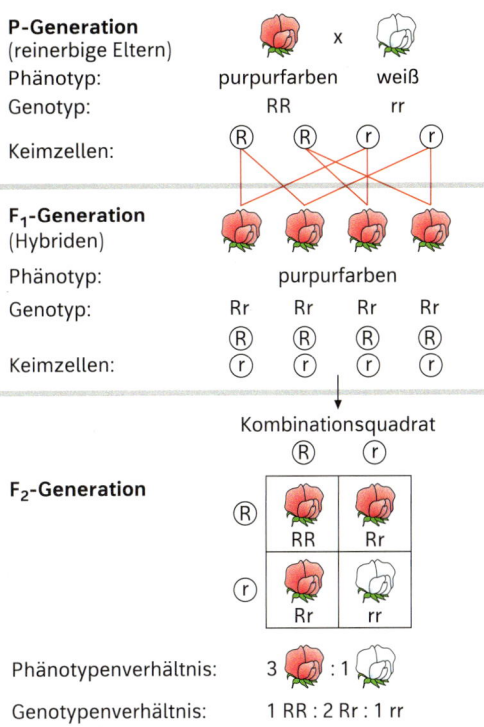

1 Dominant-rezessiver Erbgang

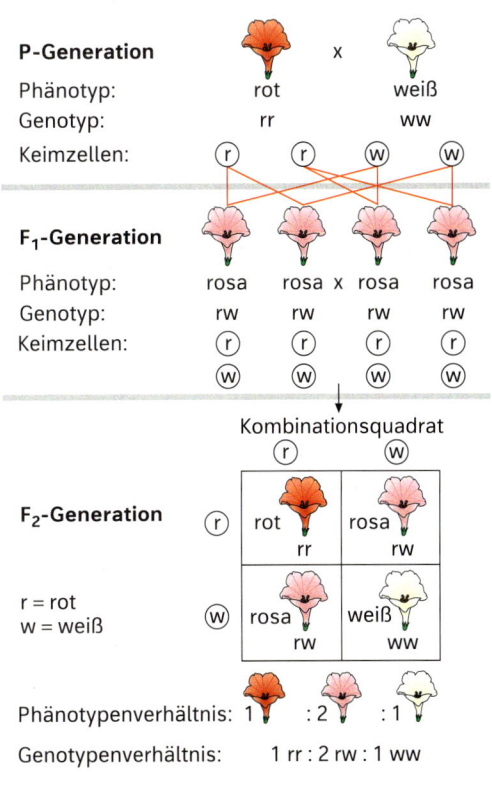

2 Intermediärer Erbgang

Erbanlagen können neu kombiniert werden

Phänotyp:

×

Keimzellen:

1. ≣ Ⓐ

a) In einem Kreuzungsexperiment wurde die Vererbung der Fellfarbe (schwarz / rotbraun, Symbole S bzw. s) und die der Fellmusterung (einfarbig / gescheckt, Symbole E bzw. e) bei Rindern untersucht. Dabei sind die schwarze Fellfarbe und die einfarbige Fellmusterung dominant. Nenne die Genotypen der beiden reinerbigen Tiere in der Abbildung oben.

b) Ermittle mithilfe von Kreuzungsschemata die Genotypen und die Phänotypen der F$_1$- und der F$_2$-Generation.

2. ≣ Ⓥ

Für einen Modellversuch der 3. MENDELschen Regel werden vier Münzen benötigt, z. B. zwei 1-Euro-Münzen und zwei 50-Cent-Münzen. Die Münzen werden jeweils auf den Tisch fallen gelassen. Dabei soll die Zahl jeweils für ein dominantes Allel (A bzw. B) und das Wappen der Münze für das rezessive Allel (a bzw. b) stehen. Insgesamt werden 48 Würfe durchgeführt und die Ergebnisse nach folgendem Muster notiert. Beispiel:

	Genotyp	Phänotyp
1. Wurf	Aa BB	A B
2. Wurf	aA bb	A b

a) Erläutere, warum es sich hier um einen Modellversuch zur 3. MENDELschen Regel handelt.

b) Ermittle, in welchem Zahlenverhältnis die vier möglichen Phänotypen im Spiel auftreten. Vergleiche dieses Zahlenverhältnis mit dem erwarteten Verhältnis von 9 : 3 : 3 : 1. Begründe mögliche Abweichungen.

c) Tragt die Ergebnisse der Klasse zusammen und vergleicht erneut das erwartete Zahlenverhältnis mit dem ermittelten Ergebnis.

3. ≣ Ⓐ ⌖

Die Gefiederfärbung von Wellensittichen ergibt sich durch das Zusammenspiel zweier Gene: Ein Gen bestimmt die Färbung der äußeren Teile der Feder, ein zweites die Färbung des Federkerns. Ist das dominante Allel Y vorhanden, so erzeugt dies eine Gelbfärbung des äußeren Teils der Feder. Das rezessive Allel y erzeugt einen farblosen äußeren Teil. Im Federkern führt das dominante Allel B zur Blaufärbung. Beim rezessiven Allel b bleibt der Federkern weiß. Es entstehen vier unterschiedliche Phänotypen, nämlich grüne, blaue, gelbe und weiße Wellensittiche.

a) Erkläre, wie die grüne Gefiederfärbung beim Wellensittich entsteht.

b) Bestimme den Genotyp und den Phänotyp der F$_1$- und der F$_2$-Generation einer Kreuzung zwischen reinerbig grünen (YYBB) und weißen Vögeln (yybb). Erstelle Kreuzungsschemas.

Phänotyp: weiss
Genotyp: yybb

kein gelber Farbstoff | kein blauer Farbstoff

gelb
YYbb

gelber Farbstoff | kein blauer Farbstoff

blau
yyBB

kein gelber Farbstoff | Farbstoffkörnchen

grün
YYBB

gelber Farbstoff | Farbstoffkörnchen

Vererbung zweier Merkmale

MENDEL untersuchte die Vererbung bei Erbsenpflanzen, die sich in zwei Merkmalen unterschieden. Als Merkmale wählte er die Samenfarbe und die Samenform, die jeweils in zwei Merkmalsformen vorkommen. Bei der Farbe sind dies gelbe oder grüne Samen, bei der Form runde oder runzlige Samen. MENDEL wählte als Elterngeneration homozygote Erbsenpflanzen mit gelben und runden Samen sowie Pflanzen mit runzligen und grünen Samen. Entsprechend der Uniformitätsregel sahen die Mischlinge der F_1-Generation gleichartig aus. Ihre Samen waren gelb und rund. Diese Merkmalsformen, rund und gelb, mussten also dominant sein.

Als MENDEL die Pflanzen der F_1-Generation untereinander kreuzte, erhielt er in der F_2-Generation 315 gelb-runde, 101 gelb-runzlige, 108 grün-runde und 32 grün-runzlige Samen. Es entstanden also Samen vier verschiedener Phänotypen, die sich ungefähr im Zahlenverhältnis 9 : 3 : 3 : 1 aufteilten. Neben den Merkmalskombinationen, die schon in der P- und F_1-Generation zu beobachten waren, traten jetzt aber auch zwei völlig **neue Phänotypen** auf: gelbrunzlige und grün-runde Samen. Offensichtlich konnten die Merkmalsformen unabhängig voneinander neu kombiniert werden. Daraus lässt sich eine weitere Regel ableiten.

---

3. MENDELsche Erbregel (Unabhängigkeitsregel)
Kreuzt man Individuen, die sich in mehreren Merkmalen reinerbig unterscheiden, so werden die einzelnen Merkmalsformen unabhängig voneinander vererbt.

Die **Neukombination** von Merkmalsformen erklärt sich dadurch, dass die Gene beider Merkmale auf unterschiedlichen, nicht homologen Chromosomen liegen. Das heißt, befinden sich die Gene für die Samenfarbe und für die Samenform auf verschiedenen Chromosomenpaaren, werden sie im Verlauf der Meiose neu kombiniert. So können aus den F_1-Pflanzen mit dem Genotyp GgRr vier unterschiedliche Keimzellen gebildet werden: GR, gR, Gr und gr. Sie führen nach der Befruchtung zu 16 Genotypen, die die vier Phänotypen gelb-rund, gelb-runzlig, grün-rund und grün-runzlig im Verhältnis 9 : 3 : 3 : 1 hervorbringen. In der Tier- und Pflanzenzucht spielt die Neukombination von Merkmalsformen eine wichtige Rolle. Je nach Züchtungsziel lassen sich so gewünschte Eigenschaften neu zusammenführen.

Kreuzt man zwei Lebewesen mit mehreren unterschiedlichen Merkmalen miteinander, so werden diese unabhängig voneinander vererbt. So können neue Merkmalskombinationen entstehen.

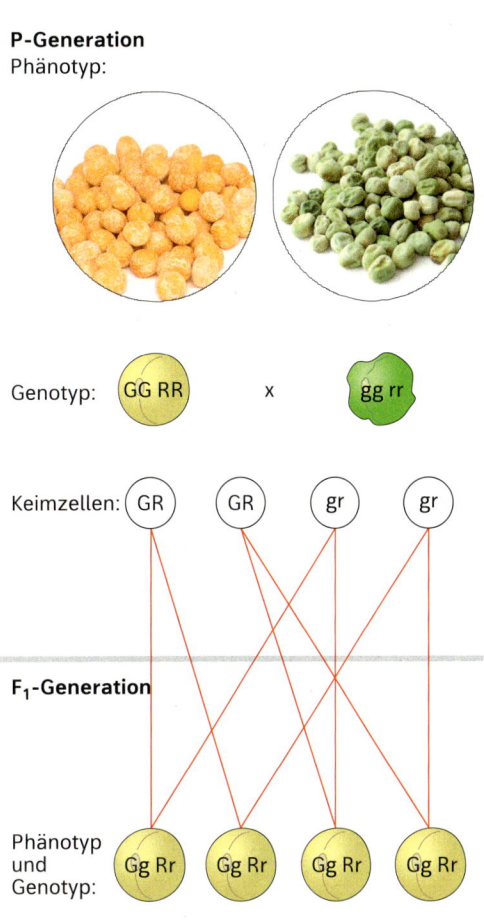

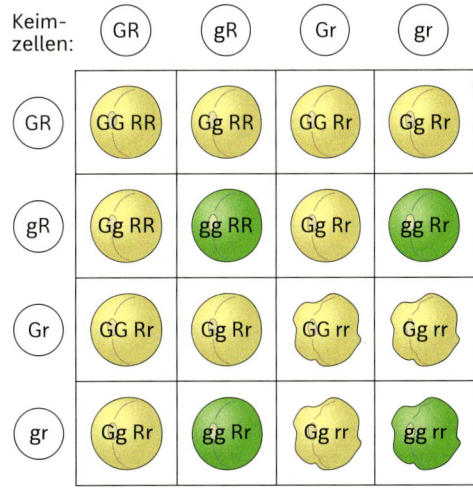

1 Erbgang mit zwei unterschiedlichen Merkmalen (G = gelb, g = grün; R = rund, r = runzlig)

Erbregeln gelten auch für den Menschen

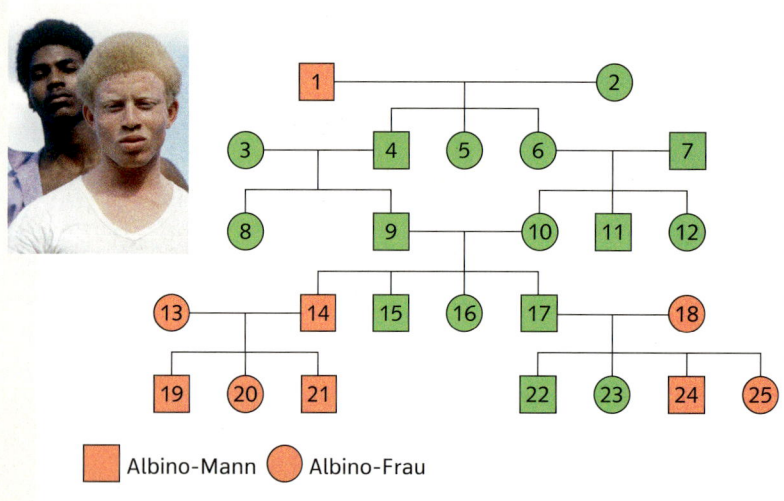

☐ Albino-Mann ⬤ Albino-Frau

1. ≣ Ⓐ ⬁

Beim Albinismus wird aufgrund eines Gendefekts der dunkle Farbstoff Melanin nicht gebildet. Albinos besitzen daher weiße Haare, eine sehr helle Haut und rötliche Augen. Sie sind sehr lichtempfindlich und müssen sich vor UV-Strahlen schützen.

a) Ermittle anhand des Stammbaums, ob Albinismus dominant oder rezessiv vererbt wird.

b) Ordne den Allelen die entsprechenden Groß- bzw. Kleinbuchstaben zu und gib die Genotypen sämtlicher Personen an.

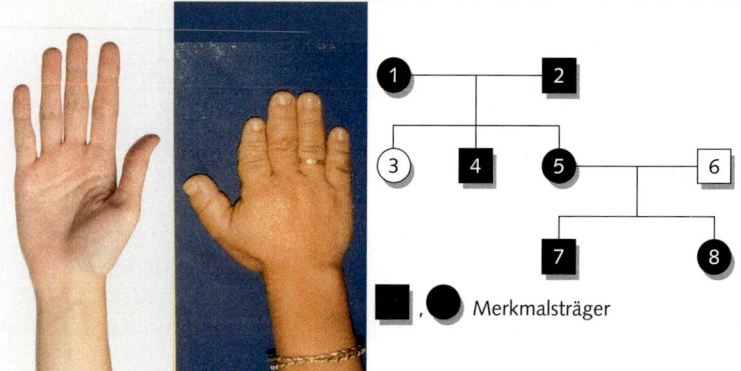

■, ● Merkmalsträger

2. ≣ Ⓐ

a) Manche Menschen besitzen erblich bedingt verkürzte Finger. Ermittle anhand des Stammbaumes, ob Kurzfingrigkeit dominant oder rezessiv vererbt wird.

b) Ordne den verschiedenen Allelen entsprechend Groß- bzw. Kleinbuchstaben zu und gib für alle Personen des Stammbaumes die Genotypen an.

3. ≣ Ⓐ

a) Diskutiert, in welchem Dilemma sich der Familienvater aus dem Beispiel unten vor dem Gentest befindet (Methode dazu auf Seite 111).

b) Angenommen der Gentest ergibt, dass der Mann mischerbig für Chorea Huntington ist. Wie groß ist dann die Wahrscheinlichkeit, dass auch die Kinder erkranken?

4. ≣ Ⓠ

Es gibt noch eine Reihe weiterer Erbkrankheiten, die dominant-rezessiv vererbt werden. Sammle Informationen zu einer der folgenden Krankheiten und halte einen kurzen Vortrag über eine der beiden:

- Mukoviszidose
- Sichelzellanämie
- Marfan-Syndrom

Dilemma: Ein junges Paar mit zwei Kindern sucht eine genetische Beratungsstelle auf. Bei Verwandten des Mannes ist die unheilbare Krankheit Chorea Huntington aufgetreten. Erste Anzeichen dieser Krankheit treten mit 30-40 Jahren auf. Chorea Huntington nimmt immer einen schweren Verlauf und führt im Durchschnitt 15 Jahre nach den ersten Anzeichen zum Tod. Durch einen Gentest kann die dominant vererbte Krankheit nachgewiesen werden.

Stammbaumanalyse

Viele Merkmale des Menschen wie die Haut- oder Haarfarbe werden nicht nur durch ein Gen, sondern durch mehrere Gene bestimmt. In diesen Fällen lassen sich keine einfachen Erbgänge darstellen. Anders ist es bei Merkmalen, deren Ausprägung nur von einem Gen bestimmt wird. Ein Beispiel dafür ist die Form des Haaransatzes. Dieser kann glatt oder dreieckig sein. Der dreieckige Haaransatz wird Witwenspitz genannt. Wie wird das Gen für die Ausprägung des Haaransatzes vererbt? Um das herauszufinden, führte man eine **Stammbaumanalyse** durch: Dabei verfolgt man das Auftreten einer Merkmalsform über mehrere Generationen und schließt dann vom Phänotyp zurück auf den Genotyp.

In einem **Stammbaum** werden Männer als Quadrate abgebildet und Frauen als Kreise. Die Nachkommen erkennt man, da diese über Linien mit den Eltern verbunden sind. Man sieht in dem hier abgebildeten Stammbaum im unteren Abschnitt, dass die Eltern und deren eine Tochter einen Witwenspitz haben, die andere Tochter jedoch nicht. Das Allel für Witwenspitz wird dominant vererbt (Symbol W). Nur so lassen sich sämtlichen Personen des Stammbaumes bestimmten Genotypen zuordnen, ohne dass dabei Widersprüche auftreten. Bei rezessiver Vererbung ist dies nicht möglich: Die Eltern mit Witwenspitz müssten dann den Genotyp ww besitzen und könnten nur Kinder mit Witwenspitz zeugen. Das Ergebnis ist eindeutig: Der Witwenspitz wird dominant vererbt.

Erbkrankheiten

Stammbäume werden auch für die Familienplanung genutzt, um die Wahrscheinlichkeit für das Auftreten bestimmter **Erbkrankheiten** zu ermitteln. Ein Beispiel dafür ist **Chorea Huntington**. Bei dieser Krankheit wird aufgrund eines **Gendefekts** ein fehlerhaftes Protein gebildet, das sich im Gehirn ablagert. Die ersten Symptome treten meist zwischen dem 30. und 40. Lebensjahr auf. Die Patienten leiden unter psychischen Beschwerden und Bewegungsstörungen, die sich immer weiter verschlimmern. Die Krankheit endet immer tödlich, meist innerhalb von etwa 15 Jahren. Chorea Huntington wird dominant vererbt, weshalb man es nur dann erben kann, wenn eines der Elternteile erkrankt ist.

Phenylketonurie ist eine rezessiv vererbte Krankheit. Menschen, die darunter leiden, sind also homozygot in Bezug auf das betroffene Gen. Sie können die Aminosäure Phenylalanin nicht verstoffwechseln. Nehmen sie mit der Nahrung zu viel davon auf, reichert sie sich im Körper an und kann zu schweren geistigen Entwicklungsstörungen führen. Deshalb müssen Menschen mit Phenylketonurie eine spezielle eiweißarme Diät einhalten.

1 Haaransatz: **A** Witwenspitz, **B** kein Witwenspitz

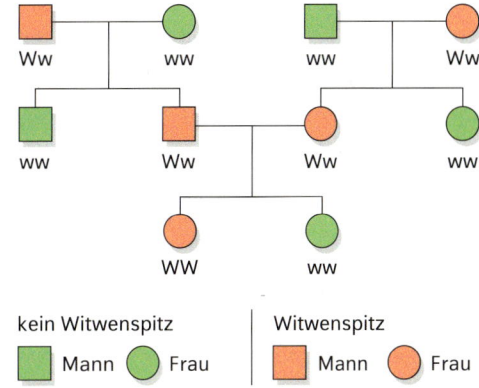

2 Stammbaum zur Vererbung des Witwenspitzes

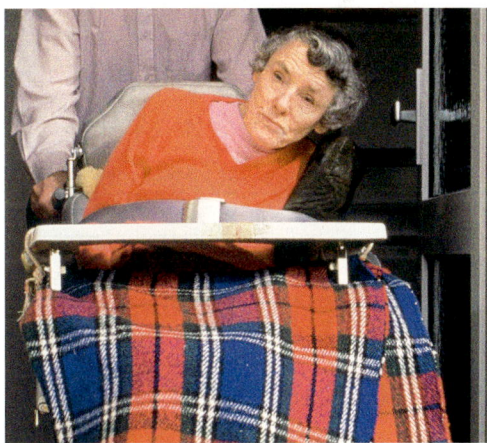

3 Patientin mit Chorea Huntington

Merkmale, bei denen die Ausprägung von nur einem Gen abhängt, werden beim Menschen meist dominant-rezessiv vererbt. Über eine Stammbaumanalyse kann bestimmt werden, ob das Allel dominant oder rezessiv ist. Auch viele Erbkrankheiten werden so weitergegeben.

Blutgruppen

1. **A**

In einer Familie mit zwei Kindern besitzen die Eltern die Blutgruppen A und B. Gib die möglichen Genotypen der Eltern sowie die möglichen Genotypen und Phänotypen der Kinder an.

2. ≣ **A** 🔍

Auf einer Säuglingsstation wurden vier Kinder mit den Blutgruppen A, B, AB und 0 geboren. Die Blutgruppen der Eltern sind: Eltern 1: 0/0, Eltern 2: AB/0, Eltern 3: A/B, Eltern 4: B/B. Gib die möglichen Genotypen aller Personen an und ordne die vier Kinder begründet den jeweiligen Eltern zu.

3. ≣ **Q**

Die Blutgruppen treten unterschiedlich häufig auf.
a) Beschreibe mithilfe der Abbildung unten die Häufigkeit der einzelnen Blutgruppen in Deutschland.
b) Recherchiere die Häufigkeit der Blutgruppen A und B weltweit. Vergleiche dies mit Deutschland und stelle dein Ergebnis der Klasse vor.

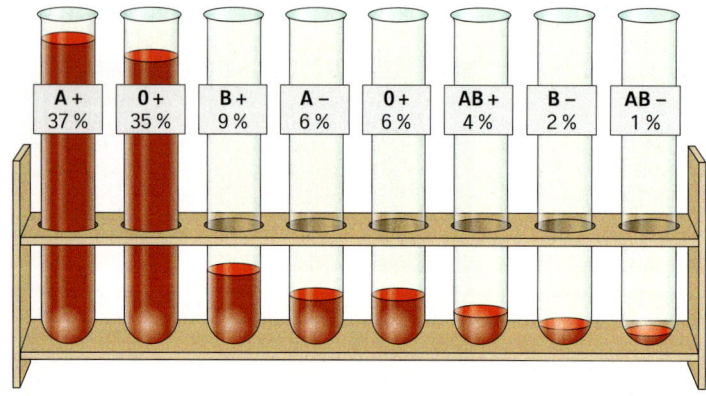

| A+ | 0+ | B+ | A− | 0+ | AB+ | B− | AB− |
| 37 % | 35 % | 9 % | 6 % | 6 % | 4 % | 2 % | 1 % |

6. ≣ **A**

Ein Mann und eine Frau, die beide rhesuspositiv sind, gründen eine Familie. Beide sind heterozygot in Bezug auf den Rhesusfaktor.
a) Erstelle ein Erbschema für diese Familiensituation.
b) Ermittle die Wahrscheinlichkeit, mit der die Kinder rhesuspositiv bzw. -negativ sind.
c) Nenne die MENDELsche Regel, nach der dieser Erbgang erfolgt.

4. ≣ **A** 🔍

Bei einer bestimmten Kombination der Rhesusfaktoren der Eltern kann es zu Problemen in der Schwangerschaft kommen.
a) Nenne diese Kombination bei den Eltern.
b) Erläutere die Problematik, die hier auftreten kann mithilfe der Abbildung 2.

5. ≣ **A**

CHARLIE CHAPLIN wurde 1940 von einem US-Gericht zur Zahlung von Alimenten für seine angebliche Tochter verurteilt. CHAPLIN besaß die Blutgruppe 0, die Frau A und die Tochter B. Kommentiere das Urteil.

Vererbung der Blutgruppen

Auch die **Blutgruppen** des Menschen werden vererbt. Man unterscheidet hier vier verschiedene Phänotypen, die Blutgruppen A, AB, B und 0. Sie unterscheiden sich durch zwei verschiedene Antigene auf der Oberfläche der roten Blutkörperchen. Diese dienen dazu, dass unser Körper eigene von fremden Zellen unterscheiden kann. Jemand mit der Blutgruppe A besitzt Antigene des Typs A, jemand mit B die des Typs B. Hat man die Blutgruppe AB, so sind beide Antigene auf den roten Blutkörperchen und bei Blutgruppe 0 keine.

Die Vererbung ist besonders, da das entsprechende Gen nicht in zwei, sondern in drei verschiedenen Allelen vorliegt, die man als A, B und 0 bezeichnet. Jeder Mensch besitzt stets zwei dieser drei Allele.

Die Allele A und B verhalten sich dabei dominant gegenüber dem rezessiven Allel 0. Das bedeutet, dass sowohl die Allelkombination AA als auch A0 zum Phänotyp Blutgruppe A führen. Besitzt ein Mensch die Allele A und B, so hat er die Blutgruppe AB. Da in diesem Fall beide Allele dominant wirken, spricht man von **Kodominanz.**

Rhesusfaktor

Neben den Antigenen der Blutgruppen kann auf den roten Blutkörperchen noch ein weiteres Antigen vorhanden sein, der Rhesusfaktor. Er wurde nach dem Tier benannt, bei dem er entdeckt wurde: dem Rhesusaffen.

Menschen, die dieses Antigen besitzen, nennt man rhesuspositiv (Rh+). Ihr Erbgut enthält mindestens ein Allel des dominanten Rhesusfaktor-Gens D, also DD oder Dd. Dies trifft auf ca. 85 % der Europäer zu. Menschen ohne dieses Antigen bezeichnet man als rhesusnegativ (Rh−), sie haben den Genotyp dd.

Die Vererbung des Rhesusfaktors ist bei Schwangerschaft und Geburt von großer Bedeutung: Bei einer Geburt gelangen häufig Blutkörperchen des Kindes in den Blutkreislauf der Mutter. Ist die Mutter Rh− und das Kind Rh+, so bildet der mütterliche Organismus Antikörper gegen das ihm fremde Antigen. Antikörper dienen der Abwehr von Krankheitserregern und können deswegen die Plazenta durchdringen. Wird diese Frau nochmals mit einem rhesuspositiven Kind schwanger, so gelangen Antikörper über die Nabelschnur in den kindlichen Organismus. Diese bekämpfen sein eigenes Blut, was zu schweren Schäden führen kann.

Das war lange Zeit eine verbreitete Ursache für Behinderungen oder Fehlgeburten. Heute gibt man einer solchen Mutter bereits vor der Geburt des ersten Kindes ein Serum, das die Bildung der Antikörper verhindert.

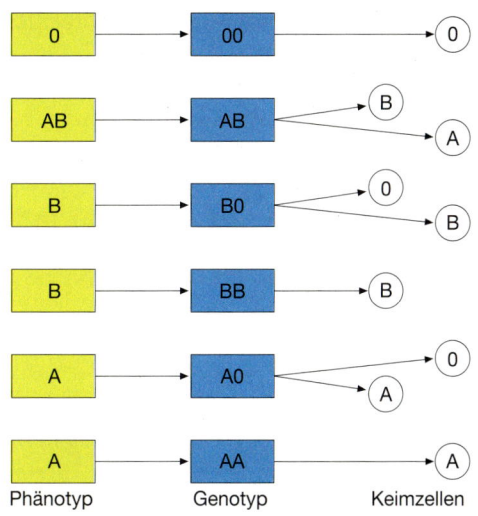

1 Allele bei der Vererbung der Blutgruppen

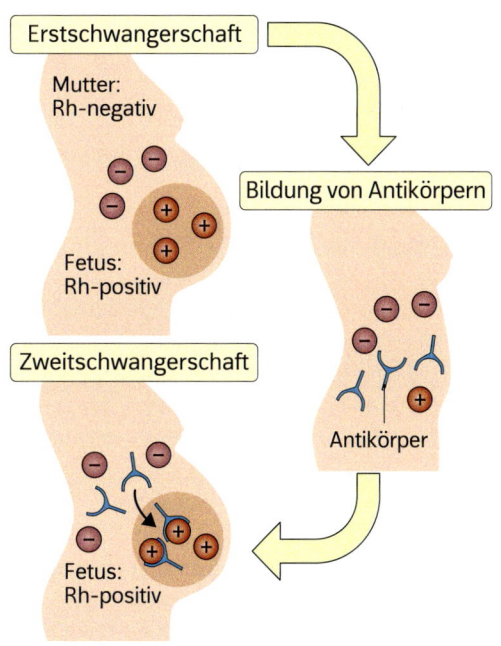

2 Bildung einer Rhesusunverträglichkeit

> Bei der Vererbung der Blutgruppen sind die Allele A und B kodominant. Das Allel 0 ist rezessiv. Beim Rhesusfaktor ist rhesuspositiv dominant. Bei einer rhesusnegativen Mutter kann es unter bestimmten Umständen zu Problemen bei der Schwangerschaft kommen.

Vererbung des Geschlechts

1.
Beschreibe die Vererbung des Geschlechts. Nimm dazu Abbildung 3 zu Hilfe.

2.
Vergleiche die abgebildeten Karyogramme hinsichtlich der Anzahl ihrer Chromosomenpaare. Erläutere dabei auch, wie sich das Karyogramm eines Mannes von dem einer Frau unterscheidet.

3.
a) Erläutere das zu erwartende Verhältnis bei Geburten von Mädchen und Jungen.
b) Im Jahre 2010 wurden in Deutschland 677 947 Kinder geboren, von denen 347 237 Jungen und 330 710 Mädchen waren. Beschreibe den Unterschied zum erwarteten Geschlechterverhältnis und versuche, diesen zu erklären.

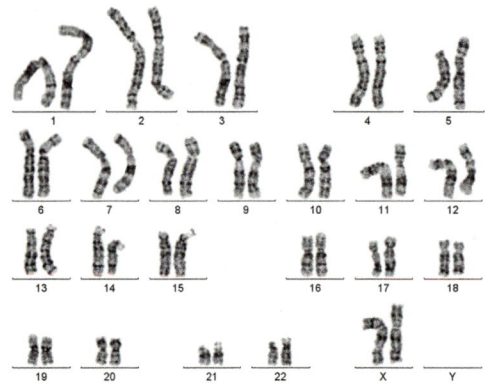

1 Karyogramm einer Frau

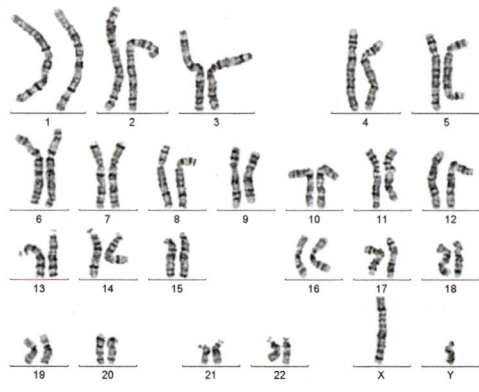

2 Karyogramm eines Mannes

Der Unterschied zwischen Mann und Frau

Beim Vergleich der Karyogramme von Mann und Frau erkennt man, dass der Mann ein ungleiches Chromosomenpaar besitzt. Dies besteht aus einem kleineren Y-Chromosom und einem größeren Chromosom, dem X-Chromosom. Im Gegensatz dazu kommt bei der Frau das X-Chromosom doppelt vor. Da diese Chromosomen das Geschlecht des Menschen bestimmen, werden sie als Geschlechtschromosomen bezeichnet.

Verteilung der Geschlechtschromosomen

Im Verlauf der Meiose werden beide Geschlechtschromosomen und die übrigen 44 Chromosomen getrennt. Bei der Frau entstehen so Eizellen mit einem X-Chromosom und 22 weiteren Chromosomen. Beim Mann bilden sich Spermien, die neben den 22 Chromosomen entweder ein X-Chromosom oder ein Y-Chromosom enthalten. Befruchtet ein Spermium mit X-Chromosom die Eizelle, entsteht ein Mädchen. Ein Spermium mit Y-Chromosom führt nach der Befruchtung zu einem Jungen.

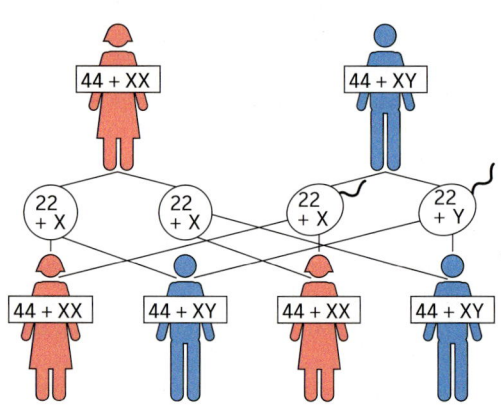

3 Vererbung des Geschlechts

Die Karyogramme von Mann und Frau unterscheiden sich nur in den Geschlechtschromosomen. Bei der Meiose bilden sich Spermien mit einem X-Chromosom und Spermien mit einem Y-Chromosom.

Geschlechtsgebundene Vererbung

1.

a) Beschreibe, welche Hinweise der Stammbaum in Abbildung 1 für eine rezessive, geschlechtsgebundene Vererbung der Bluterkrankheit liefert.

b) Erkläre den Begriff Überträgerin.

c) Überlege, ob es auch bluterkranke Frauen geben kann und begründe deine Antwort.

d) Entwickle eine Vermutung, warum die Bluterkrankheit gehäuft in Adelsfamilien auftrat.

2.

Recherchiere, wie die Bluterkrankheit heute behandelt wird, sodass die Betroffenen ein fast normales Leben führen können, obwohl die Krankheit nicht heilbar ist.

3.

Die Rot-Grün-Sehschwäche ist erblich. Betroffene können beispielsweise an einer Ampel die Farben Rot und Grün kaum unterscheiden. Erkläre, warum Männer die Rot-Grün-Sehschwäche wesentlich häufiger haben als Frauen.

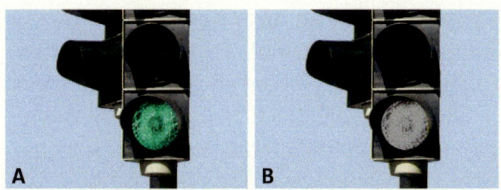

1 Stammbaum der Bluterkrankheit im europäischen Adel

4.

a) Recherchiert im Internet Farbsehtests und überprüft euer Farbsehvermögen.

b) Nennt Berufe, die man mit einer Rot-Grün-Sehschwäche nicht ausüben darf.

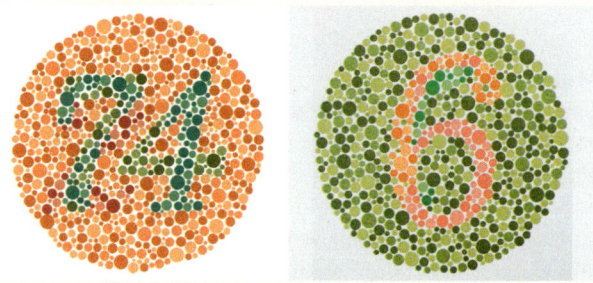

2 Verkehrsampel: **A** Normal, **B** Rot-Grün-Schwäche

3 Testkarten zur Ermittlung der Rot-Grün-Schwäche

Bluterkrankheit

In europäischen Adelshäusern findet man gehäuft eine sonst recht seltene Erbkrankheit, die **Bluterkrankheit.** Bei Betroffenen ist die Blutgerinnung gestört, sodass bereits harmlose Verletzungen lebensbedrohlich sein können. Von der Bluterkrankheit sind im oben abgebildeten Stammbaum ausschließlich Männer betroffen. Dies lässt einen Zusammenhang zwischen der Krankheit und den Geschlechtschromosomen vermuten. Tatsächlich weiß man heute, dass ein Gen auf dem X-Chromosom für die Blutgerinnung bei der Bluterkrankheit verantwortlich ist und dass diese Krankheit rezessiv vererbt wird (Symbol X^a). Männer besitzen nur ein X-Chromosom.

Dem wesentlich kleineren Y-Chromosom fehlt demnach das Gen für die Blutgerinnung. Das rezessive Allel a führt folglich bei ihnen stets zur Bluterkrankheit. Bei Männern kann man daher nur zwischen Blutern (Genotyp X^aY) und Gesunden (Genotyp X^AY) unterscheiden. Bei Frauen findet man auch mischerbige Genotypen X^AX^a. Diese Frauen sind gesund, können aber das Allel a auf ihre Kinder übertragen. Man bezeichnet sie daher als **Überträgerinnen.**

Die Bluterkrankheit ist ein Beispiel für einen geschlechtsgebundenen oder x-chromosomalen Erbgang. Ebenfalls x-chromosomal wird die Rot-Grün-Sehschwäche vererbt.

Bestimmte Erbkrankheiten wie die Bluterkrankheit werden über die Geschlechtschromosomen weitergegeben.

Mutationen – Veränderungen der DNA

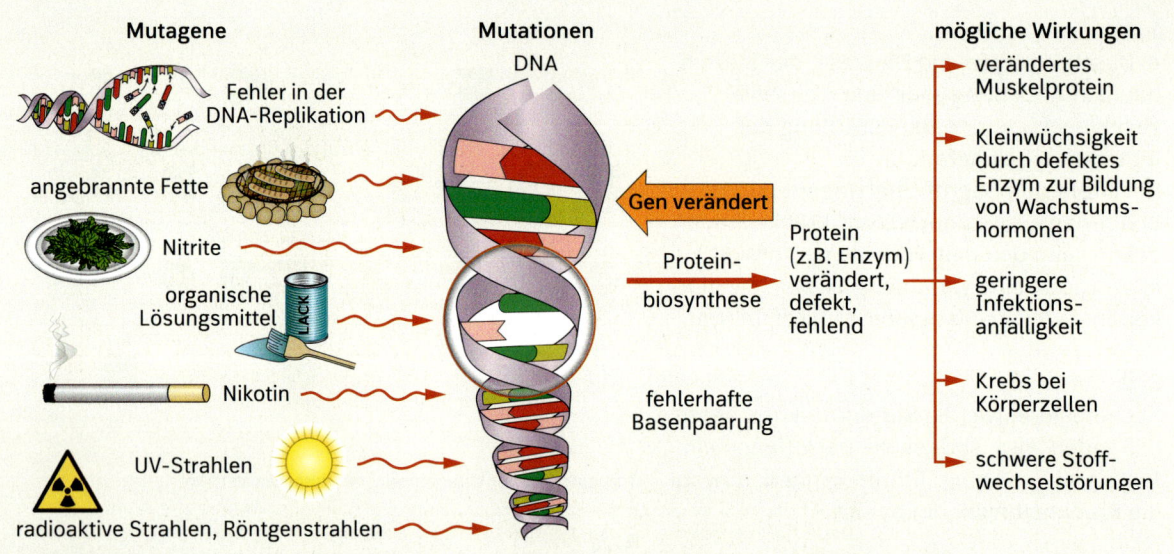

Mutagene

Fehler in der DNA-Replikation

angebrannte Fette

Nitrite

organische Lösungsmittel

Nikotin

UV-Strahlen

radioaktive Strahlen, Röntgenstrahlen

Mutationen
DNA

Gen verändert

Proteinbiosynthese

fehlerhafte Basenpaarung

Protein (z.B. Enzym) verändert, defekt, fehlend

mögliche Wirkungen

verändertes Muskelprotein

Kleinwüchsigkeit durch defektes Enzym zur Bildung von Wachstumshormonen

geringere Infektionsanfälligkeit

Krebs bei Körperzellen

schwere Stoffwechselstörungen

1. Mutationen können das Erbgut von Körperzellen oder von Keimzellen betreffen. Erläutere die unterschiedlichen Konsequenzen.

2. Schreibt einen kleinen Praxisratgeber „Mutagene – wie lassen sich unnötige Belastungen vermeiden?".

Mutationen

Dauerhafte, zufällige Veränderungen des Erbgutes bezeichnet man als **Mutationen**. Sie kommen natürlicherweise relativ selten vor und werden teilweise repariert. Man unterscheidet drei Typen von Mutationen:

Genmutationen verändern ein einzelnes Gen. Hierbei können in der DNA Basen ausgetauscht werden, gehen verloren oder werden ergänzt. Dies kann sich negativ auf den Organismus auswirken.

Bei **Chromosomenmutationen** sind größere Bereiche eines Chromosoms betroffen. Ganze Stücke mit mehreren Genen können zum Beispiel verloren gehen.

Bei **Genommutationen** wird die Zahl der Chromosomen verändert. Diese Mutationen haben meist schwerwiegende Folgen.

Unbemerkt, schädlich oder nützlich

Viele Mutationen zeigen keine oder kaum Auswirkungen auf den Organismus. Oft führen sie aber zu Nachteilen oder ernsthaften Krankheiten für die Lebewesen. Mutationen sind zum Beispiel beim Menschen die Ursache vieler Erbkrankheiten.

Manchmal findet aber auch eine Mutation statt, die für ihren Träger zufällig von Vorteil ist. Gerade solche kleinen Veränderungen bilden eine wesentliche Grundlage für die Entwicklung der Arten, also für die Evolution und für den Erfolg von Züchtungen bei Nutzpflanzen, Nutztieren oder Haustieren, wie zum Beispiel den Hund.

Mutationen betreffen Keimzellen oder Körperzellen

Finden Mutationen in **Keimzellen** statt, ist der gesamte Organismus in der nachfolgenden Generation betroffen. Diese Veränderungen können weitervererbt werden. Mutationen in **Körperzellen** werden nicht weitervererbt, können aber dem Körper Probleme bereiten, beispielsweise Krebs auslösen.

Mutagene

Energiereiche Strahlen, bestimmte Chemikalien und Einflüsse, die die Häufigkeit von Mutationen erhöhen, nennt man **Mutagene.** Belastungen durch Mutagene sollten möglichst gering gehalten werden.

> Mutationen können zufällig entstehen oder durch Mutagene ausgelöst werden. Sie können von Vorteil, aber auch von Nachteil sein.

Schutz vor Mutagenen

1. ≡ Ⓐ
Erkläre, warum Rauchen die häufigste Ursache für Lungenkrebs ist.

2. ≡ Ⓐ
a) Erläutere, warum man Patienten, die geröntgt werden, eine Bleischürze um die Hüfte legt.
b) Erkläre, warum die Ärzte und Assistenten kurz vor der Röntgenaufnahme den Raum verlassen.

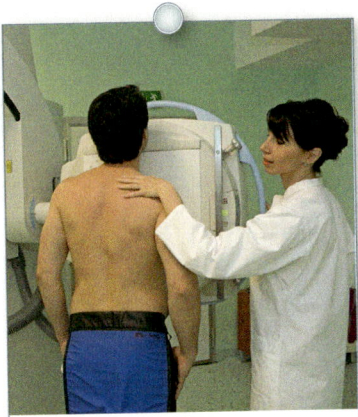

Röntgenstrahlen

Auch Röntgenstrahlen wirken als Mutagene. Sie können die DNA schädigen und dadurch Krebs verursachen. Daher führt man Röntgenuntersuchungen nur durch, wenn sie medizinisch nötig sind, und man verwendet moderne Geräte mit einer geringen Strahlenbelastung. Bleischürzen schirmen außerdem die Strahlung ab.

Zigarettenrauch

Wie anderer Rauch enthält auch Zigarettenrauch Teerstoffe. Diese setzen sich in die DNA und verändern die Basenabfolge. Die veränderten, also mutierten Gene können zu unkontrollierten Zellteilungen führen. Dann entsteht Krebs. Nichtraucher vermeiden dieses Mutagen.

Radioaktive Strahlen

Die DNA wird durch radioaktive Strahlen geschädigt. Nach den Atombomben in Hiroshima und Nagasaki und nach dem Reaktorunfall in Tschernobyl wurden viele missgebildete Kinder geboren. Zahlreiche Menschen erkrankten an Leukämie oder anderen Krebsformen.
Nach dem Reaktorunfall 2011 in Fukushima wurde die umliegende Bevölkerung evakuiert. Rettungskräfte konnten nur in Schutzkleidung und für kurze Zeit die verstrahlten Bereiche betreten. Zum Schutz vor Unfällen mit radioaktiver Verstrahlung werden in Deutschland und manchen anderen Ländern die Kernkraftwerke nach und nach stillgelegt. Die Gefahr, die von radioaktiven Abfällen ausgeht, bleibt noch über Jahrtausende problematisch.

PINNWAND

Mutationen als Ursache für Krankheiten

1. ≡ Ⓐ ⟨↖⟩

Die Abbildung zeigt verschiedene Mutationstypen.

a) Nenne verschiedene Mutationstypen und definiere sie kurz.

b) Ordne die Abbildungen A bis D einem Mutationstyp zu und begründe dies.

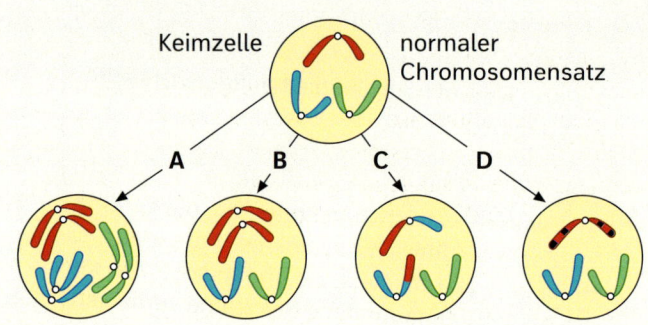

2. ≡ Ⓐ

a) In seltenen Fällen werden in der Meiose die Chromosomen des Paares 21 nicht getrennt. Beschreibe die in der Abbildung gezeigten Vorgänge und erläutere die Konsequenzen dieser Nichttrennung.

b) Zeichne ein vergleichbares Schema, bei dem in der Meiose II die Schwesterchromatiden von Chromosom 21 nicht getrennt werden und erläutere auch hier die Konsequenzen.

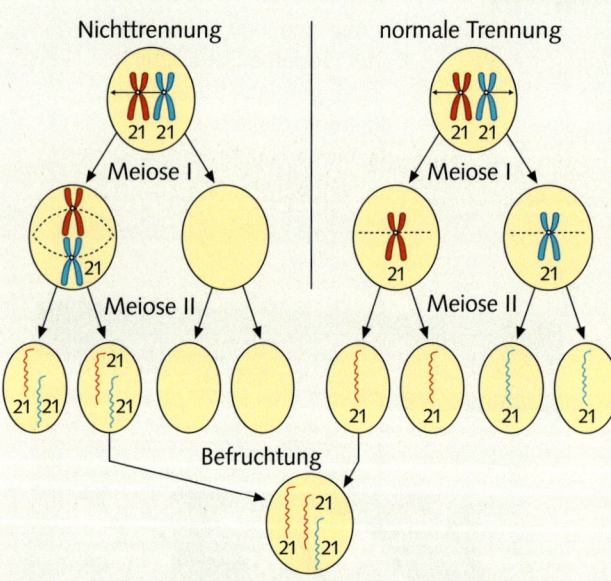

3. ≡ Ⓐ

a) Verdeutliche, wie bei Genmutationen die Erbinformation verändert wird. Streiche dazu beispielsweise aus der Basenabfolge ...GAC GAC GAC... eine Base. Erstelle dann die Tripletts neu.

b) Verfahre ähnlich mit dem Text: WAS HAT DIE DNA MIT MIR VOR?

c) Nenne die Folgen, die das Fehlen einer Base in der DNA haben kann.

4. ≡ Ⓐ

Die Abbildungen A bis D zeigen schematisch mögliche Chromosomenmutationen. Beschreibe die Abbildungen und erläutere, wie sich die Information der DNA dabei ändert.

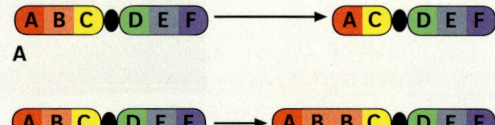

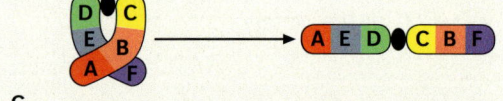

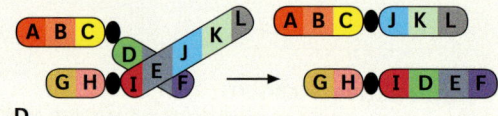

5. ≡ Ⓐ

1990 waren nur 5 Prozent der gebärenden Mütter älter als 35 Jahre, 2005 waren es bereits 16 Prozent. Erläutere mithilfe der Grafik zur Häufigkeit des Down-Syndroms auf der rechten Seite die Problematik, die sich daraus ergibt.

6. ≡ Ⓐ

a) Erkläre, wie es zur Sichelzellanämie kommt, und begründe, warum diese Krankheit gehäuft in Afrika auftritt.

b) Nimm Stellung zu der Aussage: „Mutationen sind stets schädlich."

Trisomie 21 – Folge einer Genommutation

Bei einer Genommutation wird die Zahl der Chromosomen verändert. Die bei Neugeborenen häufigste Chromosomenzahlveränderung ist die Trisomie 21. Das Chromosom 21 liegt dann nicht wie üblich doppelt, sondern dreifach vor. Nach seinem Entdecker wird das Krankheitsbild auch als **Down-Syndrom** bezeichnet. Äußere Merkmale sind eine geringe Körpergröße, die rundliche Kopfform sowie eine schmale Lidfalte der Augen. Daneben kommt es auch zur Fehlentwicklung innerer Organe. Die geistigen Fähigkeiten sind verringert, die Kinder können aber durch frühe und intensive pädagogische Betreuung gefördert werden. Das Risiko, ein Kind mit Down-Syndrom zu gebären, wächst mit steigendem Alter der Mutter deutlich an.

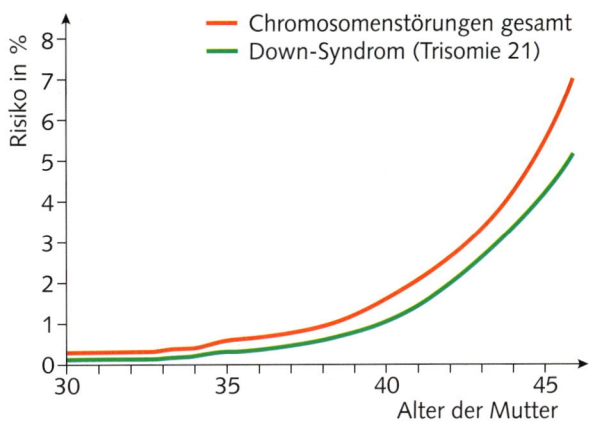

2 Risiko für das Down-Syndrom

1 Mädchen mit Down-Syndrom

Katzenschrei-Syndrom – Folge einer Chromosomenmutation

Das **Katzenschrei-Syndrom** ist eine Chromosomenmutation, bei der größere Bereiche eines Chromosoms verändert sind. Ursache ist hier der Verlust mehrerer Gene des Chromosoms 5. Durch eine Missbildung des Kehlkopfes schreien die betroffenen Säuglinge wie junge Katzen. Weitere Symptome sind Wachstumsstörungen und eine verringerte geistige Entwicklung. Diese Erbkrankheit ist sehr selten und tritt einmal bei etwa 50 000 Geburten auf.

Sichelzellanämie – Folge einer Genmutation

Eine besonders in Afrika häufig auftretende Erbkrankheit ist die **Sichelzellanämie.**

Erkrankte haben im Blut veränderte, sichelförmige rote Blutkörperchen. Ursache der Sichelzellanämie ist die Mutation eines Gens, das die Information für die Bildung des roten Blutfarbstoffes Hämoglobin enthält. Hämoglobin ist Bestandteil der roten Blutkörperchen und dort für den Sauerstofftransport verantwortlich. Als Folge der Genmutation werden sichelförmige rote Blutkörperchen gebildet. Die Schwere der Erkrankung hängt vom Genotyp ab: Bei reinerbigen Merkmalsträgern sind sämtliche rote Blutkörperchen verändert.

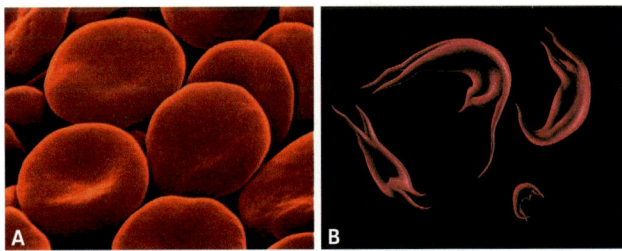

3 Rote Blutkörperchen: **A** normal entwickelt, **B** bei Sichelzellanämie

Dadurch kann weniger Sauerstoff transportiert werden. Betroffene zeigen eine geringere körperliche Leistungsfähigkeit. Da die Zellen zudem häufiger zerbrechen, leiden Erkrankte auch an Blutarmut. Die Lebenserwartung ist deshalb deutlich vermindert. Mischerbige zeigen fast keine Symptome, da hier nur wenige der Blutkörperchen deformiert sind. Die Genmutation verleiht jedoch den Betroffenen eine besondere Eigenschaft: Sie sind resistent gegen Malaria, was in vielen Gebieten Afrikas von Vorteil ist.

> Genmutationen, Chromosomenmutationen und Genommutationen sind verschiedene Arten von Mutationen. Krankheiten wie das Down-Syndrom, das Katzenschrei-Syndrom oder die Sichelzellanämie sind die Folgen solcher Mutationen.

Erbe und Umwelt ergänzen sich

1. ≡ Ⓥ

a) Sät in zwei gleiche Schalen auf etwa gleich großen Portionen Watte etwa die gleichen Mengen Kressesamen aus. Verwendet dazu Samen aus derselben Samentüte. Begießt sie mit gleichen Wassermengen. Stellt eine Schale in einen dunklen Schrank, die andere an einen hellen Ort. Die Temperaturen sollten in etwa gleich sein. Beide Schalen werden möglichst gleich feucht gehalten und etwa eine Woche stehen gelassen.

b) Notiert nun alle Unterschiede, die ihr zwischen den Pflanzen der beiden Schalen feststellen könnt.

c) Wertet das Versuchsergebnis aus.

d) Erklärt, warum Temperatur und Feuchtigkeitsmenge in beiden Versuchsansätzen etwa gleich sein müssen.

e) Übertragt die Ergebnisse des Versuchs auf Lebensbedingungen von Pflanzen in der Natur und beschreibt, welche Vorteile sich für das Überleben der Keimpflanzen aus den unterschiedlichen Wuchsformen ergeben.

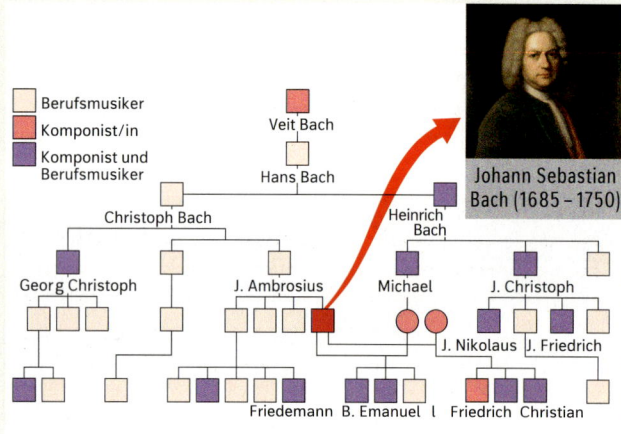

3. ≡ Ⓐ

a) Begründe, warum der links abgebildete Stammbaum der Familie Bach manchmal als Beleg für die Erblichkeit der Musikbegabung angesehen wird.

b) Finde eine weitere mögliche Ursache für das gehäufte Auftreten von Musikern in einer Familie.

4. ≡ Ⓠ

Betrachte CopyCatCC, das erste geklonte Kätzchen, und seine genetisch identische Klonmutter. Beschreibe und erkläre das Aussehen der Tiere.

2. ≡ Ⓐ

Beschreibe die Körpergröße von Menschen zu verschiedenen Zeiten und finde Erklärungen für diese Entwicklung.

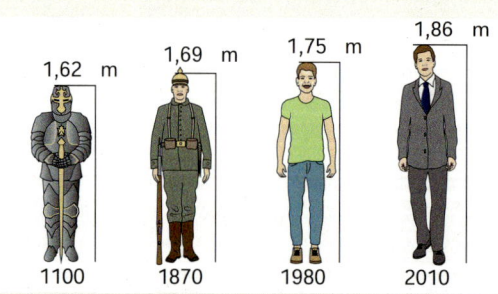

Modifikationen

Jeder hat schon beobachtet, dass Pflanzen wie der Löwenzahn je nach Standort unterschiedlich wachsen. Unterschiedliche Wasser- und Mineralstoffversorgung, Temperaturunterschiede sowie mehr oder weniger Fußtritte zeigen ihre Wirkung. Die Veränderung von Merkmalsausprägungen durch Umwelteinflüsse bezeichnet man als **Modifikationen.** Modifikationen werden nicht vererbt und müssen von den Mutationen, den Veränderungen des Erbgutes, unterschieden werden.

Gene und Umwelt

Es gibt Salatsorten, die schöne, dicke Köpfe bilden, und andere, wie Pflücksalat, die nur kleine Blättchen bilden. Sie unterscheiden sich genetisch. Deshalb lässt sich aus Pflücksalat-Samen auch bei bester Pflege kein Salatkopf ziehen. Aber auch Kopfsalatpflanzen können sich sehr unterschiedlich entwickeln. Bekommen junge Pflanzen nicht genug Licht, „vergeilen" sie. Sie bilden kaum Blattgrün, werden lang und bleiben schwach. Unter solchen Bedingungen stecken Pflanzen nicht unnötig Material und Energie in die Synthese von Chlorophyll, das im Dunkeln doch nicht gebraucht wird. Der Lichtmangel schaltet dagegen Gene für ein schnelleres Längenwachstum an. Da in der natürlichen Vegetation Licht meist von oben kommt, hat die Pflanze durch den längeren Stängel bessere Überlebenschancen, denn vielleicht trifft sie oben auf mehr Licht. Allerdings wird die Pflanze den Rückstand gegenüber gut belichteten Pflanzen kaum mehr aufholen können. Aus einmal vergeilten Salatsetzlingen kann man keine kräftigen Köpfe ziehen, obwohl sie die genetische Ausstattung dazu haben.

2 Löwenzahn: **A** aus einer Wiese, **B** aus einer Pflasterritze

Veranlagung und Entwicklung

Auch Menschen können sich auf der Grundlage ihrer Gene sehr unterschiedlich entwickeln. Die Gene geben eine gewisse Variationsbreite vor. Aber sowohl körperliche Eigenschaften als auch geistige, handwerkliche oder künstlerische Fähigkeiten werden von Umwelteinflüssen beeinflusst: So kann jemand eine Veranlagung für Diabetes haben, das Auftreten der Krankheit aber durch Ernährung beeinflussen. Für die Leistung eines Spitzensportlers ist eine bestimmte genetische Voraussetzung, also eine gewisse Begabung, notwendig, aber sie ist auch nicht ohne hartes Training zu erreichen. Bei Kindern und Jugendlichen sollten „Begabungen" früh gefördert werden. Aber auch durch intensives Arbeiten können Leistungen verbessert werden.

> Eine Veränderung durch die Umwelt nennt man Modifikation. Genetische Veranlagung und Umwelteinflüsse ergänzen sich gegenseitig.

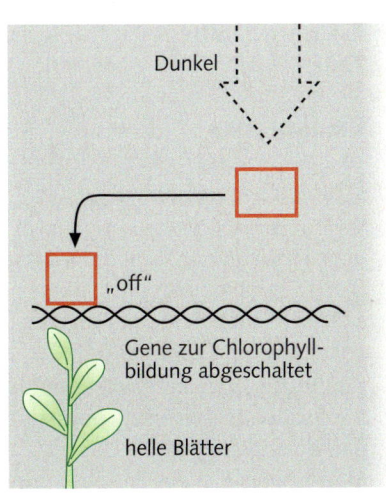

Dunkel — Licht

Signalstoff

„off" — „on"

Gene zur Chlorophyll-bildung abgeschaltet — Gene zur Chlorophyll-bildung angeschaltet

helle Blätter — grüne Blätter

1 Genregulation durch Umwelteinflüsse

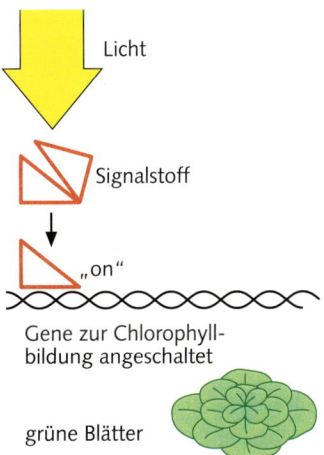

3 Frühkindliche Förderung

Was Stammzellen alles können

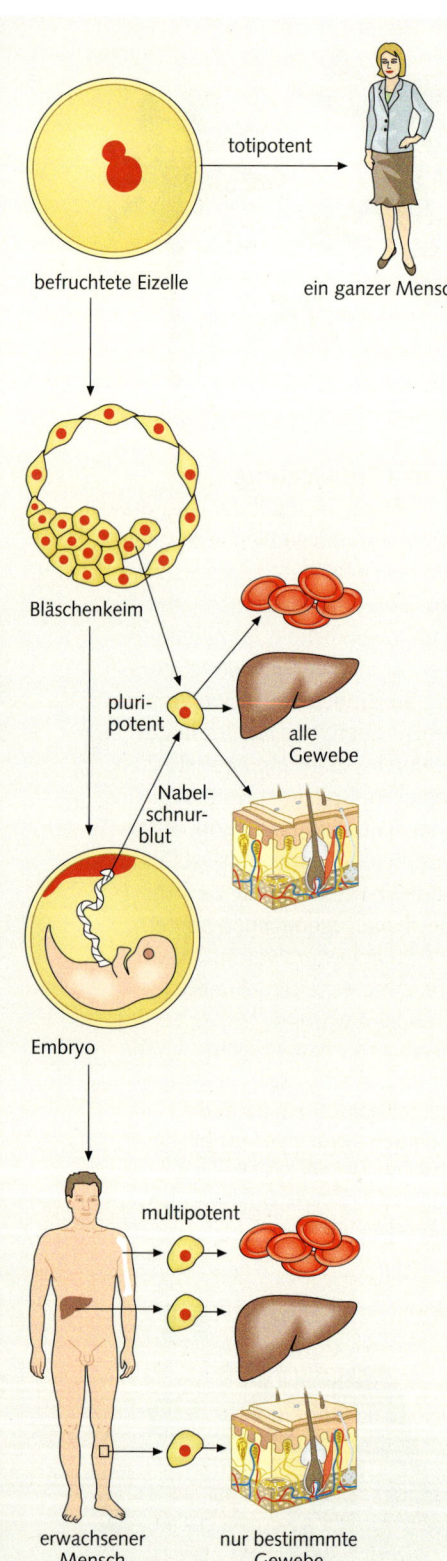

1 Verschiedene Stammzellentypen

Labels within figure 1:
befruchtete Eizelle
totipotent
ein ganzer Mensch
Bläschenkeim
pluri-potent
alle Gewebe
Nabel-schnur-blut
Embryo
multipotent
nur bestimmmte Gewebe
erwachsener Mensch

1. ≣ Ⓐ ◑
Erläutere anhand der Abbildung und des Informationstextes die unterschiedlichen Stammzelltypen: multipotent, pluripotent, totipotent.

2. ≣ Ⓠ ◑
a) Recherchiere im Internet nach dem aktuellen Embryonenschutzgesetz. Berichte, welche gesetzlichen Bestimmungen es zur Forschung mit Embryonen gibt.
b) Recherchiere nach den Begriffen Stichtagsregelung und Stammzellforschung.

3. ≣ Ⓠ
Wenn Menschen an Leukämie erkrankt sind, wird oft zur Stammzellenspende aufgerufen.
a) Recherchiere, welche Stammzellen für die Behandlung benötigt werden und was ein möglicher Spender tun muss. Halte einen Kurzvortrag.
b) Erstelle ein Werbeplakat oder einen digitalen Werbeclip zur Stammzellenspende.

4. ≣ Ⓐ ◑
a) Beschreibe das Verfahren des therapeutischen Klonens.
b) Erläutere die Vorteile, die das therapeutische Klonen gegenüber Transplantationen von Geweben oder Organen Verstorbener hat.

5. ≣ Ⓠ
Recherchiere, was iPS-Zellen sind und erläutere die Vorteile.

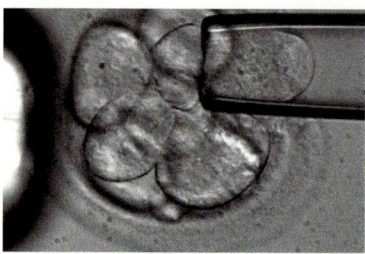
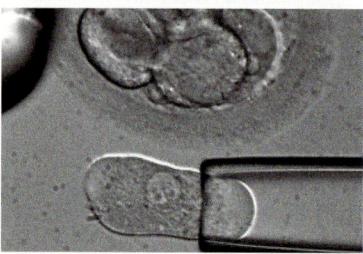

2 Entnahme einer embryonalen Zelle

Differenzierte Zellen

Aus einer einzigen befruchteten Eizelle entsteht durch Zellteilungen zunächst ein kleiner Haufen identischer Zellen. Irgendwann im Laufe der Entwicklung eines Embryos müssen sich seine zunächst identischen Zellen unterschiedlich entwickeln. Dazu werden in den Zellen unterschiedliche Gene aktiviert. Man spricht vom An- und Abschalten von Genen. Zellen, die eine Leberzelle, Hautzelle oder Herzmuskelzelle geworden sind, können nicht mehr zu anderen Zellen werden. Sie sind nun **differenzierte Zellen**.

Stammzellen

Überall im Körper sterben Zellen ab und müssen durch neue ersetzt werden. Daher muss es in allen Geweben Zellen geben, die diese Funktion übernehmen und sich noch teilen können. Solche Zellen heißen **Stammzellen.** Stammzellen ersetzen abgestorbene Zellen. Sie bauen Gewebe und den ganzen Körper des Menschen auf.

**Eizellen-
spenderin**

**Entnahme und
Entkernen der Eizelle**

Stammzellentypen

Aus embryonalen Stammzellen kann man im Labor jedes beliebige Gewebe züchten. Dies macht vielen kranken Menschen Hoffnung auf Heilung. Erleidet ein Mensch einen Herzinfarkt, wird die Sauerstoffversorgung der Herzmuskelzellen unterbrochen. Dadurch sterben viele von ihnen ab. Der Körper kann das zerstörte Gewebe nicht ersetzen und die Herzfunktion ist dauerhaft eingeschränkt. Vielen Patienten könnte geholfen werden, wenn man die abgestorbenen Zellen durch neue ersetzen könnte. Bei Mäusen ist es bereits gelungen, im Labor aus embryonalen Stammzellen Herzmuskelzellen zu züchten. Nach einer Transplantation übernahmen diese Zellen ihre Funktion im Herzen der Maus.

**Herzinfarkt-
patient**

**Entnahme
einer Körperzelle**

**Einbringen des Kerns
in die Eizelle**

**Entwicklung
zum
Bläschenkeim**

**Entnahme der
embryonalen
Stammzellen**

Stammzellforschung

Manche Stammzellen können nur bestimmte Zelltypen, wie zum Beispiel Hautzellen, herstellen. Sie sind **multipotent.** Die befruchtete Eizelle kann den ganzen Menschen aufbauen, sie wird als totipotent bezeichnet. Bis zum Achtzellstadium ist jede der Zellen des Embryos totipotent. Wenn der Embryo sich weiterentwickelt, sind seine Zellen bis zum Stadium des Bläschenkeims noch **pluripotent**. Dann kann aus jeder Zelle noch jedes beliebige Gewebe werden, aber kein ganzer Mensch mehr.

Therapeutisches Klonen

Möglicherweise könnten in Zukunft auch für Menschen neue Herzmuskelzellen im Labor gezüchtet werden. Dabei kann es möglich sein, dass sie die gleichen Erbinformationen haben wie der Patient. So werden sie vom Immunsystem nicht abgestoßen.

Dies könnte durch **therapeutisches Klonen** erreicht werden: Dabei wird aus einer Körperzelle des erkrankten Menschen der Zellkern gewonnen. Dieser wird in die entkernte Eizelle einer Frau eingebracht. In dieser Umgebung erlangt der Zellkern einen **totipotenten** Zustand. Die Eizelle beginnt mit der Embryonalentwicklung. Nach einigen Teilungen können Zellen entnommen werden. Diese werden dann zu Herzmuskelzellen weitergezüchtet und dem Herzinfarktpatienten transplantiert. Dort übernehmen sie dann die Funktionen der abgestorbenen Zellen.

Ethische Bedenken

Eine Eizelle mit einem fremden Kern, die die Embryonalentwicklung begonnen hat, könnte sich zu einem ganzen Menschen entwickeln. Daher ist dieses Verfahren ethisch bedenklich. In Deutschland ist therapeutisches Klonen verboten. Mit der Stammzellforschung sind aber viele Hoffnungen auf Heilung verbunden. Daher besteht hier ein ethisches Dilemma.

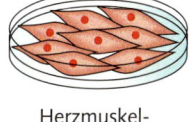

**Herzmuskel-
zellen unter
Zugabe von
Wachstums-
hormonen**

3 Therapeutisches
Klonen

> Es gibt verschiedene Typen von Stammzellen. Mithilfe des therapeutischen Klonens versucht man Stammzellen zur Heilung bestimmter Krankheiten einzusetzen.

Gentechnik – Übertragung von Genen

1. ≡ **Q**

a) Erkundige dich nach Ursachen, Symptomen und Folgen der Erkrankungen Diabetes Typ I und II.
b) Recherchiere nach Anzeichen, woran man bei einem Diabetiker erkennen kann, ob dieser an Überzuckerung oder Unterzuckerung leidet.
c) Nenne Erste-Hilfe-Maßnahmen, die man bei Über- und Unterzuckerung ergreifen sollte.
d) Stelle deine Ergebnisse der Klasse vor.

2. ≡ **A**

Beschreibe anhand des Textes und der Abbildung 2 die Herstellung eines transgenen Bakteriums, das menschliches Insulin herstellen soll. Nutze dafür die Fachbegriffe Restriktionsenzym, Gen-Taxi, Ligase, Plasmid.

3. ≡ **V** ⬉

a) Entwickelt und baut in Gruppenarbeit ein Modell, mit dem ihr den Einbau eines Gens in einen Plasmidring vorführen könnt. Überlegt dabei genau, welche Materialien ihr verwenden wollt.
b) Präsentiert euer Modell der Klasse. Erläutert dabei die einzelnen Schritte und verwendet die Fachbegriffe.
c) Nennt Beispiele, was das Modell nicht darstellen kann.

4. ≡ **A**

a) Erkläre die Begriffe horizontaler Gentransfer und transgene Bakterien.
b) Erläutere, welche Bedeutung der universelle genetische Code für den horizontalen Gentransfer hat.

5. ≡ **Q**

Recherchiert, welche Proteine in der Medizin noch durch transgene Bakterien hergestellt werden und fasst die Ergebnisse in einer Tabelle zusammen.

> **TIPP**
> Nutzt zum Beispiel die Kombination „transgene Bakterien" und „Medizin" für die Suchmaschine.

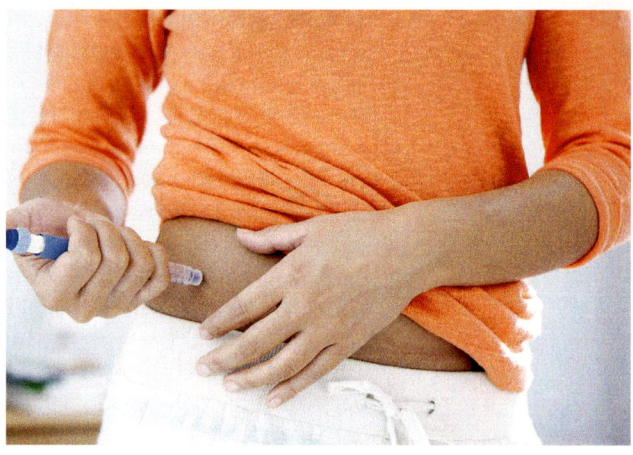

1 Diabetikerin spritzt sich Insulin

Diabetiker benötigen Insulin

Als **Gentechnik** bezeichnet man alle Methoden und Verfahren der Biotechnologie, die gezielte Eingriffe in das Erbgut und damit in die biochemischen Steuerungsvorgänge von Lebewesen ermöglichen. Es gibt eine Reihe von Krankheiten, die gut mithilfe der Gentechnik behandelt werden können. Das bekannteste Beispiel ist Diabetes. Viele Diabetiker können kein oder nicht mehr genug von dem Hormon Insulin bilden. Dadurch ist die Aufnahme von Traubenzucker in die Körperzellen gestört. Diabetiker verlieren Gewicht, haben dauernd Durst, haben Konzentrationsprobleme, fühlen sich schlapp und im Urin lässt sich Zucker nachweisen. Wenn man die Krankheit nicht früh genug erkennt, ist sie lebensgefährlich. Viele Diabetiker sind daher auf die Zufuhr von Insulin angewiesen. Sie müssen es täglich spritzen. Früher wurde Insulin aus den Bauchspeicheldrüsen von Schweinen gewonnen. Da das so gewonnene Insulin dem menschlichen Insulin aber nicht vollkommen gleicht, gab es manchmal allergische Reaktionen. Außerdem war die Gewinnung sehr aufwendig und die Mengen an tierischen Bauchspeicheldrüsen begrenzt.

Inzwischen kann menschliches Insulin in großen Mengen gentechnisch hergestellt werden. Für die Herstellung von menschlichem Insulin nutzt man heute Bakterien. Sie bieten viele Vorteile: Sie sind klein, lassen sich leicht manipulieren und vermehren sich schnell. Zwar weisen Bakterienzellen eine Reihe von wichtigen Unterschieden zu menschlichen Zellen auf. Dennoch können Bakterien menschliches Insulin herstellen. Dies ist nur deshalb möglich, weil Gene sich in allen Organismen gleichen: Die Abfolge der Nukleotide A, C, G und T in einem Bakterium hat die gleiche Bedeutung wie bei einem Menschen. Man sagt, der genetische Code ist universell.

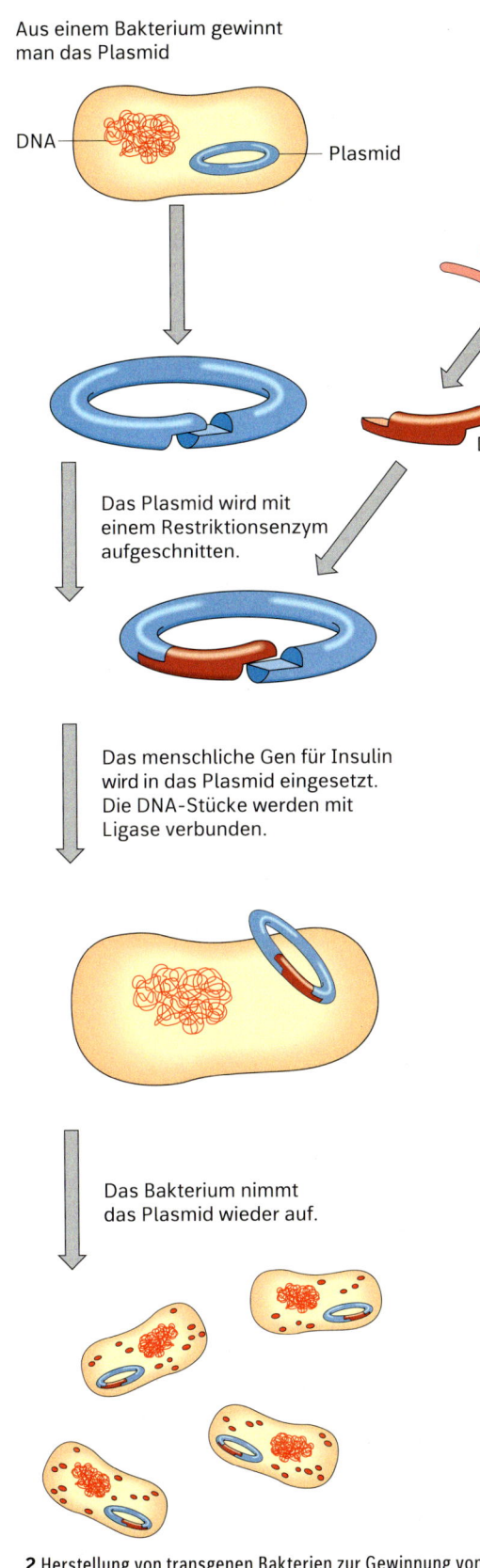

Aus einem Bakterium gewinnt man das Plasmid

DNA — Plasmid

Spenderzelle

Aus einer menschlichen Spenderzelle (Inselzelle aus der Bauspeicheldrüse) wird mit einem Restriktionsenzym das Insulin-Gen herausgeschnitten.

DNA-Abschnitt mit Insulin-Gen

Das Plasmid wird mit einem Restriktionsenzym aufgeschnitten.

Das menschliche Gen für Insulin wird in das Plasmid eingesetzt. Die DNA-Stücke werden mit Ligase verbunden.

Das Bakterium nimmt das Plasmid wieder auf.

2 Herstellung von transgenen Bakterien zur Gewinnung von menschlichem Insulin

Gentechnisch veränderte Bakterien stellen menschliches Insulin her

Zur gentechnischen Herstellung von Insulin muss man den Bakterien das menschliche Gen für Insulin künstlich einsetzen. Erst dann können sie es herstellen. Dabei nutzt man für die Gentechnik die schnelle Vermehrung und den besonderen Aufbau der Bakterien aus. Viele Bakterien enthalten zusätzlich zu ihrer normalen Zell-DNA kleinere DNA-Ringe, sogenannte **Plasmide.** Diese können den Bakterien entnommen werden. Außerhalb des Bakteriums kann man die Plasmide künstlich verändern. Dazu schneidet man sie mit einem **Restriktionsenzym** auf. Mit dem gleichen Restriktionsenzym wird das Insulin-Gen der DNA einer menschlichen Zelle herausgeschnitten. Damit die DNA-Stücke sich miteinander verbinden, benötigt man das Enzym **Ligase.** Die Ligase ist ein Enzym, das Brüche im DNA-Strang repariert, indem sie Lücken in und zwischen DNA-Molekülen schließt. Damit ist das Plasmid ein sogenanntes **Gen-Taxi** geworden. Die Bakterien können nun das gentechnisch veränderte Plasmid wieder aufnehmen und werden dann vermehrt.

Das menschliche Insulin wird in großen Mengen in den gentechnisch veränderten Bakterien produziert. Um es zu gewinnen, muss man die Bakterien zerstören. Dann wird es gereinigt und als Medikament zum Spritzen für Diabetiker zur Verfügung gestellt.

Solche gentechnisch veränderten Bakterien werden auch **transgene Bakterien** genannt. Die Übertragung von Genen zwischen verschiedenen Arten nennt man **horizontaler Gentransfer.**

> Gene werden mithilfe von Gen-Taxis in Bakterien eingefügt. Die Bakterien werden so veranlasst, zum Beispiel menschliches Insulin herzustellen.

Gene vervielfältigen und untersuchen

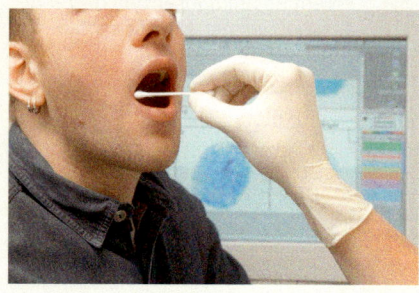

1. ☰ Ⓐ
Finde mithilfe des Bandenmusters in Abbildung 1 B den Täter heraus. Erkläre deine Zuordnung.

2. ☰ Ⓐ
Beschreibe, wie ein genetischer Fingerabdruck erstellt wird.

3. ☰ Ⓐ ◐
Genetische Fingerabdrücke werden sehr häufig bei Vaterschaftstests gemacht. Wie viele Banden müssten zwischen Vater und Kind bei einem Vaterschaftstest übereinstimmen? Begründe deine Antwort.

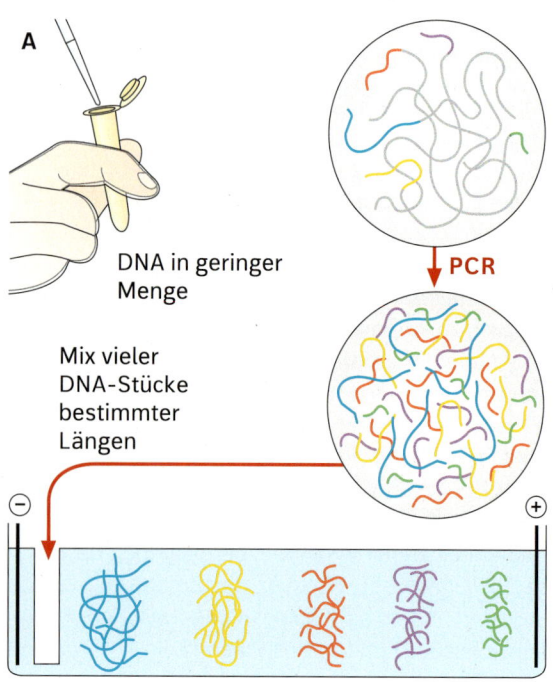

Auftrennung der DNA-Stücke in der Gelelektrophorese

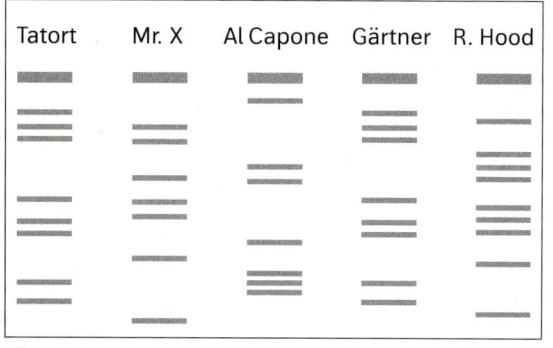

B

1 Genetischer Fingerabdruck: **A** PCR und Gelelektrophorese, **B** Bandenmuster

Die DNA kann den Täter überführen

Mithilfe des **genetischen Fingerabdrucks** kann an einem Tatort mit sehr großer Sicherheit ein Täter ermittelt oder ausgeschlossen werden. Auch bei der Identifikation von Krankheiten wie COVID-19 ist diese Methode wichtig. Häufig sind die gefundenen DNA-Spuren am Tatort aber zu gering für eine genaue Untersuchung. Daher muss die Menge der DNA für den genetischen Fingerabdruck vervielfältigt werden. Dafür nutzt man die **Polymerase-Ketten-Reaktion**, kurz **PCR** (vom Englischen polymerase chain reaction). Sie ahmt im Labor die natürliche Verdopplung der DNA beim zellulären Kopiervorgang nach. Man vervielfältigt aber nicht die gesamte DNA, sondern nur wenige Bereiche.

Zuerst trennt man dazu den DNA-Doppelstrang durch Erhitzen in zwei Einzelstränge. An diese lagern sich sodann DNA-Startermoleküle, sogenannte Primer, als Markierung an, die als Startpunkt für die Bildung des zu ergänzenden Stranges dienen. Von hier ausgehend bildet das Enzym DNA-Polymerase die gegenüberliegenden (komplementären) Stränge mithilfe von im Gemisch vorhandenen DNA-Nukleotiden. Bei der Vervielfältigung entstehen also DNA-Stücke unterschiedlicher, aber bestimmter Längen. Diese sind für jeden Menschen einzigartig wie ein Fingerabdruck.

Gelelektrophorese macht den Täter sichtbar

Will man einen Verdächtigen überführen, müssen dessen unterschiedlich lange DNA-Stücke mit den Spuren vom Tatort verglichen werden. Dazu werden die DNA-Stücke einer Probe der Länge nach sortiert. Dies gelingt mit der **Gelelektrophorese.** Dazu gibt man die Probe in die Vertiefung eines Gels, an das eine elektrische Spannung angelegt wird. Die DNA-Stücke wandern daraufhin zum gegenüberliegenden Pol, wobei sich die kleinen Stücke schneller als die Großen fortbewegen. So kommt es zu einer Auftrennung der verschieden langen DNA-Stücke und es entsteht im Gel ein typisches Bandenmuster, das mithilfe eines Computers analysiert wird.

4.

Recherchiere im Internet, wie der genetische Fingerabdruck in der Biodiversitätsforschung bzw. im Artenschutz eingesetzt wird. Stelle in der Klasse ein Beispiel vor.

5. ≡ Ⓐ

a) Beschreibe, wie eine Gensonde aufgebaut ist.
b) Beschreibe, wie ein Gentest abläuft.

6. ≡ Ⓠ

a) Recherchiere Krankheiten, die bereits durch einen Gentest diagnostiziert werden können. Halte einen Vortrag.
b) Sammle Argumente für und gegen einen Gentest bei Verdacht auf eine Erbkrankheit und diskutiere diese.

Gentests können Gewissheit bringen

In manchen Familien häufen sich Fälle von Brustkrebs. Diese Häufung kann ein Hinweis auf Vererbbarkeit der Krankheit sein. Das Gen BRCA 1 ist in diesem Fall so verändert, dass die Wahrscheinlichkeit, an Brustkrebs zu erkranken, sehr stark steigt. Möchte man Gewissheit haben, kann man einen Gentest durchführen. Dies sollte nur nach reiflicher Überlegung und ausführlichen Gesprächen mit Ärzten und Vertrauenspersonen geschehen.

Gene mithilfe von Sonden identifizieren

Das normale BRCA 1-Gen und viele Mutationen dieses Gens, die die Wahrscheinlichkeit für Krebs erhöhen, sind inzwischen in ihren Basenfolgen bekannt. Die veränderten Gene heißen dann auch **Marker** und können von **Gensonden** im Genom eines Menschen aufgespürt und sichtbar gemacht werden. So kann man dann herausfinden, ob das gesuchte Gen mit der Mutation vorhanden ist. Dafür vervielfältigt man die DNA einer Zelle mit PCR und stellt so DNA-Stücke mithilfe von Restriktionsenzymen her. Dabei handelt es sich um Enyzme, die die DNA an einer ganz bestimmten Basensequenz aufschneiden können. Diese trennt man in einer Gelelektrophorese nach Längen auf. Gensonden sind künstliche DNA-Stücke, die an das Marker-Gen passen und mit einem Farbstoff markiert werden. Sie binden dann mittels Basenpaarung an das veränderte, nicht aber an das unveränderte Gen. So kann ein verändertes BRCA1-Gen durch die gebundenen Sonden sichtbar gemacht werden.

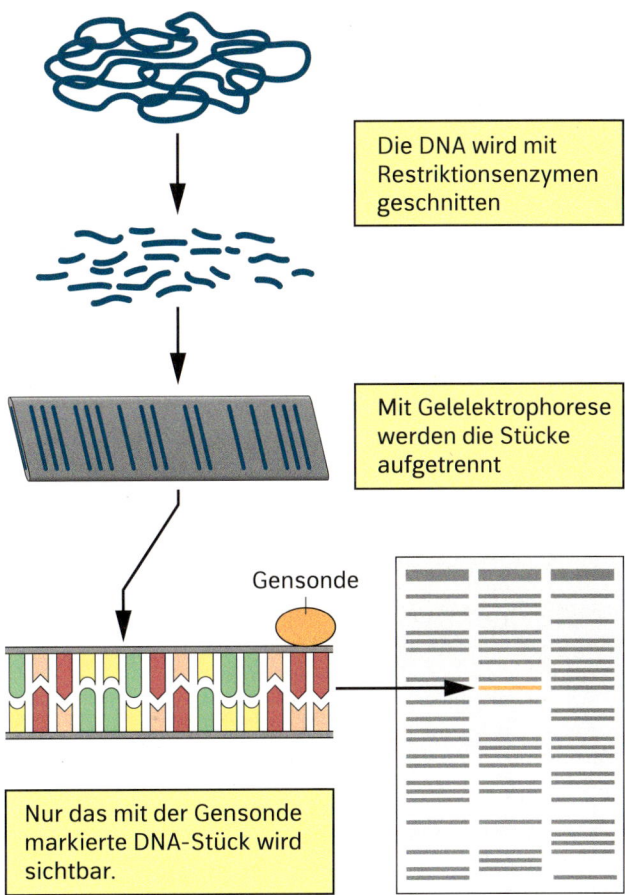

Die DNA wird mit Restriktionsenzymen geschnitten

Mit Gelelektrophorese werden die Stücke aufgetrennt

Gensonde

Nur das mit der Gensonde markierte DNA-Stück wird sichtbar.

2 Identifizierung eines Gens mithilfe einer Gensonde

Mithilfe des genetischen Fingerabdrucks können Täter überführt werden. Dabei werden bestimmte DNA-Stücke oder Gene aufgespürt und mithilfe von Restriktionsenzymen und der Polymerase-Ketten-Reaktion sichtbar gemacht.

Heile Welt durch Gentherapie?

1. ≡ Ⓐ

a) Beschreibe, welche Symptome die Krankheit Mukoviszidose kennzeichnen.

b) Erkläre mithilfe des Textes und der Abbildung rechts, wie die einzelnen Symptome der Mukoviszidose bislang behandelt werden.

2. ≡ Ⓐ

a) Erkläre, warum in der Gentherapie Viren genutzt werden.

b) Nenne die Schritte, die nötig sind, um die Viren in der Gentherapie als Gen-Taxis einzusetzen.

c) Beschreibe die weiteren Schritte der Gentherapie am Beispiel der Mukoviszidose. Nutze dafür die Abbildung 1.

3. ≡ Ⓐ

Die häufigste Genmutation, die zu Mukoviszidose führt, ist in der Abbildung unten dargestellt.

a) Beschreibe die Veränderung der DNA in diesem Genausschnitt.

b) Erkläre den Zusammenhang zwischen Genmutation, entstehendem Protein und der Krankheit Mukoviszidose.

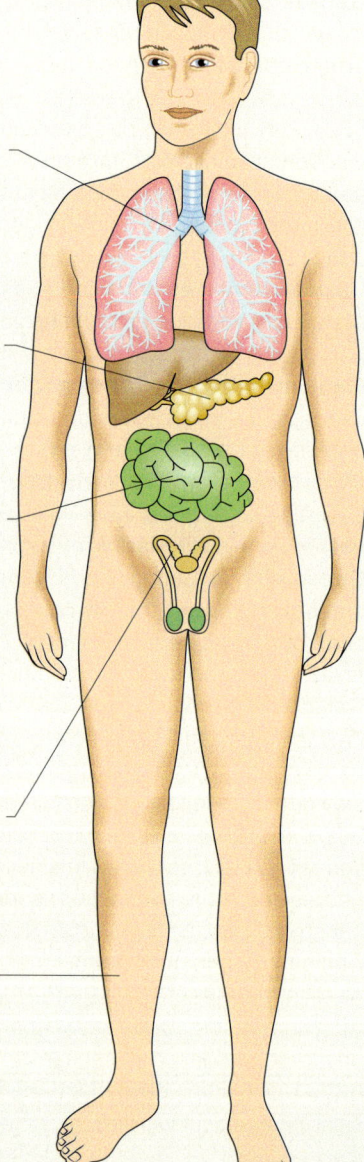

Zäher Schleim verstopft die Atemwege. Die Anfälligkeit für Infektionen ist stark erhöht.

Die Bauchspeicheldrüse wird durch den zähen Schleim in ihrer Funktion beeinträchtigt.

Die Nährstoffaufnahme im Dünndarm ist herabgesetzt.

95% der Männer mit Mukoviszidose sind nicht zeugungsfähig. Manchmal sind auch Frauen unfruchtbar, wenn der feste Schleim den Zugang zur Gebärmutter verschließt.

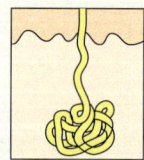

Die Schweißdrüsen der Haut sondern einen hohen Anteil an Salz ab.

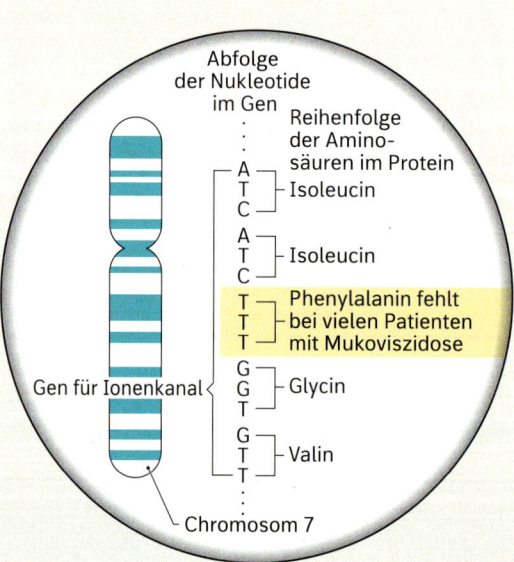

Abfolge der Nukleotide im Gen

Reihenfolge der Aminosäuren im Protein

A
T — Isoleucin
C

A
T — Isoleucin
C

T
T — Phenylalanin fehlt bei vielen Patienten mit Mukoviszidose
T

G
G — Glycin
T

G
T — Valin
T

Gen für Ionenkanal

Chromosom 7

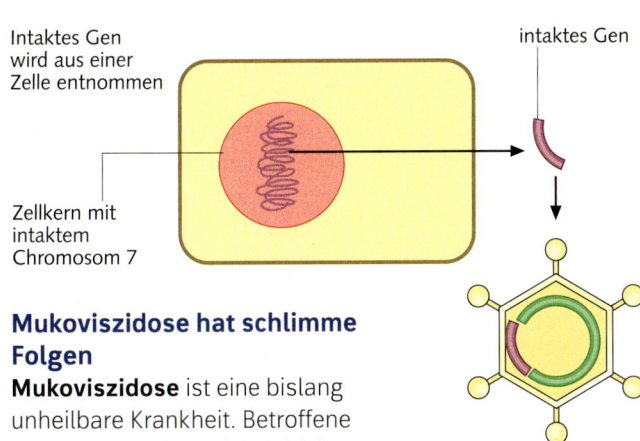

Intaktes Gen
wird aus einer
Zelle entnommen

Zellkern mit
intaktem
Chromosom 7

intaktes Gen

Intaktes Gen
wird in einen Virus
eingebracht

Vermehrung
des Virus

Mukoviszidose hat schlimme Folgen

Mukoviszidose ist eine bislang unheilbare Krankheit. Betroffene leiden daran, dass sich Schleim im Körper nicht genug verflüssigt und der zähe Schleim die Atemwege verstopft. Außerdem sind auch noch andere Organe, wie zum Beispiel die Bauchspeicheldrüse, von dem zähen Schleim betroffen. Menschen mit Mukoviszidose müssen regelmäßig inhalieren und spezielle Übungen machen, damit die Lunge den zähen Schleim loswerden kann. Es müssen Verdauungsenzyme und Antibiotika eingenommen werden. Für viele Betroffene wird irgendwann eine Lungentransplantation notwendig. Trotz aller Therapien verkürzt die Krankheit die Lebenserwartung doch sehr.

Mukoviszidose ist eine Erbkrankheit

Etwa eines von 2500 Neugeborenen erkrankt an Mukoviszidose. Die Ursache ist ein Gendefekt auf Chromosom 7. Mukoviszidose wird autosomal-rezessiv vererbt. Das bedeutet, dass die Krankheit unabhängig vom Geschlecht vererbt wird und nur dann zum Ausbruch kommt, wenn das Erbgut eines Menschen zwei gleiche Kopien des defekten Gens auf-

weist. Bei gesunden Menschen enthält dieses Gen die Information für ein Protein, das dafür sorgt, dass zäher Schleim flüssiger wird. Durch die Mutation kann das Protein nicht richtig gebildet werden und der Schleim bleibt zäh. Eine Mutation kann nicht rückgängig gemacht werden, sodass eine Heilung nicht möglich ist. Bislang kann man nur die Symptome behandeln. Wollte man Krankheiten wie Mukoviszidose wirklich bekämpfen, müsste man den Defekt direkt im Zellkern beheben. Dies versucht die Gentherapie.

Gentherapie nutzt Viren als Taxis für Gene

In der **Gentherapie** soll versucht werden, intakte Gene in die Schleimhautzellen von Menschen mit Mukoviszidose mithilfe von Viren einzuschleusen. Viren haben die Fähigkeit, ihre Gene in menschliche Zellkerne einzubringen, sich in den Zellen zu vermehren und uns krank zu machen. Für die Gentherapie werden die krankmachenden Gene aus den Viren mithilfe von Restriktionsenzymen herausgeschnitten und an diese Stelle wird das gewünschte Gen eingesetzt. Im Fall der Mukoviszidose also das entsprechende Gen von Chromosom 7. Die so veränderten Viren werden vermehrt und mithilfe eines Nasensprays auf die Schleimhäute aufgebracht. Diese Viren dringen als Gen-Taxis in die Schleimhautzellen ein und bringen das intakte Gen mit. In der Zelle kann dann das Protein für die Verflüssigung von Schleim gebildet werden. Leider birgt dieses Verfahren in der Anwendung noch viele Probleme, sodass eine zuverlässige Therapie noch nicht möglich ist und weiter daran geforscht werden muss.

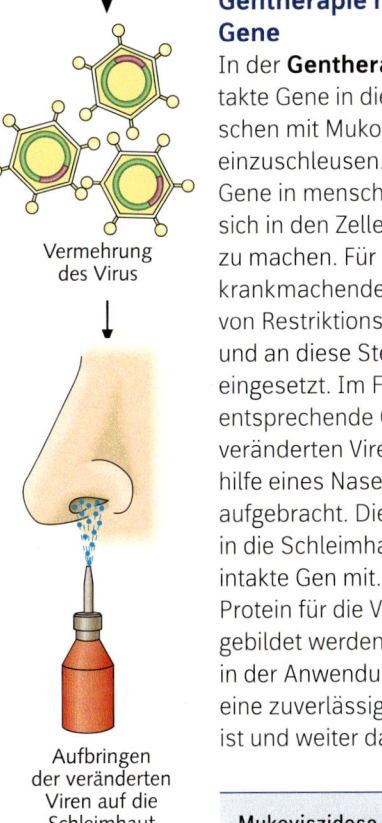

Aufbringen
der veränderten
Viren auf die
Schleimhaut

DNA des Virus wird
in die Zelle aufgenommen, die bislang
nur ein defektes
Protein bilden kann.

> Mukoviszidose ist eine Erbkrankheit, die zu massiven Atemproblemen führt. Mithilfe gentechnisch veränderter Viren wird versucht, diese Krankheit zu heilen.

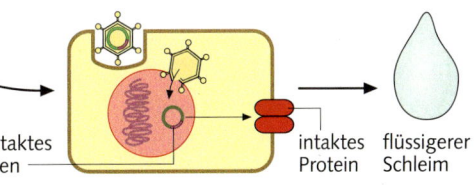

mutiertes
Gen — defektes Protein — zäher Schleim — intaktes Gen — intaktes Protein — flüssigerer Schleim

1 Schritte der Gentherapie

Gene gezielt verändern

Gene gezielt verändern

Wissenschaftler verändern Gene in Lebewesen gezielt, um Krankheiten zu erforschen, Ernteerträge zu steigern oder auch Medikamente herzustellen. Der Prozess eines Genaustausches mit Viren als Gen-Taxis ist sehr langwierig, aufwändig und teuer. Oft nehmen die Zellen das neue Gen nicht auf. Ebenso landen die Gene im Genom der Zielzelle an zufälligen Orten und können dort Krebs auslösen. Außerdem muss für jedes auszuschneidende Gen ein eigenes Restriktionsenzym künstlich hergestellt werden. Auch von der Viren-DNA bleibt im Zielorganismus häufig etwas zurück.

CRISPR/Cas9 hat Vorteile

2012 wurde in Bakterien ein Immunsystem entdeckt, das diese vor einem Virenbefall schützt. Dieses **CRISPR/Cas9-System** wird inzwischen gentechnisch genutzt, um sehr schnell, preiswert und sicher Gene aus fast allen Organismen auszuschneiden und durch andere Gene zu ersetzen. Dazu müssen keine Restriktionsenzyme mehr hergestellt werden.
Die DNA wird zielsicher entfernt und kann auch durch neue ersetzt werden. Es bleibt auch keine Fremd-DNA im Zielorganismus zurück. Die Erfolgsrate des Genaustausches ist viel höher und die Gefahr eines Einbaus an einem falschen Ort viel geringer als bei Viren als Gen-Taxis.

Wie CRISPR/Cas9 funktioniert

Das CRISPR/Cas9-System enthält eine Leit-RNA und das Cas9-Enzym. Die Leit-RNA wird im Labor künstlich hergestellt und passt genau zu dem Gen der DNA, das ersetzt werden soll. In der Zelle findet die Leit-RNA die gesuchte DNA und bindet an sie, dann schneidet das Cas9-Enzym die DNA an beiden Strängen durch. Dadurch wird das betroffene Gen zerstört. Wenn ein anderes, gewünschtes Gen in die Zelle eingebracht wird, baut das Reparatursystem der Zelle dieses in die entstandene Lücke ein und ersetzt das alte Gen. Will man gezielt ganze DNA-Stücke oder auch einzelne Basen komplett aus der DNA entfernen und danach ersetzen, kann man das CRISP/Cas9-System entsprechend verändern. Dieses System wird in sehr vielen Bereichen von der gezielten Pflanzenzucht über die Erforschung von Krankheiten bis hin zur Gentherapie erprobt. Da man die neu eingefügte DNA später nicht nachweisen kann, wenn sie von derselben Art stammt, ist nicht klar, ob ein so veränderter Organismus auch als gentechnisch verändert gilt.

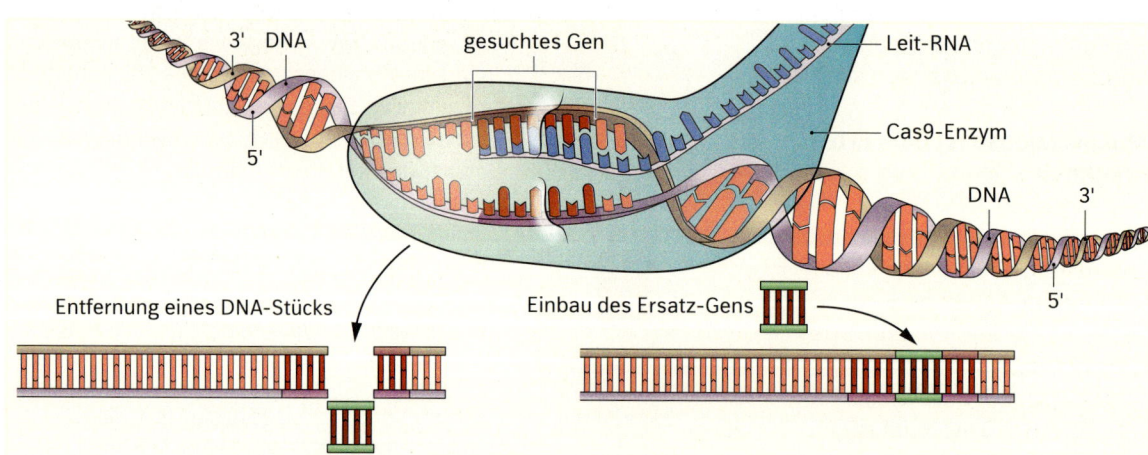

1 Das CRISPR/Cas9-System der Gentechnik

1. ☰ Ⓐ
Erkläre, warum das CRISPR/Cas9-System Vorteile gegenüber Viren als Gen-Taxis hat.

2. ☰ Ⓐ
Erläutere den Ablauf eines Genaustausches mit CRISPR/Cas9.

3. ☰ Ⓠ
Mit dem CRISPR/Cas9-System sind viele Hoffnungen und auch Ängste verbunden. Schreibe dazu einige Beispiele auf. Du kannst dazu auch im Internet recherchieren.

Methoden der Tier- und Pflanzenzüchtung

1. ☰ Ⓐ
a) Beschreibe die nebenstehende Abbildung und ordne sie einer Züchtungsform zu.
b) Erkläre die Begriffe Auslese- und Kombinationszüchtung.

2. ☰ Ⓠ
Der Mensch züchtete gezielt Rinder, die hohe Milchleistungen erzielen.
a) Informiere dich über die Milchleistung heutiger „Hochleistungskühe". Finde heraus, wie die Leistung vor ca. 60 Jahren war und vergleiche diese mit der heutigen Leistung.
b) Recherchiere verschiedene Argumente zu diesem Thema und stelle diese der Klasse vor.

3. ☰ Ⓐ
a) Beschreibe die Schritte beim Embryonentransfer.
b) Erläutere mithilfe von Abbildung 2, warum die Klone bei der Embryonenteilung zwei Mütter haben.

4. ☰ Ⓠ
Erstelle ein Plakat mit verschiedenen Vorgehensweisen, um Pflanzen zu klonen. Recherchiere zu den Stichworten „Stecklinge", „Ableger", „Brutzwiebeln".

5. ☰ Ⓐ
Erkläre anhand des Textes und der Abbildung links die Begriffe Inzucht, reinerbige Linien, F_1-Hybriden und Heterosiseffekt.

6. ☰ Ⓠ
Recherchiere zu geklonten Tieren und berichte, welche Schwierigkeiten diese Tiere häufig haben.

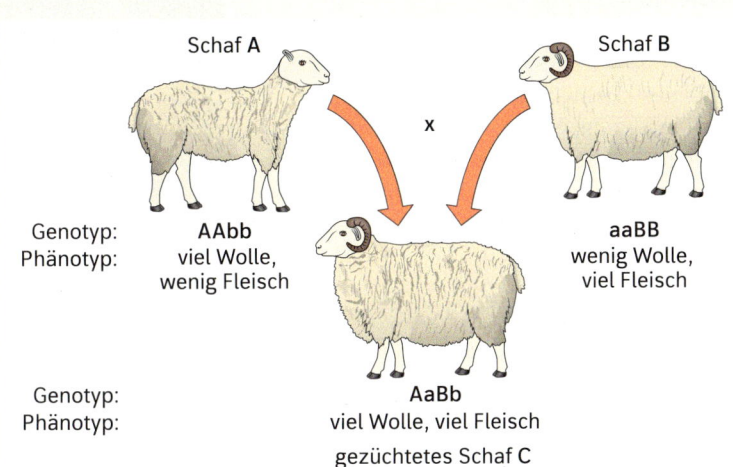

Schaf A

Schaf B

x

Genotyp: **AAbb**
Phänotyp: viel Wolle, wenig Fleisch

Genotyp: **aaBB**
Phänotyp: wenig Wolle, viel Fleisch

Genotyp: **AaBb**
Phänotyp: viel Wolle, viel Fleisch
gezüchtetes Schaf **C**

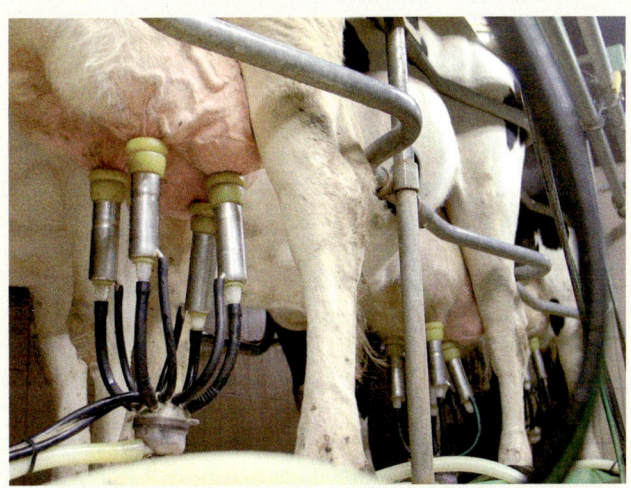

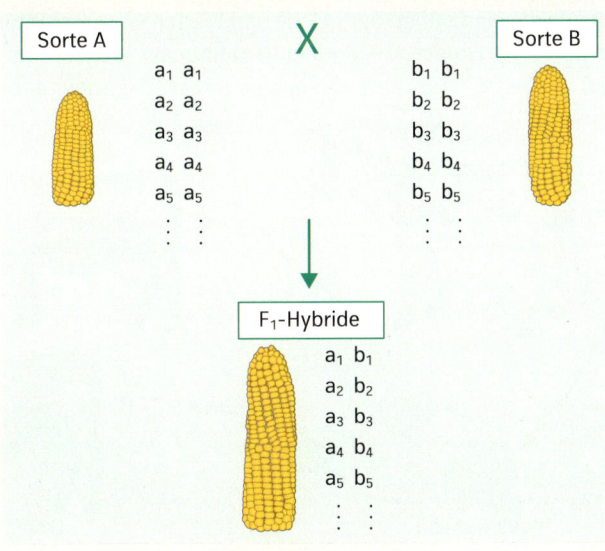

Sorte A   X   Sorte B

| a₁ a₁ | | b₁ b₁ |

$a_1\ a_1$ $b_1\ b_1$
$a_2\ a_2$ $b_2\ b_2$
$a_3\ a_3$ $b_3\ b_3$
$a_4\ a_4$ $b_4\ b_4$
$a_5\ a_5$ $b_5\ b_5$
⋮ ⋮   ⋮ ⋮

F_1-Hybride
$a_1\ b_1$
$a_2\ b_2$
$a_3\ b_3$
$a_4\ b_4$
$a_5\ b_5$
⋮ ⋮

Auslesezüchtung

Rinder werden schon seit vielen tausend Jahren als Nutztiere gehalten. Schon früh erkannten die Menschen, dass eine gezielte Auswahl der Zuchttiere beispielsweise die Milchleistung verbesserte. Diese **Auslesezüchtung** wurde auf viele Tier- und Pflanzenarten angewandt, um immer bessere Erträge und Leistungen zu erzielen.

Kombinationszüchtung

Die Auslesezüchtung wurde durch die **Kombinationszüchtung** erweitert. Hier kreuzte man Rinder mit unterschiedlichen Eigenschaften, sodass gute Milch- und Fleischleistung sich möglichst in einem Tier vereinten. So entstand durch intensive Zuchtarbeit über einen langen Zeitraum auch das **Zweinutzungsrind,** das zur Milch- und Fleischproduktion genutzt wird.

Biotechnologie in der Rinderzucht

Um in der Rinderzucht Deckseuchen zu verhindern und den Zuchtfortschritt im Sinne der Zuchtziele zu steigern, wendet man biotechnologische Verfahren an. So werden die meisten Kühe und Rinder durch **künstliche Besamung** von ausgewählten Bullen trächtig. Diese Bullen werden durch gezielte Paarung der besten Kühe mit geeigneten Bullen gezüchtet und nach erfolgter Zuchtauswahl von Besamungsstationen aufgekauft. So entstehen Rinder, die immer mehr den gewünschten Zuchtzielen entsprechen. Aktuelle Zuchtziele sind neben der Milch- und Fleischleistung z.B. Fitness, Gesundheit und Robustheit der Tiere.

1 Das Simmertaler Fleckvieh ist ein Zweinutzungsrind.

Auch **Embryonentransfer** wird in der Tierzucht erfolgreich eingesetzt. Durch eine Hormonbehandlung löst man bei besonders guten Zuchtkühen die Reifung von mehreren Eizellen aus. Nach Besamung und Befruchtung entstehen mehrere Embryonen, die aus der Gebärmutter ausgespült werden. Diese Embryonen werden in Empfängertiere (Leihmütterkühe) eingesetzt. So kann man von einer züchterisch besonders wertvollen Kuh mehrere Nachkommen erhalten, die dann Geschwister voneinander sind. Genetisch identische Tiere, sogenannte **Klone,** können hingegen zum Beispiel durch die **Embryonenteilung** erzielt werden. Hierbei wird ein Embryo in einem frühen Stadium (Maulbeerkeim) entnommen und geteilt. Jedes Teilstück entwickelt sich danach weiter und kann in der Gebärmutter eines Empfängertieres zu einem kompletten Individuum heranwachsen.

Auch **Klone erwachsener Tiere** kann man heute erzeugen. Das Klonen findet aber keine weite Verbreitung, da sie sehr aufwendig und wenig erfolgversprechend ist.

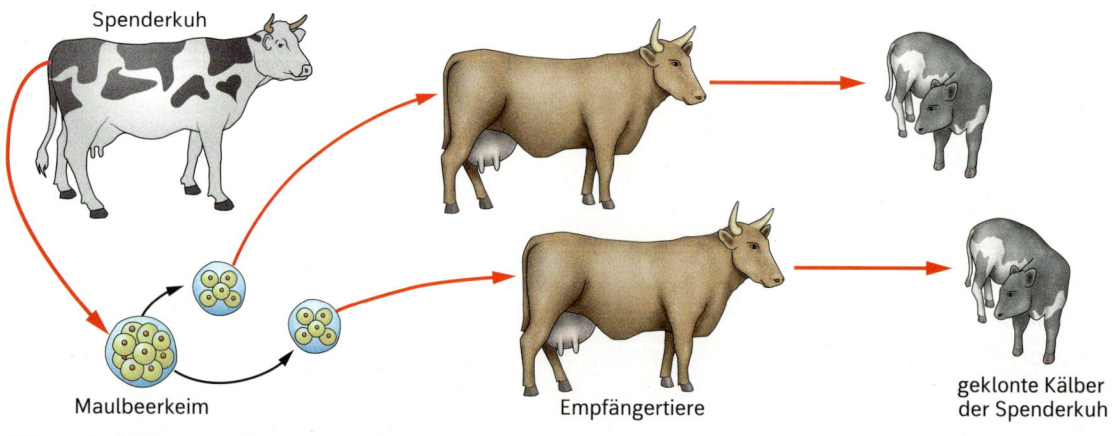

Spenderkuh

Maulbeerkeim

Empfängertiere

geklonte Kälber der Spenderkuh

2 Klonen durch Embryonenteilung

3 Ergebnisse der Polyploidiezüchtung bei Erdbeeren: **A** Wildsorte (2n) **B** Polyploide Züchtung (bis 10n)

Mutationszüchtung

Natürlicherweise sind Mutationen die Ursache dafür, dass sich Merkmale bei Pflanzen und Tieren verändern. Durch Auslese- und Kombinationszüchtung haben Menschen diese zufällig entstandenen Merkmale neu kombiniert und optimiert. So entstanden zum Beispiel unsere Getreidesorten. Möchte man schneller neue Merkmale erhalten, kann man die Mutationsrate künstlich erhöhen. Bei dieser **Mutationszüchtung** bestrahlt man Pflanzensamen mit Röntgenstrahlen oder behandelt sie mit bestimmten Chemikalien oder mit Kälte- und Wärmeschocks. Diese lösen Mutationen aus, von denen die meisten schädlich oder tödlich für die Pflanzen sind. Manchmal erhält man so aber auch Veränderungen, die günstig sind und mit denen man dann weiterzüchten kann.

4 Pflanzensamen als F_1-Hybride

Polyploidie

Eine besondere Art der Mutation ist die **Polyploidie.** Hierbei ist der gesamte Chromosomensatz einer Pflanze vervielfacht. So liegt bei einigen Getreidesorten jedes Chromosom sechsmal vor (6n), bei Erdbeersorten zum Teil zehnmal. Pflanzen mit Polyploidie sind oft kräftiger und ertragreicher als ihre diploide Wildform. Auch die Polyploidie kann in der Natur spontan entstehen oder vom Menschen künstlich ausgelöst werden. Durch Zugabe des Giftes Colchizin wird bei der Mitose die Trennung der Chromatiden verhindert. Dadurch entsteht eine Zelle, bei der die Chromosomenanzahl verdoppelt wurde.

Reinerbige Linien und Heterosiseffekt

Wenn eine Pflanze sehr günstige Eigenschaften besitzt wie z.B. eine hohe Krankheits- und Schädlingsresistenz, besonders gute Inhaltsstoffe und dazu noch hohe Erträge bringt, möchte man diese Pflanzensorte möglichst reinerbig erhalten. Solche reinerbigen Linien erhält man durch **Inzucht,** also durch Kreuzung nah verwandter Individuen. Dabei werden aber auch unerwünschte Gene reinerbig weitergegeben und so sind Inzuchtlinien häufig weniger vital und fortpflanzungsfähig. Wenn besonders vitale Nachkommen hervorgebracht werden sollen, werden zum Beispiel bei Saatgut oft sogenannte F_1-Hybriden angeboten. Diese wurden erzeugt, indem reinerbige Inzuchtlinien miteinander gekreuzt wurden. Bei dieser Kreuzung wird der sogenannte **Heterosiseffekt** genutzt. Die F_1-Hybriden bringen höhere Ernteerträge als ihre reinerbigen Eltern. Der Heterosiseffekt entsteht, weil die unerwünschten Eigenschaften, die durch die Reinerbigkeit aller Gene der Elterngeneration entstehen, durch eine einmalige Durchmischung vielfach aufgehoben werden. Diesen Effekt kann man allerdings nur einmal erzielen. Mit den F_1-Hybriden kann man nicht weiterzüchten, es wird deshalb immer neues Saatgut benötigt.

> Auslese-, Kombinations- und Mutationszüchtung sind verschiedene Zuchtmethoden. In der Tier- und Pflanzenzucht finden neuerdings auch Embryonentransfer und Klonen Anwendung.

Gentechnik in der Landwirtschaft

1. ≡ **Q**

Informiere dich über Lebensweise, Entwicklung, Schadwirkung und Bekämpfung des Maiszünslers und halte einen kurzen Vortrag.

2. ≡ **A**

Erkläre, wie der Maiszünsler mithilfe der Gentechnik bekämpft wird.

3. ≡ **A** ⬉

a) Beschreibe das Diagramm rechts und fasse die wesentlichen Aussagen zusammen.
b) In Deutschland ist der Anbau von Bt-Mais verboten. Diskutiere dieses Verbot und nutze für die Argumentation den Informationstext und das Diagramm.

4. ≡ **Q**

a) Recherchiere, unter welchen Bedingungen in Deutschland Lebensmittel mit dem Siegel „ohne GenTechnik" gekennzeichnet werden können.
b) Würdest du dein Kaufverhalten nach dem Siegel ausrichten? Begründe deine Antwort.

5. ≡ **A**

a) Betrachte die Karikatur unten und formuliere ihre Aussage.
b) Diskutiere das Für und Wider des Bt-Maises. Sortiere dafür zunächst die Argumente auf dem rechts abgebildeten Zettel. Formuliere dann deine eigene Meinung.

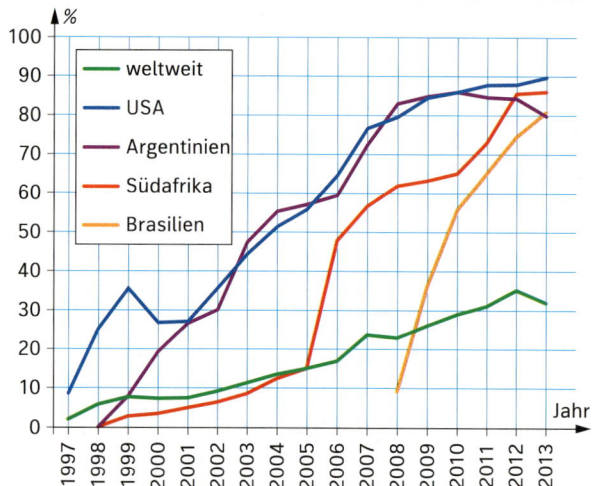

1 Anteil von genverändertem Mais an der Anbaufläche eines Landes in Prozent

Ohne GenTechnik

Chancen und Risiken der "grünen Gentechnik"

- Das Erbgut wurde schon immer verändert.
- Der Anbau von GVO leistet einen unverzichtbaren Beitrag zur Lösung des Welternährungsproblems.
- Die GVO produzieren Proteine, die es in den Organismen vorher nicht gab. Diese Proteine können Allergien auslösen.
- Es werden weniger Spritzmittel ausgebracht.
- Die Veränderung der Erbinformation kann zu völlig unerwünschten Folgen führen.
- Die Landwirte sind abhängig von den Saatgutherstellern, die auch die entsprechenden Spritzmittel verkaufen.
- Die Fremdgene können unkontrolliert auf verwandte Nutzpflanzen und Wildpflanzen übertragen werden.

Ich bitte Sie, Herr Minister! Was soll an unserem Genmais schon Gefährliches dran sein?!

Bt-Mais gegen den Maiszünsler

Mais gehört mit Weizen und Reis zu den wichtigsten Nahrungs- und Futterpflanzen der Welt. Ernteausfälle beim Mais haben hohe Kosten zur Folge.

Ein Grund für hohe Ernteausfälle beim Mais ist weltweit ein Schadinsekt, der Maiszünsler. Die Larven des Maiszünslers entwickeln sich in den Stängeln der Maispflanze. Die Pflanze wird brüchig und stirbt ab. Um die Ernteausfälle zu verringern, wurden gentechnisch veränderte Maispflanzen erzeugt. Das dazu nötige Gen fand man in einem Bodenbakterium, Bacillus thuringiensis (Bt). Dieses Bakterium stellt ein Protein her, das für Larven einiger Insekten tödlich ist. Das Gen, das die Information für das tödliche Eiweiß trägt, wurde in die Maispflanzen eingeschleust. Nun stellen die sogenannten Bt-Mais-Pflanzen das Gift selber her und die Maiszünslerlarven, die davon fressen, sterben. Organismen wie der **Bt-Mais**, in deren Erbgut gentechnisch eingegriffen wurde, heißen **gentechnisch veränderte Organismen (GVO).**

Bt-Mais in der Diskussion

Während in Amerika die Produktion von gentechnisch verändertem Mais inzwischen üblich ist, sind die Menschen in Deutschland gegenüber dem Bt-Mais sehr skeptisch. Zum einen meinen Kritiker, die Giftstoffe im Mais könnten auch andere Tiere wie Bienen, Spinnen oder Käfer töten oder sich schädlich auf sie auswirken. Ebenso besteht die Angst, dass das Gift auch in unseren Körper gelangt und dort Allergien erzeugen kann. Außerdem könnte der veränderte Pollen auch das Erbgut herkömmlicher Maissorten verändern. Wissenschaftler erforschen alle diese Aspekte genau, um die Risiken abzuschätzen.

Verbraucherschutz durch Kennzeichnung

Um genetisch veränderte Lebensmittel erkennen zu können, fordern viele Verbraucher eine Kennzeichnung dieser Lebensmittel. Doch das wirft einige Probleme auf. Zwar sind gentechnisch veränderte Pflanzen und Tiere als Lebensmittel in Deutschland nicht erlaubt, solche Pflanzen können aber durchaus zuvor an Tiere verfüttert worden sein. Nach gesetzlichen Regelungen in der EU müssen Lebensmittel gekennzeichnet sein, die aus GVO bestehen, sie enthalten oder aus ihnen gemacht sind. Wenn aber Tiere mit gentechnisch veränderten Pflanzen gefüttert wurden, oder ein Brot mithilfe von Enzymen aus gentechnisch veränderten Bakterien hergestellt wurde, müssen diese Lebensmittel nicht gekennzeichnet werden.

2 Maiszünsler: **A** gesunde Maispflanzen, **B** Schmetterling, **C** Raupe, **D** Schadbild

Bt-Mais ist ein gentechnisch veränderter Organismus (GVO), der resistent gegen den Maiszünsler ist. In Deutschland ist man gegenüber GVO eher skeptisch eingestellt.

Begriffe in der Genetik

Allele
Verschiedene Ausprägungsformen eines Gens. Beispiel: Blütenfarbe weiß, rosa oder rot

Aminosäure
Grundbaustein eines Proteins

Basensequenz
Reihenfolge der Basen in Nukleinsäuren (Beispiel DNA)

Centromer
Verknüpfungsstelle der Chromatiden eines Zwei-Chromatid-Chromosoms

Chromatid
Eine der beiden Spalthälften eines Zwei-Chromatid-Chromosoms

Chromatin
Arbeitsform der DNA, die als fädige Struktur vorliegt

Chromosom
Verdichtete Transportform der DNA

Dihybrider Erbgang
Erbgang, bei dem zwei Merkmale betrachtet werden

Diploid
Zweifacher Chromosomensatz

DNA, Desoxyribonukleinsäure
Träger der Erbinformation, aufgebaut aus einer großen Anzahl von Nukleotiden

DNA-Polymerase
Enzym, das die Nukleotide bei der Replikation miteinander verknüpft

Dominant
Bestimmend; wenn sich ein Allel durchsetzt und den Phänotyp bestimmt; durch Großbuchstaben gekennzeichnet

Doppelhelix
Gewundene Struktur der DNA in der Zelle, bestehend aus zwei Einzelsträngen, die durch Wasserstoffbrücken an den Basen zusammengehalten werden

Down-Syndrom (Trisomie 21)
Krankheitsbild von Personen, bei denen das Chromosom 21 dreimal vorhanden ist

Ein-Chromatid-Chromosom
Der eine Teil eines Zwei-Chromatid-Chromosoms nach seiner Aufspaltung in der Mitose

Filialgeneration (F)
Tochtergeneration, Nachkommengeneration einer Kreuzung

Gen
a) In der klassischen Genetik der Abschnitt eines Chromosoms, der ein Merkmal bestimmt
b) In der Molekulargenetik Kombination von DNA-Abschnitten, die zusammen die Information für ein Protein oder RNA-Molekül codieren

Genetischer Fingerabdruck
Darstellung von Gensequenzen eines Lebewesens als eindeutiges Erkennungsmerkmal

Genom
Gesamtheit des Erbguts einer Zelle

Genotyp
Gesamtheit aller Allele eines Individuums

Gentechnik
Teilgebiet der Biotechnologie, gezielte Veränderung und Neukombination von Genen

Gentransfer
Einschleusen von Erbgut in eine Zelle

Haploid
Einfacher Chromosomensatz

Heterosis
Hybride übertreffen ihre Eltern an Vitalität, Ertrag oder Größe

Heterozygot
Mischerbig; bei diploiden Lebewesen zwei verschiedene Allele eines Gens

Homozygot
Reinerbig; bei diploiden Lebewesen zwei identische Allele eines Gens

Hybrid
Organismus, der für ein bestimmtes Gen heterozygot ist

Karyogramm
Geordnete Darstellung des gesamten Chromosomensatzes eines Lebewesens

Klon
Erbgleiche Individuen oder Zellen

Meiose
Reduzierung des diploiden auf einen haploiden Chromosomensatz bei der Keimzellbildung

Merkmal
Genetisch bestimmtes Kennzeichen

Mitose
Kernteilung, bei der genetisch identische Zellkerne entstehen

Modifikation
Umweltbedingte Veränderung des Phänotyps

Mutation
Veränderung der Erbsubstanz

Nukleotid
Baustein der Nukleinsäuren, mit einem Zucker, einer Base und einem Phosphorsäurerest

Parentalgeneration (P)
Elterngeneration einer Kreuzung

Phänotyp
Äußeres Erscheinungsbild eines Lebewesens

Replikation
Identische Verdoppelung der DNA

Restriktionsenzym
Enzym, das die DNA an einer bestimmten Basensequenz schneidet

Rezessiv
Allel, das von einem dominanten Allel unterdrückt wird und im Phänotyp nur reinerbig zu erkennen ist; durch Kleinbuchstaben gekennzeichnet

Spaltungsregel
2. MENDELsche Regel, beschreibt die Aufspaltung der uniformen, heterozygoten Filialgeneration bei Kreuzung mit sich selbst

Transkription
Bildung einer RNA-Kopie eines Gens (mRNA)

Translation
Bildung eines Proteins am Ribosom nach Vorlage der mRNA

Triplett
Besteht aus drei Nukleotiden und codiert eine Aminosäure

Unabhängigkeitsregel
3. MENDELsche Regel, beschreibt die Neukombination von Merkmalen bei Kreuzungen unter Berücksichtigung mehrerer Merkmale

Uniformitätsregel
1. MENDELsche Regel, beschreibt das Auftreten einer uniformen Filialgeneration bei Kreuzung homozygoter Eltern

Zwei-Chromatid-Chromosom
Chromosom, das aus zwei identischen Chromatiden besteht

Genetik

Die genetische Information

Die genetische Information eines Lebewesens liegt auf den Chromosomen im Zellkern. Chromosomen bestehen aus einem langen, dünnen Faden aus DNA. Er ist um Proteine gewickelt. Die DNA enthält einen bestimmten Zucker, die Desoxyribose, Phosphorsäurereste und vier verschiedene Basen. Die Erbinformation ist durch die Reihenfolge der Basen festgelegt. Die Struktur der DNA erinnert an eine Wendeltreppe (Doppelhelix-Modell).

Verdopplung der DNA

Bevor sich eine Zelle teilt, verdoppelt sich die DNA, sodass die gleiche Information zweimal vorliegt. Dabei öffnet sich der Doppelstrang der DNA. Die Einzelstränge werden wieder zu Doppelsträngen ergänzt. Die Reihenfolge der Basen und die gespeicherte Information in beiden Strängen (Chromatiden) sind gleich. Bei der Kernteilung (Mitose) werden sie auf die Tochterzellen verteilt.

Proteinbiosynthese

Ausgehend von der DNA kann die Zelle alle Eiweiße (Proteine) herstellen, die sie braucht. Dazu wird die Information zunächst in RNA umgeschrieben (Transkription) und dann nach diesem Bauplan in Eiweiße übersetzt (Translation). Das Eiweiß wird dabei aus Aminosäuren an den Ribosomen zusammengesetzt.

Keimzellbildung und Befruchtung

Zur Bildung von Keimzellen findet eine Kernteilung, die Meiose, statt. Die homologen Chromosomen werden getrennt, sodass jede Keimzelle nur noch halb so viele Chromosomen enthält. Die Verteilung der Chromosomen erfolgt zufällig. Bei der Befruchtung kommen die Chromosomen einer Eizelle und eines Spermiums zusammen. Es entsteht wieder ein doppelter Chromosomensatz.

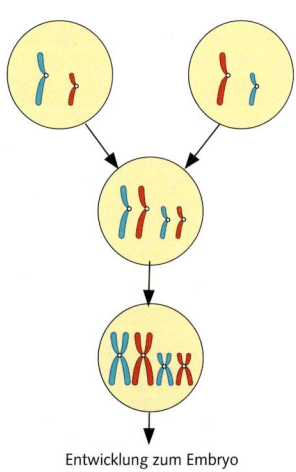

Entwicklung zum Embryo

MENDELsche Erbregeln

GREGOR MENDEL entdeckte drei Erbregeln, die auch für den Menschen gelten: die Uniformitätsregel, die Spaltungsregel und die Unabhängigkeitsregel. Wie er erkannte, gibt es in den Körperzellen zu jedem Gen jeweils zwei Allele. Sie werden zufällig auf die Keimzellen verteilt und bei der Befruchtung neu kombiniert.

Mutationen

Mutationen sind ungerichtete Veränderungen des Erbgutes. Sie betreffen entweder ein einzelnes Gen (Genmutationen), größere Bereiche eines Chromosoms (Chromosomenmutationen) oder die Zahl der Chromosomen (Genommutationen). Mutationen sind häufig Ursache von Erbkrankheiten wie zum Beispiel der Mukoviszidose.

Erbe und Umwelt

Jedes Lebewesen hat eine genetische Ausstattung, die seine Merkmale bestimmt. Merkmalsausprägungen werden auch durch die Umwelt beeinflusst. Dies sind Modifikationen. So wird etwa Pflanzenwachstum durch Lichteinflüsse verändert. Modifikationen werden nicht vererbt.

Züchtung und Biotechnologie

Kenntnisse über Abläufe, die bei der Vererbung von Eigenschaften wichtig sind, werden zur Züchtung und Vermehrung von Pflanzen und Tieren genutzt. Sogar bei der Produktion von Arzneimitteln spielen sie eine Rolle. Moderne Verfahren der Biotechnologie und der Gentechnik eröffnen dabei völlig neue Möglichkeiten. Diese können aber auch mit Risiken verbunden sein.

Entwick-
lung

Struktur
und
Funktion

System

Entwicklung

1. ≡ Ⓐ

a) Beschreibe die Vorgänge, die bei der Mitose ablaufen.
b) Erkläre die Bedeutung der Mitose für die Entwicklung eines Lebewesens. → S. 24 – 25

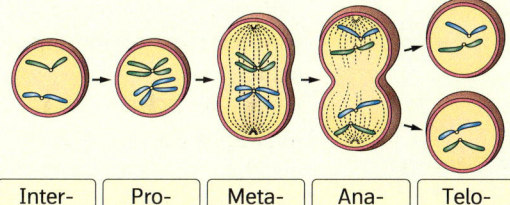

| Inter-phase | Pro-phase | Meta-phase | Ana-phase | Telo-phase |

Entwicklung

3. ≡ Ⓐ

a) Erläutere, welche verschiedenen Arten von Mutationen es gibt.
b) Beschreibe am Beispiel des Down-Syndroms, wie sich Mutationen beim Menschen auswirken können.

→ S. 40, 43

Entwicklung

2. ≡ Ⓐ

a) Erkläre, warum Sexualität eine Ursache für Individualität und Vielfalt ist.
b) Erläutere in diesem Zusammenhang die Rolle der Meiose.
c) Erkläre, warum sich eineiige Zwillinge trotz gleichen Erbgutes unterschiedlich entwickeln können. → S. 25, 45

Entwicklung

4. ≡ Ⓐ

Eine Frau besitzt die Blutgruppe A, ihr Mann AB. Bei einem Test zeigt sich, dass der Sohn die Blutgruppe B besitzt. Der Vater ist nun skeptisch, ob das Kind von ihm ist.
a) Erkläre, ob der Sohn von diesem Mann sein kann.
b) Nenne die Blutgruppe, die bei den Kindern dieser Eltern nicht auftreten kann. → S. 36 – 37

Phänotyp	A	B	AB	0
mögliche Genotyp	AA AO	BB BO	AB	OO

Vom Gen zum Merkmal

Kannst du schon ...

...das Doppelhelix-Modell der DNA erläutern? (S. 12 – 13)

...erklären, wie die genetische Information in der DNA verschlüsselt ist? (S. 12 – 13)

...den Bau von Chromosomen beschreiben? (S. 13, 23)

...die Teilschritte der Proteinbiosynthese benennen und ihren Ablauf erklären? (S. 20 – 21)

Zeig, was du kannst!

1. ≡ Ⓐ

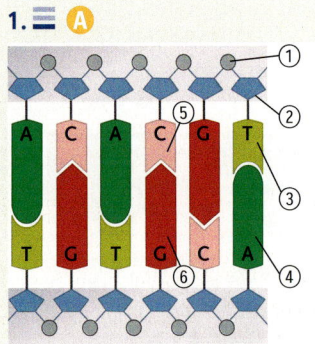

a) Benenne die Bausteine der DNA.
b) Erkläre, wie die Erbinformation gespeichert ist.
c) Erläutere das Prinzip der Basenpaarung.

2. ≡ Ⓐ

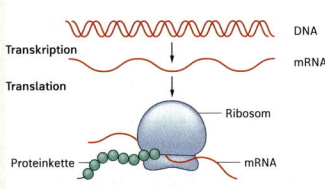

a) Beschreibe die Transkription und die Translation bei der Proteinbiosynthese.
b) Erläutere die Bedeutung von Proteinen für den Stoffwechsel.

Zellteilung und Bildung der Keimzellen

Kannst du schon ...

...erklären, wie die Replikation der DNA abläuft? (S. 16)

...die Vorgänge bei der Zellteilung beschreiben? (S. 24 – 25)

...wesentliche Vorgänge bei der Meiose beschreiben und zeichnen? (S. 26 – 27)

...die Bedeutung der Meiose für die genetische Variabilität erläutern? (S. 33)

Zeig, was du kannst!

3. ≡ Ⓐ

a) Bringe die dargestellten Phasen A bis D der Mitose in die richtige Reihenfolge und benenne sie.

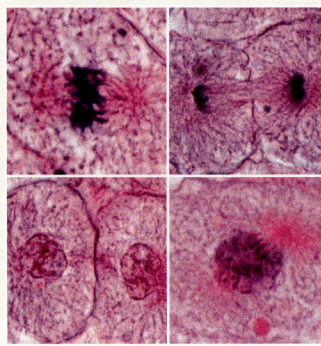

b) Benenne den wichtigsten Vorgang, der in der Interphase abläuft.
c) Beschreibe den Vorgang der Verdopplung der Erbinformation.

4. ≡ Ⓐ

Rechts ist ein Zellkern abgebildet. Zeichne alle Möglichkeiten, wie in der Meiose I die homologen Chromosomen verteilt werden können.

Mᴇɴᴅᴇʟsche Erbregeln

Kannst du schon ...

...die Mᴇɴᴅᴇʟschen Erbregeln wiedergeben und anhand von Beispielen erläutern? (S. 28 – 29, 30 – 33)

...die Begriffe „intermediärer" und „dominant-rezessiver Erbgang" erklären? (S. 30 – 31)

...anhand von Beispielen erläutern, dass die Erbregeln auch für Menschen gelten? (S. 35)

Zeig, was du kannst!

5. ≡ Ⓐ

Ein reinerbig weißes Meerschweinchen (Genotyp aa) wird mit einem reinerbig schwarzen Meerschweinchen (Genotyp AA) gekreuzt.
a) Welche Genotypen und welche Phänotypen treten in der 1. Tochtergeneration F_1 auf? Nenne die Erbregel, die hier deutlich wird.
b) Kreuze nun zwei Tiere der F_1-Generation. Ermittle die Genotypen und die Phänotypen in der 2. Tochtergeneration F_2.
c) Nenne die Erbregel, die hier zutrifft.
d) Erläutere die Bedeutung dieser Erbregel für die Tierzüchtung.

6. ≡ Ⓐ

Gesunde Eltern haben ein an Mukoviszidose erkranktes Kind. Das Allel für diese Krankheit ist rezessiv. Mit welcher Wahrscheinlichkeit wird ein weiteres Kind diese Erkrankung haben? Begründe mithilfe der Erbregeln.

Angewandte Genetik

Kannst du schon ...

...beschreiben, wie und warum fremde Gene in Bakterien eingebracht werden? (S. 48 – 49)

...erklären, wie die Gentherapie oder Stammzellen in der Medizin eingesetzt werden? (S. 50 – 53)

...den Ablauf der Polymerase-Ketten-Reaktion beschreiben? (S. 50)

...moderne Methoden der Tier- und Pflanzenzucht beschreiben? (S. 55 – 56)

...die Bedeutung gentechnisch veränderter Pflanzen für die Landwirtschaft erklären? (S. 59)

Zeig, was du kannst!

7. ≡ Ⓐ
Beschreibe mithilfe der Zeichnung, wie Insulin gentechnisch hergestellt wird. Ordne den Ziffern jeweils einen Fachbegriff und den Buchstaben jeweils einen Vorgang zu.

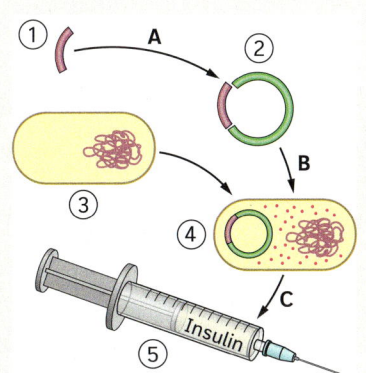

8. ≡ Ⓐ
a) Definiere den Begriff Stammzelle.
b) Benenne einige Chancen und einige Schwierigkeiten im Zusammenhang mit der Stammzellforschung.

9. ≡ Ⓐ
Beschreibe das in der Abbildung unten dargestellte Verfahren?

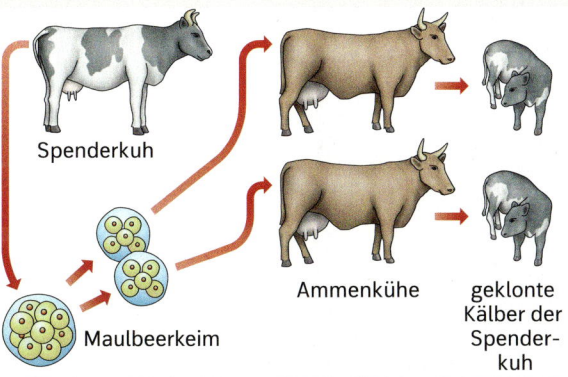

Spenderkuh
Maulbeerkeim
Ammenkühe
geklonte Kälber der Spenderkuh

Mutation und Modifikation

Kannst du schon ...

...die verschiedenen Arten von Mutationen benennen und beschreiben? (S. 40)

...erklären, was man unter Mutagenen versteht und Beispiele nennen? (S. 40 – 41)

...mögliche Auswirkungen von Mutationen an Beispielen beschreiben? (S. 42 – 43)

...erklären, was Modifikationen sind und den Unterschied zu Mutationen beschreiben? (S. 45)

Zeig, was du kannst!

10. ≡ Ⓐ
Rechts sind die roten Blutkörperchen eines an Sichelzellanämie Erkrankten abgebildet. Erläutere an diesem Beispiel, wie sich eine Mutation auswirken kann.

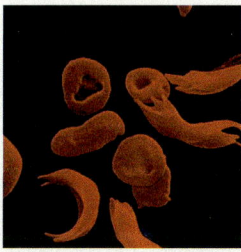

11. ≡ Ⓐ
Bei Röntgenuntersuchungen werden den Patienten Bleischürzen umgelegt, um die Strahlung abzuschirmen. Erkläre diese Maßnahme und verwende dabei den Begriff „Mutagen".

Wichtige Begriffe

- Chromosom
- DNA
- Allel, Gen, Protein, Merkmal
- Proteinbiosynthese, Transkription, Translation
- Karyogramm
- Zellteilung, Mitose, Replikation
- Meiose (Keimzellbildung)
- MENDELsche Erbregeln
- Erbgang, Kreuzungsschema
- Genotyp, Phänotyp
- homozygot, heterozygot
- dominant, rezessiv, intermediär
- Mutation, Mutagen

Eingriffe des Menschen in den Naturhaushalt

Welche Folgen hat der Klimawandel für mich?

Was bedeutet Nachhaltigkeit?

Viele Gletscher schmelzen stark und werden kleiner. Wie lässt sich das erklären und welche Folgen ergeben sich weltweit?

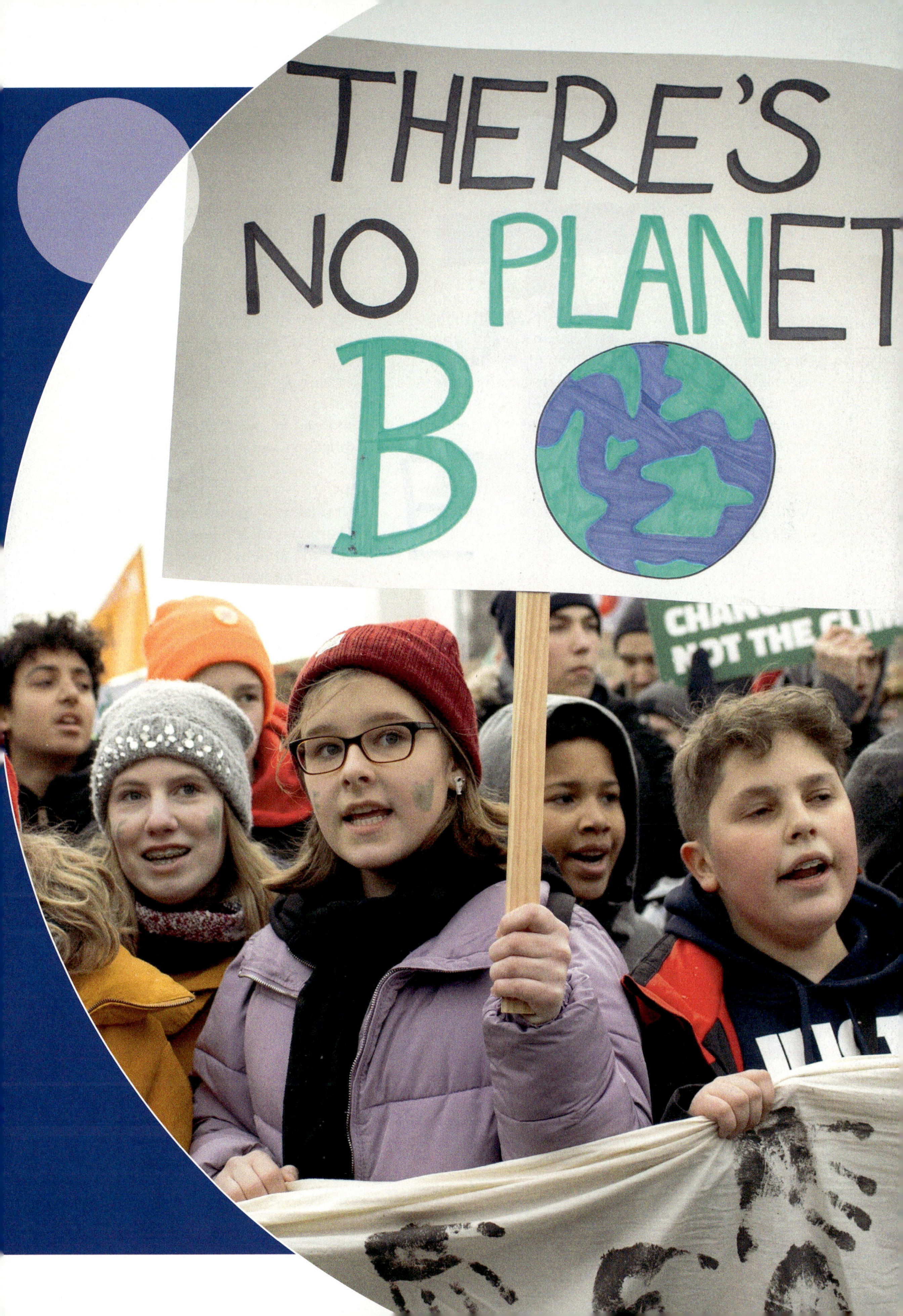
THERE'S
NO PLANET
B

Ökosysteme – alles ist miteinander verbunden

1. ☰ Ⓐ
a) Definiere den Begriff System.
b) Grenze das offene von dem geschlossenen System ab. Nenne jeweils Beispiele.

2. ☰ Ⓐ
In einer luftdicht verschlossenen Glaskugel tummeln sich kleine orangefarbene Garnelen in klarem Salzwasser zwischen mikroskopisch kleinen Algen. Diese sogenannte Biosphärenkugel bildet mit ihren darin befindlichen Stoffen und Lebewesen ein System. Handelt es sich um ein offenes oder geschlossenes System? Begründe deine Antwort!

3. ☰ Ⓐ
Handelt es sich bei der Biosphäre um ein offenes oder ein geschlossenes System? Begründe.

4. ☰ Ⓐ
a) Der Regenwald gilt als grüne Lunge unseres Planeten. Erläutere.
b) Beschreibe, wie die Zerstörung des tropischen Regenwalds auch unser Leben beeinflusst.

5. ☰ Ⓐ
Definiere folgende Begriffe: offenes System, geschlossenes System, Ökosystem, Biosphäre.

6. ☰ Ⓠ
Informiere dich über ein Ökosystem und stelle es in einem Kurzvortrag vor. Folgende Tipps können dir bei der Recherche helfen:

- Klimazone und abiotische Faktoren
- Tier- und Pflanzenarten mit speziellen Angepasstheiten und Nahrungsbeziehungen
- Nutzung des Lebensraums früher und heute
- Gefahren für das Ökosystem durch uns Menschen

7. ☰ Ⓠ
Der tropische Regenwald ist stark gefährdet. Sammelt Informationen zu diesem Thema und erstellt Plakate, die folgende Aspekte darstellen:
- Formen der Zerstörung und ihre Auswirkungen
- Gründe, warum wir uns für den Schutz der Regenwälder einsetzen müssen
- konkrete Maßnahmen

Beziehe auch vorhandene Siegel in deine Recherche mit ein.

Offene und geschlossene Systeme

Ein **System** besteht aus verschiedenen Elementen, welche miteinander in Wechselwirkung stehen. Ein **geschlossenes** System ist beispielsweise ein Reagenzglas mit Stopfen. Es kann keine Stoffe, jedoch Energie mit der Umgebung austauschen. Lebende Zellen, Lebewesen und alle biologischen Systeme sind dagegen **offene** Systeme. Sie tauschen mit ihrer Umgebung sowohl Energie als auch Stoffe aus. Ein **Ökosystem** ist ein offenes System, welches aus einer Lebensgemeinschaft (Biozönose) und ihrer unbelebten Umwelt, dem Biotop, besteht. Die Stoffe darin stehen in einem ständigen Kreislauf. Untereinander sind die natürlichen Ökosysteme ebenfalls nicht stofflich geschlossen, sondern stehen mit benachbarten Ökosystemen im Austausch. Menschen beeinflussen als Umweltfaktor sowohl beabsichtigt als auch unbeabsichtigt diese Systeme.

Ökosysteme sind miteinander verbunden

Alle Lebewesen leben in Ökosystemen. Das Ökosystem Laubmischwald beispielsweise gehört zu den Wäldern der gemäßigten Zone – der Klimazone, in der wir in Deutschland leben. Hier gibt es auch noch Nadelwälder, Wiesen oder Seen. Eine Klimazone ist ein großes Gebiet, in welchem das Klima relativ einheitlich ist. Andere Klimazonen sind die Tropen, die Subtropen oder die Polarregionen mit den dort typischen Ökosystemen. Die Meere, Seen und Flüsse bilden die **Hydrosphäre** der Erde. Die Gashülle, die unseren Planeten umgibt, wird **Atmosphäre** genannt. Die als Lebensraum dienenden Ökosysteme zusammen (Erde, Wasser, Luft) bezeichnet man als **Biosphäre.**
Ökosysteme hängen vielfältig durch Austauschprozesse zusammen. Sie sind durch Stoffkreisläufe und Energiefluss miteinander verbunden. Wichtige Stoffe sind dabei Wasser, Kohlenstoff, Sauerstoff und Stickstoff. Die Energie kommt von der Sonne.

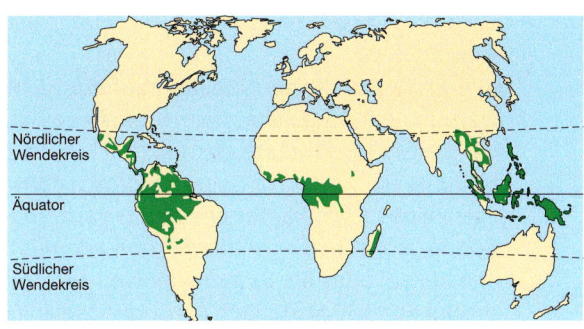

2 Weltweite Verbreitung des tropischen Regenwaldes

Regenwälder sind besonders gefährdete Ökosysteme

Tropische Regenwälder liegen weit von uns entfernt. Sie sind wie andere Ökosysteme offene Systeme und können auch unser Leben beeinflussen.
Die Regenwälder haben einen großen Einfluss auf das regionale Klima in den Tropen, aber auch auf das globale Klima der Erde. Die Bäume und Pflanzen im Regenwald binden große Mengen an Kohlenstoff, indem sie das Gas CO_2 (Kohlenstoffdioxid) aus der Luft aufnehmen. Den Kohlenstoff daraus nutzen sie für ihr eigenes Wachstum. Bei der Fotosynthese entsteht Sauerstoff, den auch wir Menschen zum Überleben brauchen. Werden die Wälder zerstört, so werden große Mengen des gebundenen Kohlenstoffdioxids frei. Dies verstärkt den Treibhauseffekt und trägt zur weltweiten Klimaerwärmung bei. Da Ökosysteme als offene Systeme miteinander verbunden sind, ist Regenwaldschutz Klimaschutz, von dem auch wir profitieren. Die noch intakten Regenwaldgebiete müssen geschützt werden, da sie Wetter und Klima regulieren, klimaschädliche Treibhausgase wie Kohlenstoffdioxid speichern und unzähligen Tier- und Pflanzenarten Lebensraum bieten.

1 **A** Subtropen: Sahara, **B** Polarregion: Arktis

> Alle biologischen Systeme sind offene Systeme, da sie mit ihrer Umgebung Energie und Stoffe austauschen. Alle Ökosysteme sind miteinander verbunden und bilden zusammen die Biosphäre der Erde. Wie alle Ökosysteme muss auch der Regenwald geschützt werden.

Energie – Grundlage des Lebens

1. ≡ Ⓐ

a) Erkläre mithilfe von Tabelle 1 auf der rechten Seite, warum die Produktivität beim intensiven Ackerbau hoch ist, die Gesamtbiomasseproduktion jedoch gering.
b) Stelle die Werte zur Gesamtbiomasseproduktion in Form eines Kreisdiagramms dar. Ergänze dazu eine Spalte „sonstige Ökosysteme" und vervollständige die Tabelle so, dass die Summe der weltweiten Biomasseproduktion 160 Mrd. t beträgt.

2. ≡ Ⓠ

Informiere dich über Möglichkeiten, Biomasse in Form von Holz als Energiequelle zu nutzen. Stelle deiner Klasse die Vorzüge und Probleme dieser Art der Energiegewinnung vor.

3. ≡ Ⓠ

Definiere die Begriffe Produzent, Konsument und Destruent.

4. ≡ Ⓐ

a) Erläutere die Vorteile einer rein vegetarischen Ernährung im Hinblick auf ökologische Aspekte. Nimm die Abbildung zu Hilfe.
b) Erläutere, warum trotzdem nicht alle Menschen auf Fleisch verzichten möchten.

> **HINWEIS**
> Hier ist das Verhältnis des Energiegehaltes der eingesetzten (Futter-) Pflanzen zum Energiegehalt im Lebensmittel angegeben.

Pflanzen bauen Biomasse auf

Alle Lebewesen sind auf die Zufuhr von Energie angewiesen. Tiere brauchen Pflanzen oder Beutetiere als Nahrung. Viele Bakterien und Pilze leben von pflanzlichen und tierischen Überresten. Nur die grünen Pflanzen sind neben einigen Bakterienarten in der Lage, ihre Energie aus dem Sonnenlicht zu beziehen. Mithilfe der **Fotosynthese** bilden sie Traubenzucker (Glukose). In diesem wird Lichtenergie chemisch gespeichert. Aus Glukose stellen Pflanzen weitere energiereiche organische Stoffe her. Dazu zählen Stärke, Fette, Eiweiße sowie auch Zellulose, der Baustoff der Zellwände. Das gesamte organische Material, das Pflanzen aufbauen, bezeichnet man als **Biomasse.** Die Pflanzen verbrauchen ungefähr die Hälfte der in den Blättern gebildeten Glukose bei der eigenen Zellatmung. Nur der Rest wird als Zuwachs an Pflanzenbiomasse zum Beispiel bei Nutzpflanzen in der Landwirtschaft sichtbar.

Diese sogenannte **Nettoproduktion** kann direkt als Zunahme des Frischgewichts der Pflanzen gemessen werden.

Produktivität von Ökosystemen

Es gibt verschiedene Ökosysteme wie tropische Regenwälder, Laub- und Mischwälder oder offene Meere. Diese kann man in Hinblick auf ihre Produktion von Biomasse miteinander vergleichen. Man betrachtet dazu den jährlichen Zuwachs an Trockenmasse pro m² der einzelnen Ökosysteme. Dies ist die Produktivität des jeweiligen Ökosystems. Dieser Wert lässt sich durch Trocknen von geerntetem Pflanzenmaterial bestimmen.

	Offenes Meer	Küsten und Riffe	Tropische Regenwälder	Intensiver Ackerbau	Laub- und Mischwald
A	0,1	0,5 – 4	2 – 3,5	2 - 4	1,3
B	40	15	50	10	20

1 Biomasseproduktion in Ökosystemen der Erde: **A** Produktivität in kg pro Trockenmasse pro m² im Jahr, **B** jährliche Gesamtbiomasseproduktion in Mrd. t Trockenmasse

In einem Kilogramm pflanzlicher Trockenmasse sind etwa 15 000 – 20 000 Kilojoule chemisch gebundener Energie gespeichert. Zum Vergleich: Ein Erwachsener benötigt ca. 10 000 Kilojoule am Tag.

Weltweit werden pro Jahr etwa 160 Milliarden Tonnen energiereiche Biomasse von pflanzlichen Produzenten aufgebaut. Ein Großteil wird durch Konsumenten und Destruenten wieder abgebaut. Zwei Drittel dieses Umsatzes findet an Land, ein Drittel in den Ozeanen statt. In den Wäldern der Erde sind über 900 Milliarden Tonnen Pflanzenmasse gespeichert. Noch größere Mengen lagern als Humus in den Böden und als Faulschlamm am Grund der Ozeane. Im Holz von Bäumen oder in fossilen Brennstoffen kann Energie über Tausende von Jahren gespeichert werden.

Energiefluss in Ökosystemen

Die pflanzliche Biomasse bildet die Grundlage für alle Konsumenten. In jedem Glied der Nahrungskette gehen 90% der Energie durch Stoffwechsel, Bewegung und Wärmeproduktion verloren und können somit nicht chemisch gebunden werden. Dies kann man in Form einer Nahrungspyramide darstellen. In dieser verringert sich deshalb die nutzbare Energie von einer Ebene zur nächsten. Bei den Endkonsumenten kommen nur noch ungefähr 0,1% der von den Pflanzen ursprünglich aufgenommenen Sonnenenergie an.

Der Mensch greift ein

Durch die Nutzung von Biomasse beispielsweise zur Rohstoffgewinnung, zur Ernährung und zur Energieversorgung beeinflusst der Mensch den Energiefluss. Große Teile der Weltbevölkerung heizen und kochen mit Brennholz.

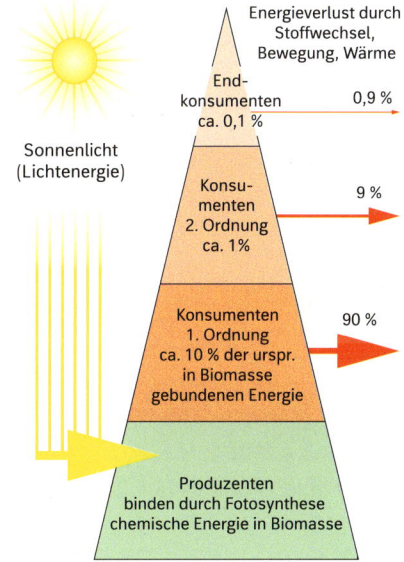

2 Energiefluss in Ökosystemen

Industrienationen nutzen Holzabfälle, Ernterückstände, Biogas oder bestimmte Pflanzen wie Raps für die Energiegewinnung. Diese Pflanzen können dann nicht mehr als Nahrungsmittel verwendet werden. Durch den zunehmenden Energiebedarf der Menschheit könnten zukünftig weltweite Konflikte entstehen.

Biomasse ist das organische Material, welches Pflanzen aufbauen. Der Mensch beeinflusst den Energiefluss in den Ökosystemen.

Der globale Kohlenstoffkreislauf

1. ☰ Ⓐ
Beschreibe die Grafik in Abbildung 1 detailliert. Gehe dabei auf Kohlenstoffquellen und -senken, Mengen und Kreisläufe ein. Erkläre den jährlichen Zuwachs von 4 Mrd. t Kohlenstoff in der Atmosphäre.

2. ☰ Ⓐ
Erkläre, was mit der Aussage „Das Heizen mit Holzpellets ist CO_2-neutral" gemeint ist.

3. ☰ Ⓐ
Begründe, warum das Fördern und Verbrennen von Erdöl und Erdgas als Störgröße im Kohlenstoffkreislauf bezeichnet werden kann.

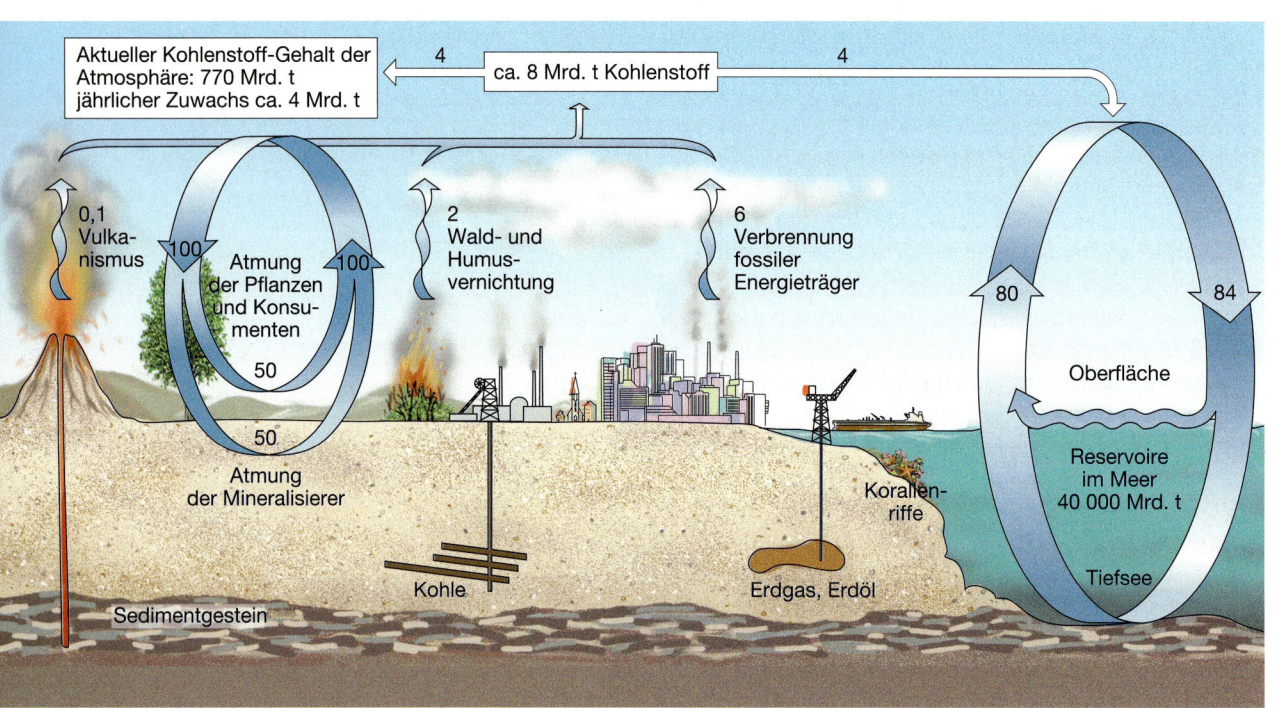

1 Globaler Kohlenstoffkreislauf (in Milliarden Tonnen pro Jahr) 🧭

Alles ist voneinander abhängig

In allen Ökosystemen sind die einzelnen Lebewesen voneinander abhängig. Sie stehen untereinander und mit abiotischen Faktoren in Wechselwirkung. Abiotische Faktoren wie Boden, Luft und Wasser bestehen aus chemischen Elementen, vor allem Kohlenstoff, Sauerstoff und Stickstoff. Diese Stoffe bewegen sich überwiegend in Kreisläufen. Kohlenstoff z.B. wird in Form von Kohlenstoffdioxid für die Fotosynthese gebraucht und dabei in Form von Biomasse gebunden. Bei der Zellatmung von Pflanzen und Tieren und beim Abbau toter Organismen durch Destruenten wird der Kohlenstoff als Kohlenstoffdioxid wieder freigesetzt und kann erneut von den Pflanzen genutzt werden. Allerdings sind Ökosysteme keine geschlossenen, unveränderlichen Systeme. Die einzelnen Ökosysteme sind über den Energiefluss und weltweite Stoffkreisläufe miteinander verbunden. Durch Eingriffe des Menschen können sie sich verändern.

Der weltweite Kohlenstoffkreislauf

Einer der zentralen Stoffkreisläufe ist der Kohlenstoffkreislauf. Die Menge an Kohlenstoff, die in den Kreisläufen zwischen Fotosynthese und Atmung zirkuliert, bleibt ungefähr gleich. Zusätzliches Kohlenstoffdioxid gelangt aber durch Vulkanausbrüche und Aktivitäten des Menschen in die Luft. Es gibt aber auch Vorgänge, die der Atmosphäre das Kohlenstoffdioxid entziehen und dann speichern.

Kohlenstoffspeicher

Der Kohlenstoffkreislauf kann von verschiedenen Faktoren beeinflusst werden. Vor etwa 300 Millionen Jahren bildeten sich beispielsweise riesige Erdöl-, Erdgas- und Kohlelager, die wir heute als fossile Brennstoffe nutzen. Bei deren Bildung wurden dem globalen Kohlenstoffkreislauf große Mengen an Kohlenstoff entzogen. Auch bei der Entstehung von großen Wäldern wird im Holz und in den Blättern viel Kohlenstoff in Form von Zellulose gespeichert. Der Kohlenstoff wird freigesetzt, wenn Menschen die fossilen Brennstoffe verbrennen und auch, wenn die Wälder sterben und die Biomasse von Destruenten zersetzt wird.

Die Weltmeere sind ebenfalls Kohlenstoffspeicher. Das Kohlenstoffdioxid aus der Luft löst sich im Wasser zu Kohlensäure, aus der viele Meereslebewesen wie Korallen wasserunlöslichen Kalk herstellen können. Er bildet das Kalkskelett der Korallen und die Schalen und Krusten von vielen anderen Meeresbewohnern. Wenn diese Tiere sterben, wird der Kalk den Bodenschichten zugeführt und dort abgelagert. Viele Gebirge, wie zum Beispiel die nördlichen Kalkalpen, sind auf diese Weise im Laufe der Erdgeschichte entstanden und bilden heute große Kohlenstofflager.

Wenn Menschen eingreifen

Heute greifen wir Menschen massiv in den Kohlenstoffkreislauf ein, indem wir beispielsweise fossile Brennstoffe fördern und sie zur Energiegewinnung nutzen. Auch durch die Brandrodung großer Waldflächen und zur Gewinnung von Weideland gelangt der in Bäumen gespeicherte Kohlenstoff als Kohlenstoffdioxid in die Atmosphäre. Das verstärkte Lösen des Kohlenstoffdioxids in den Meeren führt dort zu einer allmählichen Versauerung. Der erhöhte Säuregehalt greift die Kalkschalen der Tiere an. Auf Dauer verringert sich dadurch die Artenvielfalt. Seit dem Beginn der industriellen Revolution Ende des 18. Jahrhunderts ist so die Konzentration von CO_2 in der Atmosphäre um etwa ein Drittel gestiegen. Dieser Prozess beschleunigt sich durch unser Verhalten und trägt über den sogenannten Treibhauseffekt entscheidend zum Klimawandel bei.

Der globale Kohlenstoffkreislauf veranschaulicht, dass die Menge an Kohlenstoff, die im Kreislauf zwischen Fotosynthese und Atmung zirkuliert, ungefähr gleich bleibt. Zusätzliches Kohlenstoffdioxid gelangt durch Aktivitäten des Menschen in die Luft. Dies trägt massiv zum Klimawandel bei.

2 Kohlenstoffspeicher: **A** Große Waldgebiete, **B** Korallenriffe, **C** Kalkalpen

 Basiskonzepte S. 99

Das Klima ändert sich weltweit

1. ≣ **A** 🔍
Kohlenstoffdioxid (CO_2) hat maßgeblichen Anteil an dem zusätzlichen Treibhauseffekt.
a) Beschreibe den Verlauf der Temperaturkurve und des CO_2-Gehaltes.
b) Formuliere einen möglichen Zusammenhang.

> **HINWEIS**
> ppm = Konzentrationsangabe „parts per million": Teilchenzahl pro 1 Million Teilchen

2. ≣ **Q**
Erläutere mithilfe des Textes und der Abbildung 4 den zusätzlichen Treibhauseffekt. Nutze dabei die Begriffe Energieerhaltung und Energieumwandlung.

3. ≣ **Q** 🔍
Weltweit ist ein Rückgang der Eismassen der Pole und Gebirgsgletscher zu beobachten.
a) Erläutere die Folgen.
b) Recherchiere Regionen, die von einem Meeresspiegelanstieg am stärksten betroffen wären.

4. ≣ **Q**
Es gibt außer CO_2 weitere klimaschädliche Gase von großer Bedeutung. Informiere dich über diese Gase, ihre Herkunft und ihre Bedeutung für den Treibhauseffekt. Nutze dafür die Abbildung 4.

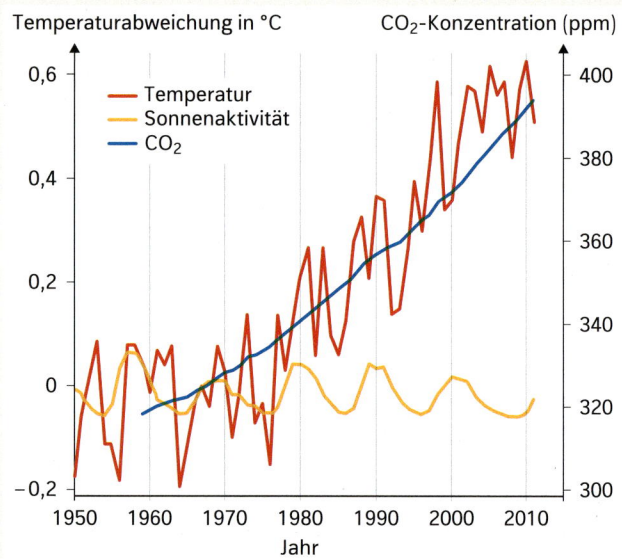

1 Temperaturentwicklung in Abhängigkeit von der CO_2-Konzentration

2 Alpengletscher : **A** 1900, **B** 2000

… für Strom:	ca. 0,62 kg CO_2 je kWh
… Heizung (Erdöl):	ca. 2,9 kg CO_2 je Liter
… Heizung (Erdgas):	ca. 0,2 kg CO_2 je kWh
… Benzin/Diesel:	ca. 2,8 kg CO_2 je Liter
… Fahrten mit Bahn/Bus	ca. 0,06 kg CO_2 je km pro Person
… Flüge mit dem Flugzeug:	ca. 0,15 kg CO_2 je km pro Person
hinzu kommen gerundete allgemeine Werte:	
… für Lebensmittel	ca. 1650 kg pro Person und Jahr
… sonstige Güter	ca. 2750 kg pro Person und Jahr
… allgemeine Kosten	ca. 1250 kg pro Person und Jahr

3 CO_2-Produktion in Deutschland

5. ≣ **Q**
Man kann die CO_2-Produktion verschiedener Aktivitäten bestimmen und daraus eine CO_2-Bilanz errechnen. Jeder Bundesbürger produziert etwa 11 000 kg CO_2 pro Jahr.
a) Vergleiche die CO_2-Bilanz eines Jahres für die Mobilität der beiden folgenden Personen:
Herr A. fährt im Alltag nur Fahrrad. Im Urlaub macht er eine Flugreise nach Neuseeland. Frau Z. fährt jeden Tag 30 km mit dem Auto zur Arbeit. Im Urlaub fährt sie mit der Bahn 350 km zum Wandern in den Spessart.
b) Formuliere ähnliche Aufgaben, die deine Mitschülerinnen und Mitschüler lösen sollen.

Wir leben in einem Treibhaus

Die Erde ist von der Atmosphäre umgeben. Sie bildet eine schützende Hülle. Ohne sie würde die Energie der Sonnenstrahlung von der Erdoberfläche direkt wieder ins Weltall aufsteigen. Auf der Erde würde eine mittlere Temperatur von etwa $-18\,°C$ herrschen.

Scheint die Sonne, so erwärmen ihre energiereichen Strahlen den Erdboden. Die Energie der Sonnenstrahlen wird dabei in Wärmeenergie umgewandelt. So erwärmt sich die Luft. Von den Gasteilchen der Luft wird die Wärmeenergie zurück zur Erdoberfläche gestrahlt. Nur ein kleiner Teil der Wärmestrahlung entweicht ins Weltall. So etwas ist auch von Treibhäusern bekannt, bei denen die Scheiben einen Großteil der Wärme zurückhalten. Daher werden diese Vorgänge als **natürlicher Treibhauseffekt** bezeichnet. Bei unserer heutigen Atmosphäre liegt die durchschnittliche Temperatur bei etwa $15\,°C$. Dadurch konnte das vielfältige Tier- und Pflanzenleben auf unserer Erde entstehen.

Unter den Gasen der Atmosphäre, die den Treibhauseffekt hervorrufen, hat Kohlenstoffdioxid (CO_2) mengenmäßig den größten Anteil.

Wir beeinflussen den Treibhauseffekt

Wir Menschen greifen in die Zusammenhänge des natürlichen Treibhauseffektes ein. Wir verändern die Atmosphäre durch das Verbrennen von fossilen Brennstoffen. Dabei setzen wir auch große Mengen an CO_2 frei. Dies verstärkt den Treibhauseffekt und die Atmosphäre erwärmt sich. Neben Kohlenstoffdioxid gibt es weitere klimawirksame Gase. Die Summe der Klimaveränderungen, die durch menschliche Aktivitäten verursacht werden, bezeichnet man als **zusätzlichen Treibhauseffekt.**

Wissenschaftler nehmen eine zusätzliche Erwärmung der Erde um bis zu $3\,°C$ bis zum Jahre 2100 an. Dies könnte weitreichende Folgen haben. Die Eismassen der Erde drohen abzuschmelzen. Bislang als Eis gebundenes Wasser gelangt dann in die Meere. Nimmt die Temperatur des Meerwassers ebenfalls zu, führt dies zu einer Ausdehnung des Wasserkörpers und damit zu einem weiteren Anstieg des Meeresspiegels. Menschen in den küstennahen Gebieten sind dadurch in ihrer Existenz bedroht. Die Klimazonen können sich verschieben. In heute trockenen Gebieten breiten sich dann zunehmend Wüsten aus. Unsere gemäßigten Breiten werden wesentlich trockener. Durch stärkere Wetterextreme nehmen Überschwemmungen auf der einen Seite und zunehmende Trockenheit auf der anderen Seite zu. Sie können die Landwirtschaft stark beeinträchtigen, sodass die Ernährung der Menschheit in Gefahr gerät.

> Die Verbrennung fossiler Brennstoffe setzt viel CO_2 frei. Dadurch kommt es zu einem zusätzlichen Treibhauseffekt, welcher die Atmosphäre erwärmt.

4 Der Treibhauseffekt (Schema)

Welche Folgen hat der Klimawandel?

1. Q

Professionell über den Klimawandel diskutieren:

Deine Freunde möchten mit dir einmal zu einer Demonstration gegen den Klimawandel gehen. Bei so einem wichtigen Thema willst du dich erst einmal gut informieren.

a) Sammle Informationen über den Klimawandel und die globale Erwärmung.
b) Recherchiere, wie man gut argumentiert und naturwissenschaftliche Fakten beweist.

Auf der Demonstration siehst du, wie viele Schüler motiviert ihre Plakate schwenken und rufen: „Stoppt den CO_2-Ausstoß!" Du siehst eine Gruppe Jugendliche abseits, die eher zornig schauen. Du gehst mit deinen Freunden hin, um mit ihnen zu sprechen.

In der folgenden Abbildung siehst du ihr Plakat:

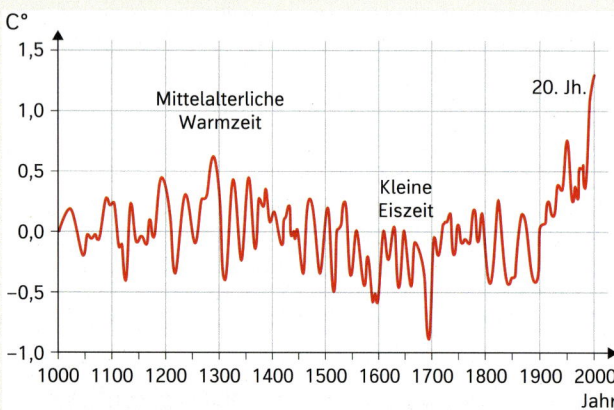

Dazu entgegnen sie dir:
• „So ein Unsinn, von wegen globale Erwärmung! Die Erdtemperatur hat sich schon immer verändert. Früher gab es sogar einmal Eiszeiten! Nun erwärmt sich die Erde einfach wieder. Das siehst du doch auf dem Plakat!"
• „Stimmt, das hat rein gar nichts mit dem Menschen zu tun. Das passiert einfach von selbst!"

c) Beschreibe die Aussagen des Diagramms.
d) Nenne die Argumente der Demogegner.
e) Verfasse eine Gegenbehauptung zu den Argumenten und beweise diese mit einem geeigneten Diagramm. Halte einen Kurzvortrag.

2. A

a) Beschreibe die Aussagen der unteren Grafik.
b) Erläutere die Folgen des Klimawandels für die Menschen in Deutschland anhand des Textes und der unteren Abbildung.

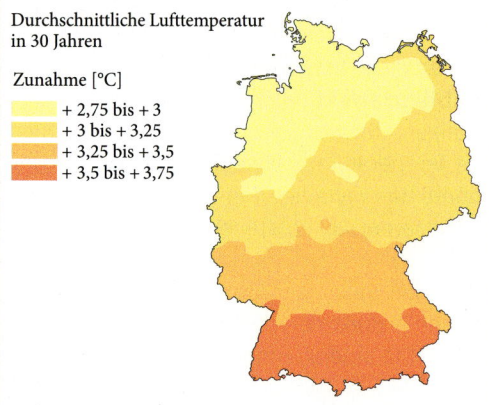

Durchschnittliche Lufttemperatur in 30 Jahren

Zunahme [°C]
- + 2,75 bis + 3
- + 3 bis + 3,25
- + 3,25 bis + 3,5
- + 3,5 bis + 3,75

3. Q

Erkläre den Zusammenhang zwischen auftauendem Permafrostboden und Treibhauseffekt.

4. Q

Recherchiere, welche negativen und positiven Folgen die Klimaerwärmung für deine Heimatstadt hat. Wie reagieren die Einwohner darauf? Denke beispielsweise auch an bauliche und landwirtschaftliche Veränderungen. Stelle deine Ergebnisse der Klasse vor.

1 Folgen des Klimawandels: **A** Kartoffelanbau in Grönland, **B** Sahelzone, **C** Auftauender Permafrostboden, **D** Vertrocknetes Maisfeld in Unterfranken, **E** Hochwasser in Passau

Hitzesommer, Dürreperioden, Waldbrände und Hochwasser

Eine Erhöhung der Lufttemperatur hat lokale Auswirkungen auf den Wasserhaushalt in Deutschland und Bayern. Durch die heißeren Sommer wird die Verdunstung steigen. Die Sommer werden damit deutlich trockener und die Winter etwas niederschlagsreicher. Es gibt Modellrechnungen, nach denen in vielen Regionen die Dürreperioden zunehmen werden. Folgen davon sind Waldbrände und Niederschlagsmengen, die nicht mehr ausreichen, um die Bewässerung landwirtschaftlicher Nutzflächen zu sichern. Aber auch Extremwetterlagen wie sommerlicher Starkregen oder massiver Schneefall im Winter können häufiger werden. Die Folgen der Klimaveränderung sind nicht nur global, sondern auch lokal zu spüren und haben für den Menschen vor Ort unterschiedliche Auswirkungen.

Die Sahelzone

Die Sahelzone erstreckt sich zwischen der Sahara und der Feuchtsavanne quer durch den Norden Afrikas. Hungersnöte waren die Folgen von anhaltender Trockenheit, Überweidung, Abholzung und daraus resultierender Bodenerosion. Jetzt erholt sich diese Region zunehmend. Modelle für die Sahelzone zeigen einen Trend zu etwas mehr Regen in einem wärmeren Klima. Grund ist der westafrikanische Monsunregen, welcher sich nach Norden verlagert. Dies könnte auf Dauer dazu führen, dass immerhin bis zu 100 Millionen Menschen - von Mauretanien bis zum Sudan – diese Zone besser landwirtschaftlich nutzen können.

Grönland: Kartoffeln und Erdbeeren am Polarkreis

Durch den Klimawandel wird es wärmer auf Grönland. In den letzten 30 Jahren stieg die Durchschnittstemperatur um 1,5 Grad Celsius. Heute können an Grönlands Südküste Erdbeeren und Kartoffeln geerntet werden. Viele Grönländer nutzen die Veränderungen und steigen von Fischfang und Jagd auf Landwirtschaft um.

Auftauender Permafrostboden

Etwa ein Sechstel der gesamten Erdoberfläche gilt als Permafrostgebiet. Durch das langsame Auftauen entweichen Methangas und Kohlenstoffdioxid in die Atmosphäre. Diese Treibhausgase verstärken den Temperaturanstieg.

In Sibirien sind viele Städte wie die Metropole Irkutsk auf Permafrostboden gebaut. Das Auftauen der Böden verursacht große Schäden an Gebäuden.

Durch die Folgen des Klimawandels wird die Durchschnittstemperatur ansteigen. Dies hat regional unterschiedliche Folgen. Der Mensch muss sich an die veränderten Bedingungen anpassen.

Die Tier- und Pflanzenwelt ändert sich

1. **A**

a) Erläutere, warum sich die Artenvielfalt in Deutschland ändert.

b) Begründe, ob der Klimawandel die Tier- und Pflanzenwelt in Deutschland begünstigt oder ihr schadet.

2. **A**

Das Diagramm rechts zeigt den Beginn der Apfelblüte der letzten Jahrzehnte in einem Obstanbaugebiet. Nenne die wesentliche Aussage.

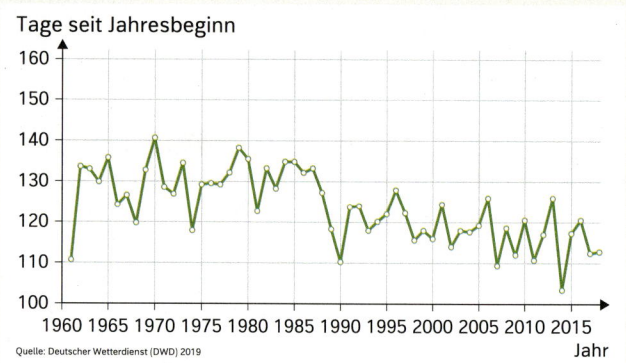

Quelle: Deutscher Wetterdienst (DWD) 2019

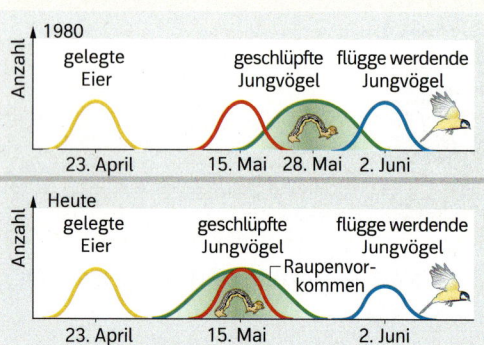

3. **A** 🔍

Erläutere anhand der Diagramme den Einfluss des Klimawandels auf Nahrungsketten und Fortpflanzungszyklen.

4. **Q**

Recherchiere weitere Neozoen und Neophyten in Deutschland und deren Einfluss auf einheimische Tier- und Pflanzenarten

Die Folgen des Klimawandels

Das Klima ändert sich. Die Hauptursache für den Klimawandel ist der vom Menschen verursachte Anstieg von Kohlenstoffdioxid in der Atmosphäre, was zu einer Erwärmung führt. Viele Pflanzen und Tiere sind an ein bestimmtes Klima angepasst. Das bekannteste Beispiel dafür, was passiert, wenn sich das Klima ändert, ist der Eisbär. Wo soll er im Packeis Robben jagen, wenn es immer weniger Eis gibt? Die Folgen sind verheerend für ihn. Mit der Zunahme der globalen Temperaturen ergeben sich Veränderungen für die Tier- und Pflanzenwelt auch in Deutschland. Die Vegetationsperiode bei Pflanzen verschiebt sich. So entstehen Blätter und Blüten bereits früh im Jahr und der Blattabwurf verzögert sich nach hinten.

Heimische Arten unter Druck

Viele Waldbäume leiden unter der andauernden Trockenheit. Vor allem die Fichte ist davon betroffen, da sie ein Flachwurzler ist und nicht auf Wasservorräte aus dem tiefen Erdreich zurückgreifen kann. Durch den Wassermangel kann sie nicht mehr genug Harz bilden, um den Borkenkäfer abzuwehren. So geschwächte Bäume werden massenweise von diesem befallen und sterben somit ab. In den von Menschen geschaffenen Baumplantagen stehen viele Fichten zusammen. Der Borkenkäfer hat somit leichtes Spiel.

Austrocknung

Besonders gefährdet sind Bewohner von Feuchtgebieten. Kalte Gebirgsbäche sind Lebensräume für die Bachforelle. Wird das Wasser zu warm, geraten die Tiere unter Stress, da sie nicht mehr genug Sauerstoff aufnehmen können. Sie ersticken. Viele Bäche und Weiher trocknen ganz aus. Ihre Bewohner verlieren dadurch ihre Lebensräume. Besonders leiden darunter unsere ohnehin bereits gefährdeten Amphibien, wie Frösche und Kröten.

Verschiebung der Jahreszeiten

Durch den Klimawandel ändern sich auch die Jahreszeiten. Langstreckenzieher wie der Gartenrotschwanz überwintern in Afrika. Sein Heimweg ist bis zu 8 000 km lang. Wenn er im Mai in Deutschland ankommt, sind seine üblichen Brutreviere bereits von anderen Vogelarten mit kürzeren Anreisewegen besetzt. Durch die milderen Temperaturen sind diese früher zurückgekommen als in den vorherigen

1 Gewinner (oben) und Verlierer (unten) des Klimawandels **A** Tigermücke, **B** Feuerlibelle, **C** Ambrosia, **D** Gartenrotschwanz, **E** Bachforelle, **F** Ausgetrockneter Wald

Jahren und brüten eher. Der Artbestand des Gartenrotschwanzes ist seit 1980 stark rückläufig. Doch nicht nur einzelne Arten, auch ganze Nahrungsketten sind von der Verschiebung der Jahreszeiten betroffen.

Der Einfluss des Klimawandels auf die Nahrungsketten

Die Kohlmeise ist eine weitverbreitete Vogelart. Sie lebt in Laub- und Mischwäldern und ernährt sich unter anderem von Insekten und deren Larven. Die jungen Kohlmeisen werden mit der Raupe des Kleinen Frostspanners gefüttert. Diese wiederum ernähren sich von jungen Eichenblättern. Seit den 1980ern stieg die Frühjahrstemperatur um zwei Grad Celsius an. Die Folge war ein um zehn Tage früherer Eichenblattaustrieb. Passend zu dem Eichenblattaustrieb hat sich auch die Schlupfzeit des kleinen Frostspanners nach vorne verlegt. Da weniger Larven zur Verfügung stehen, ist der Bruterfolg geringer.

Gewinner sind neue Arten

Neozoen und **Neophyten** sind Tier- und Pflanzenarten, die natürlicherweise nicht in Deutschland beheimatet sind, jedoch durch die Einwirkung des Menschen hier heimisch werden. Manche von ihnen verdrängen einheimische Arten, sodass sie als invasiv bezeichnet werden. Sie sind konkurrenzstärker und stellen daher eine Gefahr für die einheimische Artenvielfalt dar. Ein Neozoon ist die Feuerlibelle. Sie ist sehr aggressiv und verdrängt einheimische Arten. Ein anderes Beispiel ist die Dreikantmuschel. Durch massenhafte Vermehrung verdrängt auch sie einheimische Süßwassermuscheln. Manche Neubürger können auch dem Menschen gefährlich werden. Die Asiatische Tigermücke ist Überträger verschiedener Krankheitserreger, wie beispielsweise dem Dengue-Virus oder dem Zika-Virus. Die aus Nordamerika stammende Ambrosiapflanze ist ein Neophyt. Ihre Pollen können beim Menschen heftige Allergien auslösen.

Wärmeliebende Arten kommen aus dem Süden nach Deutschland. Die schnellsten unter ihnen sind Insekten und Vögel, denn sie können fliegen.

> Der Klimawandel begünstigt die Verbreitung fremder Arten in Deutschland. Diese stellen eine Gefahr für die heimischen Arten in Deutschland dar, was einen Artenrückgang zur Folge haben kann. Der Klimawandel beeinflusst ganze Nahrungsketten. Geschieht die Anpassung der Lebewesen an die veränderten Bedingungen des Lebensraums nicht schnell genug, sterben sie aus.

Wie entstehen fossile Brennstoffe?

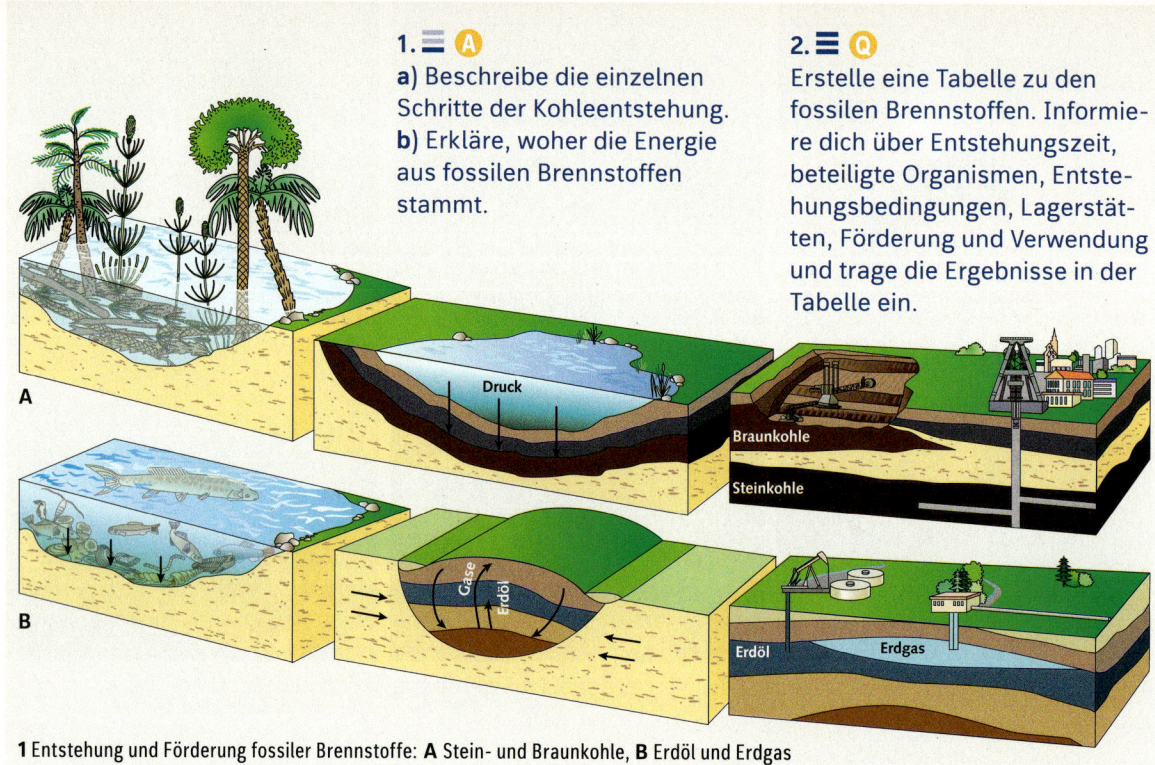

1. ≡ **A**
a) Beschreibe die einzelnen Schritte der Kohleentstehung.
b) Erkläre, woher die Energie aus fossilen Brennstoffen stammt.

2. ≡ **Q**
Erstelle eine Tabelle zu den fossilen Brennstoffen. Informiere dich über Entstehungszeit, beteiligte Organismen, Entstehungsbedingungen, Lagerstätten, Förderung und Verwendung und trage die Ergebnisse in der Tabelle ein.

1 Entstehung und Förderung fossiler Brennstoffe: **A** Stein- und Braunkohle, **B** Erdöl und Erdgas

Fossile Brennstoffe

Braun- und Steinkohle, Erdöl und Erdgas sind **fossile Energieträger,** die aus großen Tiefen gefördert werden. Sie sind unter großem Druck durch Zersetzung von abgestorbenem organischem Material wie toten Tieren und Pflanzen binnen vieler Millionen Jahre entstanden. Die Pflanzen bauten mithilfe der Fotosynthese energiereiche Kohlenstoffverbindungen aus Kohlenstoffdioxid auf. Diese sind in veränderter Form in den fossilen Energieträgern vorhanden. Doch sind die Vorräte an fossilen Energieträgern begrenzt. Derzeit werden ca. 80 % des weltweiten Energiebedarfs aus fossilen Brennstoffen gedeckt. Durch ihre Verbrennung gelangen große Mengen an Kohlenstoffdioxid in die Erdatmosphäre. Diese Emission trägt zum zusätzlichen Treibhauseffekt und somit einer Klimaveränderung in Form eines Temperaturanstiegs bei.

Braun- und Steinkohle

Im Erdzeitalter des Karbons vor ca. 330 Millionen Jahren bedeckten üppige Sumpfwälder die Erde. Abgestorbene Pflanzen wurden teilweise durch Schlamm vom Luftsauerstoff abgeschlossen und dadurch nicht vollständig zersetzt, sondern zu Torf. Kohlenstoffhaltige Sedimente überlagerten den Torf nach und nach. Durch hohen Druck und die dabei entstehende Hitze wurde über viele Millionen Jahre Torf zunächst zu Braunkohle. Den Prozess der Verfestigung und der Umbildung der Pflanzen bezeichnet man als Inkohlung. Im Laufe der Zeit lagerten sich weitere Sedimentschichten über die Braunkohle. Der Druck presste Wasser aus der Braunkohle, die dadurch schließlich zur Steinkohle wurde. Die bei uns geförderte Braunkohle ist erst 5 – 25 Mio. Jahre alt. Wegen des geringeren Alters ist die Inkohlung der Braunkohle noch nicht so weit vorangeschritten wie die der Steinkohle. In Deutschland wird Braunkohle deshalb im Tagebau relativ dicht unter der Erdoberfläche abgebaut.

Erdöl und Erdgas

In verschiedenen Erdzeitaltern vor 300 bis 50 Millionen Jahren lagerten sich abgestorbene Mikroorganismen am Grunde von Gewässern ab. Aus ihnen entstand aufgrund des Sauerstoffmangels Faulschlamm, der von anderen Sedimenten überdeckt wurde. Unter diesem Druck stieg auch die Temperatur. Die Zeit, hohe Temperaturen, Druck und der Mangel an Sauerstoff machten aus kohlenstoffreichem Faulschlamm die Energieträger Erdöl und Erdgas.

Erneuerbare Energien

Erneuerbare Energiequellen
Durch die Verbrennung fossiler Energieträger wird Kohle, Erdöl und Erdgas unwiederbringlich verbraucht. Dabei entstehen große Mengen an klimaschädlichem Kohlenstoffdioxid. Regenerative Energiequellen, die sich immer wieder erneuern, schonen noch vorhandene fossile Energieträger und verlangsamen die Erwärmung der Erdatmosphäre. Ziel der **Energiewende** ist es, den Energiebedarf komplett aus erneuerbaren Energien zu decken.

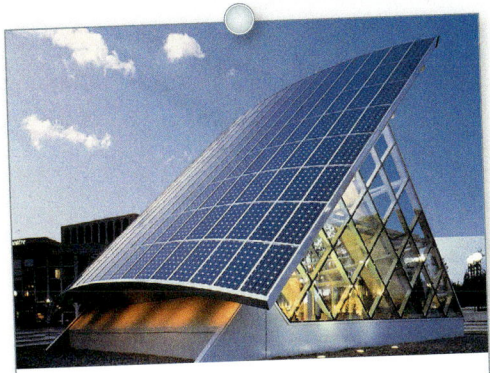

Sonne
In der Solartechnik wird die Energie des Sonnenlichts über Wärmekollektoren zur direkten Erwärmung von Wasser genutzt. In Fotovoltaikanlagen – wie oben abgebildet – wird über Solarzellen Strom erzeugt.

Wasser
Bei der Wasserkraft nutzt man die Bewegungsenergie der Strömung von Wasser, um Generatoren zur Stromerzeugung anzutreiben. Dies kann in Fließgewässern, an Stauseen oder im Meer geschehen.

1.
a) Nenne einen wichtigen Vorteil der regenerativen Energien.
b) Beschreibe für jeden Pinnzettel, wie dieser Vorteil verwirklicht wird.

2.
Sammelt in Gruppenarbeit Informationen zu den verschiedenen regenerativen Energiequellen. Beschreibt die Verfahren. Stellt Vor- und Nachteile gegenüber.

Wind
Windenergieanlagen können in Gebieten mit starkem und konstantem Wind errichtet werden. Ihr Rotor treibt einen Generator an, der die Windenergie in elektrische Energie umwandelt.

Biomasse
Bei der Zersetzung von Biomasse durch anaerobe Mikroorganismen entsteht Biogas. In diesem ist das brennbare Methangas (CH_4) enthalten, welches zur Strom- und Wärmeerzeugung genutzt wird. Zur Einspeisung ins öffentliche Erdgasnetz muss Biogas aufbereitet werden. Auch Mais ist eine effiziente Pflanze für die Biogasproduktion. Allerdings steht der Anbau von Mais, der lediglich für Biogasanlagen genutzt wird, in der Kritik.

PINNWAND

Basiskonzepte S. 99

Vom Urwald zum Nutzwald

1. Ⓐ

Erstelle eine Mindmap zu den Ökosystemdienstleistungen des Waldes und ergänze diese mit eigenen Beispielen!

2. Ⓐ

Ein Waldstück, auf welchem ein natürlicher Mischwald wächst, wird abgeholzt, um dort Weizen anzubauen.

a) Erkläre den Begriff Ökosystemdienstleistungen.

b) Erläutere Veränderungen bei den Ökosystemdienstleistungen, welche sich durch den Wechsel ergeben.

3. Ⓐ

Der Nationalpark „Bayerischer Wald" ist ein Schutzgebiet, das vor menschlichen Eingriffen und vor Umweltverschmutzung geschützt wird. Erläutere, welchen Nutzen der Mensch von diesem Wald hat.

4. Ⓠ

a) Recherchiere, vor welchen Naturgewalten Schutzwälder schützen und wie sie genau schützen.

b) Im Nationalpark Berchtesgaden werden Schutzwälder gepflanzt. Nenne zwei Baumarten, die dafür in Frage kommen und zwei Baumarten, welche nicht in Frage kommen. Begründe deine Entscheidung. Stelle die Ergebnisse deinen Mitschülern vor.

1 Schutzwald

5. Ⓐ

Welche Konflikte können bei unterschiedlicher Waldnutzung entstehen? Beschreibe Lösungsmöglichkeiten.

2 Freizeitaktivitäten

6. Ⓠ

a) Stelle die Ergebnisse der Tabelle in einem geeigneten Diagramm dar und erkläre es.

b) Bewerte die Unterschiede in der Baumzusammensetzung. Berücksichtige dabei auch die sog. „Umtriebszeit" der einzelnen Baumarten.

Waldzustand	ursprünglich	heute
Anteil an der Gesamtfläche	95 %	30 %
davon:		
Buche u. a.	71 %	22 %
Eiche	20 %	7 %
Kiefer/Lärche	5 %	25 %
Fichte/Tanne	2 %	43 %
sonstige	2 %	3 %

Quelle: Schutzgemeinschaft Deutscher Wald 2020; gekürzt

3 Urwald

5 Hutewald

Wald – früher und heute

In Teilen des Nationalparks Bayerischer Wald darf der Wald wachsen wie er will: verschiedene Baumarten, Laub- und Nadelhölzer, junge und alte Bäume wachsen durcheinander. Dazwischen werden umgefallene, tote Bäume liegengelassen und bieten so Lebensraum für viele Tierarten. So sah es auch in einem echten Urwald aus, den es bei uns heute nicht mehr gibt. Schon früh begann der Mensch den Wald zu nutzen. Eine Form ist der Hute- oder Weidewald. Dabei trieb man das Vieh in den Wald, um Futter zu suchen. Die Folgen davon waren wenige, dafür jedoch riesige Bäume. Nachwuchs gab es kaum, da das Vieh alles wegfraß. Andere Wälder wurden durch ungezügelte Holznutzung vernichtet. Daraus erwuchs das bis heute gültige Konzept der Nachhaltigkeit, um dauerhaft Holzlieferungen sicherzustellen. Dazu durfte dem Wald nicht mehr Holz entnommen werden als nachwuchs. Auch großflächige Kahlschläge wurden vermieden. Die heutigen Wälder sind Wirtschaftswälder, also Baumplantagen zur Holzproduktion. Doch langsam setzt ein Umdenken ein, hin zu mehr Mischwald.

Was leistet der Wald für uns?

Der wohl wichtigste Rohstoff des Waldes ist Holz. Die Holznutzung ist wichtig, aber nicht die einzige Funktion des Ökosystems Wald. Erholung, Freizeitgestaltung, Wasser- und Luftreinhaltung sind weitere wichtige Bereiche, bei denen der Wald uns nützt. Aber auch die Sauerstoffproduktion, der Wasser- und Nährstoffkreislauf und die Bodenbildung sind wichtige Leistungen des Ökosystems Wald. Diese Leistungen eines Ökosystems für den Menschen bezeichnet man als **Ökosystemdienstleistungen.** Greift der Mensch in den Wald ein, um eine Ökosystemdienstleistung zu erhöhen, geht dies immer auf Kosten einer anderen.

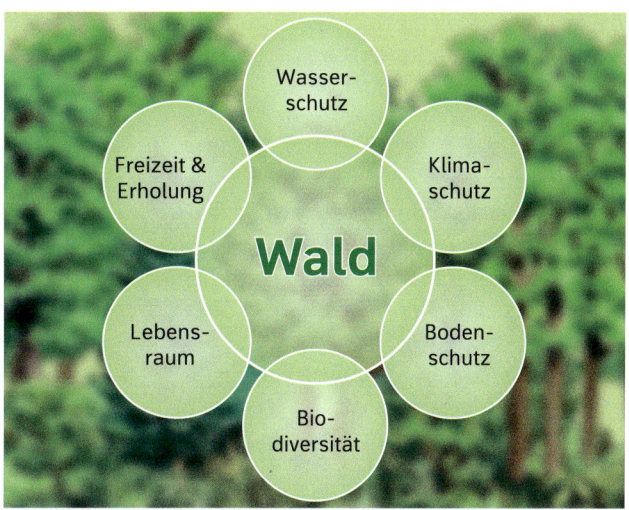

6 Ökosystemdienstleistungen des Waldes

4 Baumplantage (Fichten)

In Deutschland hat sich der ursprüngliche Urwald durch Nutzung zu einem Wirtschaftswald gewandelt. Das Konzept der Nachhaltigkeit verhindert eine Zerstörung des Waldes. Die Leistungen eines Ökosystems für den Menschen werden als Ökosystemdienstleistungen bezeichnet.

Biodiversität und Artenschutz

1. ☰ Ⓐ

a) Nenne die Teilbereiche, aus denen sich die Biodiversität zusammensetzt.

b) Begründe, warum Biodiversität für uns Menschen wichtig ist.

2. ☰ Ⓐ 🔍

In der Abbildung rechts ist der Anteil bedrohter oder ausgestorbener Tier- und Pflanzengruppen in Deutschland dargestellt. Beschreibe das Schaubild, indem du die Gruppen vergleichst.

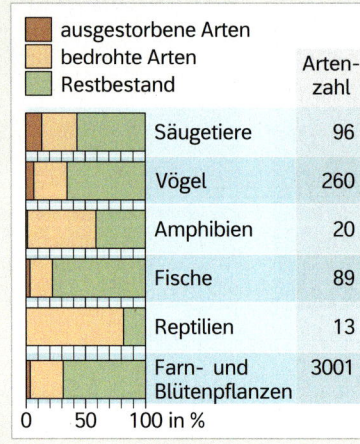

	ausgestorbene Arten	bedrohte Arten	Restbestand	Arten-zahl
Säugetiere				96
Vögel				260
Amphibien				20
Fische				89
Reptilien				13
Farn- und Blütenpflanzen				3001

0   50   100 in %

3. ☰ Ⓠ

a) Recherchiere Tiere, die außer dem Biber in Deutschland wieder angesiedelt wurden.

b) Halte darüber einen Kurzvortrag.

4. ☰ Ⓐ

a) Beschreibe das Diagramm zum Massensterben unten.

b) Nenne Ursachen des heutigen Massensterbens.

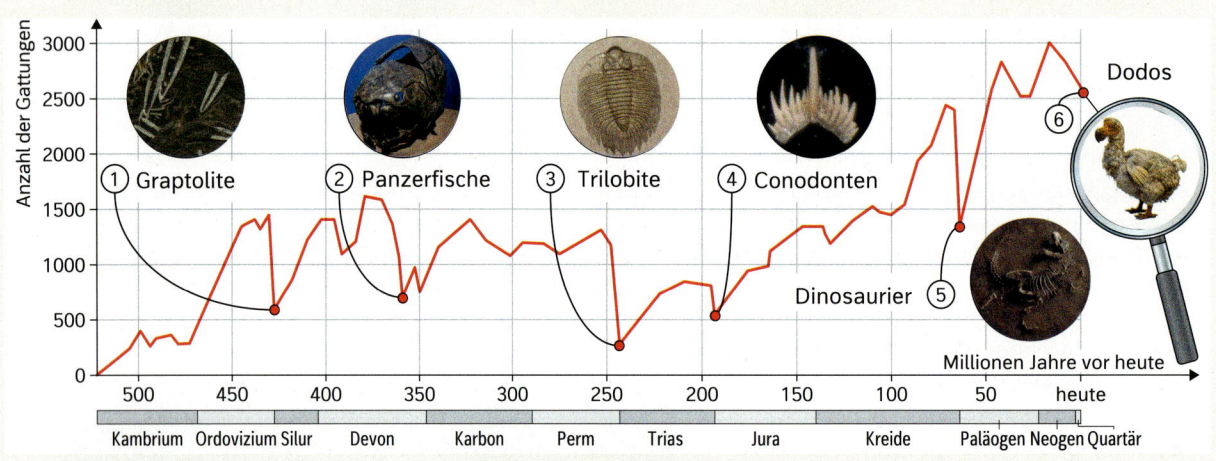

① Graptolite ② Panzerfische ③ Trilobite ④ Conodonten ⑤ Dinosaurier ⑥ Dodos

Anzahl der Gattungen — Millionen Jahre vor heute

Kambrium Ordovizium Silur Devon Karbon Perm Trias Jura Kreide Paläogen Neogen Quartär

Biodiversität

Ökosysteme sind offene Systeme mit zahlreichen Wechselwirkungen zwischen den Arten. Sie sind dynamisch und komplex. Je höher die Anzahl verschiedener Arten in einem Ökosystem ist, desto stabiler ist es gegen Störungen und Veränderungen von außen. Dabei muss man berücksichtigen, dass z. B. eine Wüste aufgrund der klimatischen Bedingungen viel weniger Arten beherbergen kann als z. B. ein Regenwald. Neben der **Vielfalt der Arten** ist auch die **genetische Variabilität** innerhalb dieser von Bedeutung. Denn die Diversität an Genotypen ist die Basis der Anpassung an die Umweltbedingungen. Sind viele **verschiedene Ökosysteme** in einem bestimmten Gebiet mit einer hohen Vielfalt von Arten und hoher genetischer Variabilität vorhanden, spricht man von einer hohen **Biodiversität.**

Der Bestand an Arten ändert sich

Weltweit sind derzeit ca. 1,38 Millionen Tierarten, 330 000 Pflanzenarten und 140 000 Pilzarten beschrieben. Schätzungen gehen aber von einer viel höheren Zahl aus. In Deutschland sind etwa 71 500 Arten nachgewiesen. Viele davon sind bedroht, andere schon verschwunden. Dass Arten aussterben, ist ein sich im Laufe der Erdgeschichte wiederholender Vorgang. Aber die Geschwindigkeit und der Umfang des Artensterbens haben in den letzten Jahren stark zugenommen. Wissenschaftler gehen davon aus, dass wir uns im sechsten großen Massensterben der Erdgeschichte befinden. Pro Jahr sterben weltweit tausende Tier- und Pflanzenarten aus. Das Aussterben einer Art hat auch immer schwerwiegende Folgen für alle anderen Arten, denn Tiere, Pflanzen und Menschen stehen in einer engen Beziehung zueinander.

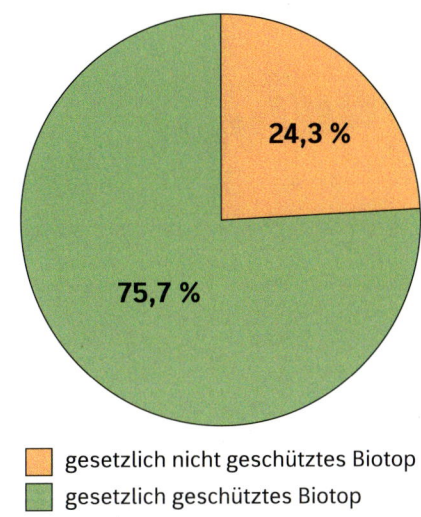

1 Gesetzlicher Schutz gefährdeter Biotope in Deutschland
Quelle: Bundesamt für Naturschutz, 2006

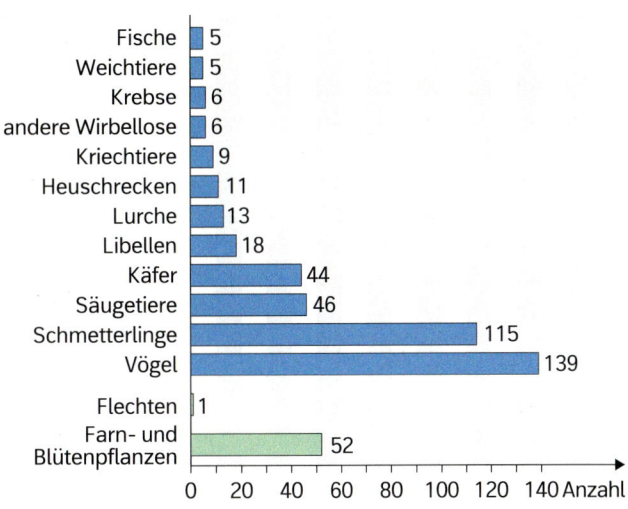

2 Anzahl streng geschützter Arten in Deutschland
Quelle: Bundesamt für Naturschutz, 2016

Bedrohung der Biodiversität

Als der Mensch sesshaft wurde, begann er mit dem Ackerbau. Urwälder wurden in Acker- und Weideland umgewandelt. Steppenpflanzen und -tiere gelangten nach Europa. Mohn, Feldhase und Kornblume hielten Einzug. Auerochse, Bär und Wolf fielen den Veränderungen zum Opfer.
Bei der Züchtung von Kulturpflanzen und Nutztieren werden diese ständig an die Bedürfnisse des Menschen angepasst. Durch diese künstliche Auslese wird die genetische Vielfalt reduziert. Für die moderne Landwirtschaft werden Hecken beseitigt, Feuchtwiesen entwässert und nährstoffarme Flächen gedüngt. Unerwünschte Tiere und Pflanzen werden mit Giften vernichtet. Tourismus, Freizeitsport, Städte- und Straßenbau, Industrie und Forstwirtschaft wirken am Artenrückgang mit. Das Wachstum der Weltbevölkerung, Umweltverschmutzung, zusätzlicher Treibhauseffekt und der damit verbundene Klimawandel bewirken, dass die Biodiversität zerstört wird. Bricht ein Teil aus einem Ökosystem heraus, ist das ganze System gefährdet.

Rote Listen

Tier- und Pflanzenarten werden in vielen Ländern systematisch gezählt, um einen Überblick zu erhalten. In Deutschland hat man 48 000 Tier- und 9 500 Pflanzenarten beschrieben. Nach ihrem Gefährdungsgrad werden sie in Kategorien unterteilt und in nationale **„Rote Listen"** zusammengefasst. Diese Listen werden regelmäßig aktualisiert. Neben dem Gefährdungsgrad informieren sie auch über den Zustand von Lebensräumen, benennen die Ursachen der Gefährdung oder zeigen Handlungsbedarf im Naturschutz auf.

Gesetzlicher Schutz der Biodiversität

Zum Schutz der Natur gibt es das Bundesnaturschutzgesetz und andere Schutzbestimmungen. Da dort oft nur die Lebewesen vom Gesetzgeber geschützt sind, nicht aber deren Lebensräume, ist es wichtig, Naturschutzgebiete als Rückzugsorte zu erschließen. **Artenschutz** ist also auch immer **Biotopschutz.**

Erhalt der Biodiversität

Die Artenvielfalt zu erhalten hat neben biologischen auch viele praktische Gründe. Bienen, Hummeln und Schmetterlinge bestäuben Pflanzen, von denen wir uns unter anderem ernähren. Mais, Weizen und Reis decken den Großteil der Welternährung. Man schätzt, dass nahezu 75 000 Pflanzenarten als Nahrungsquelle für den Menschen nutzbar wären. Auch Pilze sind wichtig, da einige Schimmelpilze Abwehrstoffe bilden, die in der Medizin gegen Krankheitserreger eingesetzt werden.

> Zahlreiche Tier- und Pflanzenarten sind durch den Einfluss des Menschen gefährdet oder unwiederbringlich verloren gegangen. Artenschutz, Biotopschutz und die Schaffung neuer Biotope sorgen dafür, dass Arten in Schutzgebieten Zuflucht finden und sich die Bestände erholen können. Ziel ist die Erhaltung einer hohen Biodiversität.

Biodiversität

Um die Biodiversität zu erhalten, gibt es verschiedene Wege. Vielerorts gibt es Naturschutzgruppen, denen ihr euch anschließen könnt. Ihr könnt aber auch selbst aktiv werden. Erarbeitet euch dazu im Team verschiedene Möglichkeiten. Arbeitet eure Resultate in einem Erklär- oder Stop-Motion Video anschaulich auf. Präsentiert eure Ergebnisse anschließend den anderen Teams. Ihr könnt auch zusätzlich Plakate gestalten und einen Gallerywalk in der Schule organisieren.

TEAM ❶
Kleinlebensraum schaffen

Im Vergleich zu anderen Ländern ist die Zahl an Kriechtieren in Deutschland nicht besonders hoch. Der Mensch trägt seinen Teil dazu bei, die ohnehin schon geringe Zahl weiterhin zu verringern. Findet im Team eine Möglichkeit, Eidechsen auf dem Schulgelände heimisch zu machen. Sammelt Informationen über die Lebensweise von Eidechsen, wie ihr den Lebensraum für Eidechsen gestalten müsst und welche Orte auf dem Schulgelände dafür geeignet sind. Erstellt dazu einen Plan. Hilfe und Tipps könnt ihr auch über einen Experten beziehen. Organisiert das benötigte Material für euren Lebensraum und gestaltet diesen an einer geeigneten Stelle. Dokumentiert und fotografiert eure einzelnen Arbeitsschritte ganz genau. Überprüft, ob die Eidechsen den neuen Lebensraum annehmen. Bestimmt mithilfe eines geeigneten Bestimmungsschlüssels die Eidechsenart.

1 Trockenmauer

TEAM ❷
Begrünen von Dächern oder Balkonen

Die Begrünung von Dachflächen bietet den Vorteil, Lebensraum für Insekten zu schaffen, die wiederum als Nahrungsgrundlage für andere Lebewesen dienen. Auch speichern sie Wasser, geben Feuchtigkeit ab und haben eine isolierende Wirkung gegen Witterungseinflüsse.
Sammelt Informationen zur Errichtung einer Dachbegrünung, welche Pflanzen geeignet sind und welches Material benötigt wird. Sucht ein geeignetes Dach oder einen Balkon und begrünt es bzw. ihn. Dokumentiert und fotografiert eure einzelnen Schritte und den Wuchsfortschritt genau. Überprüft, welche Insekten sich angesiedelt haben. Verwendet dazu ein geeignetes Bestimmungsbuch oder eine Bestimmungs-App.

2 Dachbegrünung auf einem Gartenhäuschen

TEAM ❸
Quartiere für Zwergfledermäuse

Ein Fledermauskasten ist ein Quartier, in dem die nachtaktiven Tiere tagsüber schlafen, überwintern oder ihre Jungen großziehen.
Sammelt Informationen über die Lebensweise von Zwergfledermäusen, wie man einen geeigneten Fledermauskasten für sie baut und an welcher Stelle man ihn am besten platziert. Hilfe und Tipps könnt ihr auch über einen Experten beziehen. Besorgt das benötigte Material für euren Kasten und baut ihn. Dokumentiert und fotografiert eure einzelnen Schritte ganz genau. Hängt den Kasten an einem passenden Platz auf. Überprüft anhand von z. B. Kotspuren, ob die Fledermäuse die Nisthilfen annehmen.

3 Fledermauskästen

TEAM ❹
Futterquelle für Vögel

Besonders in den Wintermonaten haben Vögel Probleme an Futter zu gelangen. Informiert euch über die Nahrungsquellen der Blaumeise im Winter, wie ihr eine geeignete Futterquelle herstellen könnt und an welcher Stelle diese am besten angebracht werden kann. Hilfe und Tipps könnt ihr von einem Experten beziehen. Besorgt das benötigte Material für eure Futterquelle und baut sie. Dokumentiert und fotografiert die einzelnen Arbeitsschritte genau. Bringt die Futterquelle an einem geeigneten Ort an. Überprüft, ob die Blaumeise die Futterquelle annimmt. Kommen noch andere Vogelarten zur Futterquelle? Bestimmt die Vögel mithilfe eines geeigneten Bestimmungsschlüssels oder einer Bestimmungs-App.

4 Blaumeise an einer Futterquelle

TEAM ❺
Nisthilfen bauen

Durch den Bau von Nisthilfen kann die Erhaltung vieler Arten, wie zum Beispiel von Wildbienen, begünstigt werden. Sammelt Informationen über die Lebenswese von Wildbienen, wie ihr geeignete Nisthilfen für sie herstellen könnt und an welchen Stellen diese am besten angebracht werden. Hilfe und Tipps könnt ihr auch über einen Experten beziehen. Besorgt das nötige Material für eure Nisthilfe und baut sie. Dokumentiert und fotografiert eure einzelnen Arbeitsschritte ganz genau. Hängt die Nisthilfe an einem geeigneten Platz auf. Überprüft, ob die Bienen die Nisthilfen annehmen. Bestimmt mithilfe eines Bestimmungsbuches oder einer Bestimmungs-App die Bienenarten.

5 Wildbienen an der Nisthilfe

TEAM ❻
Wildblumenwiese anlegen

Wildblumenwiesen sind Nahrungsquelle vieler Insekten, wie der Wildbiene. Sammelt Informationen darüber, wie man eine Wildblumenwiese anlegt, welches Saatgut dafür geeignet ist und welches weitere Material benötigt wird. Erstellt dazu einen genauen Plan. Sucht einen geeigneten Platz, um eine Wildblumenwiese anzulegen und bereitet den Boden vor. Besorgt die entsprechende Menge an Saatgut und streut es aus. Dokumentiert und fotografiert eure einzelnen Schritte und den Wuchsfortschritt ganz genau. Überprüft, welche Insekten sich angesiedelt haben. Verwendet dazu ein geeignetes Bestimmungsbuch oder eine Bestimmungs-App.

Plastik – ein Stoffstrom aus dem Regal in die Umwelt

1. **A**
a) Erläutere, wie Kunststoffe ins Meer gelangen.
b) Nenne den Unterschied zwischen Makro- und Mikroplastik.

2. **A**
Nenne Folgen des Makroplastiks für Meereslebewesen.

3. **A**
Beschreibe mithilfe von Abbildung 1 die Anreicherung von Mikroplastik und PCB in der Nahrungskette.

4. **A**
Beschreibe mithilfe von Diagramm 2 die Bedeutung verschiedener Quellen des Mikroplastiks.

5. **Q**
a) Beschreibe Maßnahmen, um Kunststoffe zu vermeiden.
b) Recherchiere weitere Möglichkeiten, Kunststoffe zu vermeiden.

6. **Q**
Informiere dich über DDT und PCB. Stelle die Ergebnisse vor.

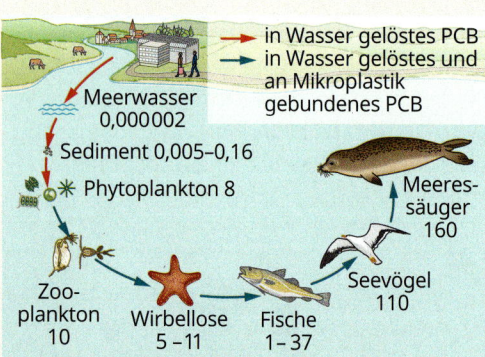

1 Anreicherung von PCB in der Nahrungskette (in Milligramm pro Liter bzw. Kilogramm Fett)

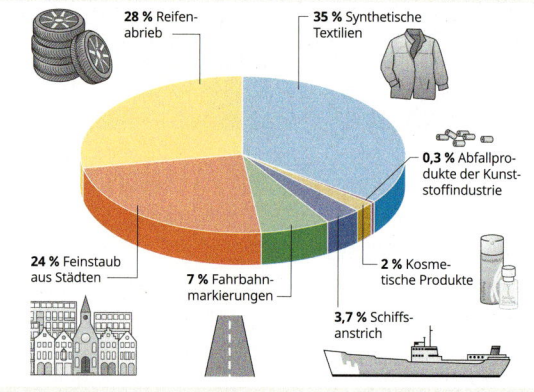

2 Quellen von Mikroplastik in Deutschland

Kunststoffe

Kunststoffe können aus Naturstoffen gewonnen oder künstlich hergestellt werden. Sie sind vielseitig einsetzbar aus dem Leben kaum wegzudenken. Seit der Erfindung des Kunststoffs sind bereits 8,3 Mrd. Tonnen davon produziert worden. Und es wird immer mehr. Ca. 80% davon landen nach kürzester Verwendungsdauer auf Deponien oder in der Umwelt. Allen Kunststoffen gemeinsam ist, dass sie in der Natur nicht vorkommen und deshalb nicht biologisch abgebaut werden können. Da das Material sehr langlebig ist, hat es vor allem in den Meeren gravierende negative Folgen.

Makro- und Mikroplastik

Kunststoffmüll wird in vielen Ländern in Flüsse entsorgt oder direkt ins Meer geworfen. Hier entsteht der **Stoffstrom.** Auch „Geisternetze" aus dem Fischfang treiben herrenlos im Meer. In allen Größen und Formen treibt der Müll in den Weltmeeren und wird von Meeresströmungen mitgerissen. Dort, wo unterschiedli-

che Meeresströmungen aufeinandertreffen, bilden sich gewaltige Müllstrudel. Schätzungen zufolge treiben ca. 270 000 Tonnen Kunststoffmüll im Meer. Plastikflaschen, Tüten, Kanister, Joghurt- bzw. Getränkebehälter, Verpackungen oder Pflegeartikel stellen nur einen Ausschnitt des Plastikmülls in den Meeren dar. Solche großen Plastikteile werden als **Makroplastik** bezeichnet. Daneben findet sich auch sogenanntes **Mikroplastik.** Das sind Kunststoffteilchen mit einem Durchmesser unter fünf Millimetern.

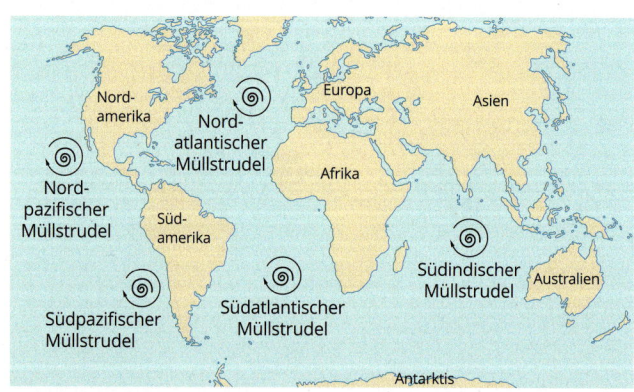

3 Müllstrudel in den Meeren

4 Kunststoffmüll im Meer

Entweder werden sie direkt in der entsprechenden Größe in der Industrie für Kosmetik-, Wasch- und Reinigungsmittel hergestellt oder sie entstehen durch mechanischen Einfluss, Salz und UV-Strahlung. Beispiele hierfür sind Teilchen aus Kleidung oder Textilien und Reifenabrieb aus dem Straßenverkehr.

Folgen für die Umwelt

Besonders Meeresbewohner sind stark betroffen. Fische, Robben oder Schildkröten verfangen sich in den „Geisternetzen" und können lebenslang leiden oder qualvoll verenden. Meeresvögel nutzen Plastikfäden zum Nestbau und verheddern sich darin oder verwechseln es mit Futter. Seevögel füttern ihren Nachwuchs mit Makro- und Mikroplastik, Meerestiere nehmen es als Nahrung auf, worauf sie mit vollem Magen verhungern. Plastik kann nämlich nicht verdaut werden. Giftige Zusatzstoffe wie Weichmacher oder UV-Stabilisatoren werden frei. Aufgrund seiner chemischen Eigenschaften kann Mikroplastik auch im Meerwasser gelöste Schadstoffe binden. Dazu gehören auch solche, die wegen ihrer Giftigkeit und Langlebigkeit längst verboten wurden, beispielsweise PCB und DDT. Je länger Mikroplastik im Wasser ist, desto mehr dieser Stoffe bindet es.

Mikroplastik in Nahrungsketten

Im Meer schwimmen winzige Tierchen, das Zooplankton. Normalerweise ernähren sie sich von winzigeren Lebewesen, dem Phytoplankton. Sie nehmen aber auch Mikroplastik auf. So gelangt es über die einzelnen Stufen der Nahrungskette bis zu den Endkonsumenten. Da es nicht verdaut werden kann, reichert es sich von Stufe zu Stufe an. Auch die Schadstoffe wie PCB reichern sich so an. Bei größeren Meerestieren gelangen die Schadstoffe über die Darmwand ins Blut und werden im Fettgewebe gespei-

chert. Typische Symptome einer PCB-Vergiftung sind unter anderem Leberschädigung und Störungen des Immunsystems. Außerdem steht PCB im Verdacht, krebserregend zu sein.

Gegenmaßnahmen

Die wichtigste Maßnahme gegen die Flut von Plastikmüll ist die Vermeidung von Kunststoffen. Die EU hat zum Schutz der Meere ein Verbot für Kunststoffstrohhalme und -besteck ausgesprochen. Plastiktüten verschwinden zunehmend aus Geschäften. Beim Kauf von Kosmetika sollte man darauf achten, dass sie frei von Mikroplastik sind. Auch sollte man den Plastikmüll sachgerecht entsorgen. Plastikfreie Verpackungen und Mehrwegflaschen aus Glas sind eine gute Alternative. Geringere Produktionszahlen und längere Nutzung der Produkte, höhere Recyclingquoten, Nutzung von biologisch abbaubaren Materialien sowie Ausbau der Müllverbrennung sind weitere Gegenmaßnahmen. Auf politischer Ebene wird gefordert, Meeresökosysteme zu schützen, zu erhalten und wiederherzustellen.

In einem Stoffstrom gelangen Kunststoffe über unsachgemäße Entsorgung ins Meer. Makro- und Mikroplastik sind biologisch nicht abbaubar. Mikroplastik und Schadstoffe reichern sich in der Nahrungskette an. Durch Makroplastik verenden viele Lebewesen. Es müssen Maßnahmen gegen Plastikanreicherung in den Meeren eingeleitet werden.

Gewässerverschmutzung und Wasserreinhaltung

1. **A**
Vergleiche mithilfe der Abbildung die Wassernutzung der einzelnen Kontinente.

2. **V**
a) Vergleiche den täglichen Wasserverbrauch bei dir zu Hause mit dem durchschnittlichen Verbrauch pro Kopf in Deutschland. Lies dazu an zwei aufeinanderfolgenden Tagen zur selben Uhrzeit die Werte am Wasserzähler ab und errechne die verbrauchte Wassermenge für 24 Stunden. Die Angabe muss von m^3 auf l umgerechnet werden.
b) Überlege dir Einsparmöglichkeiten.

3. **A**
a) Nenne Gründe für Gewässerverschmutzungen.
b) Zähle Möglichkeiten auf, wie man diese eindämmen kann.

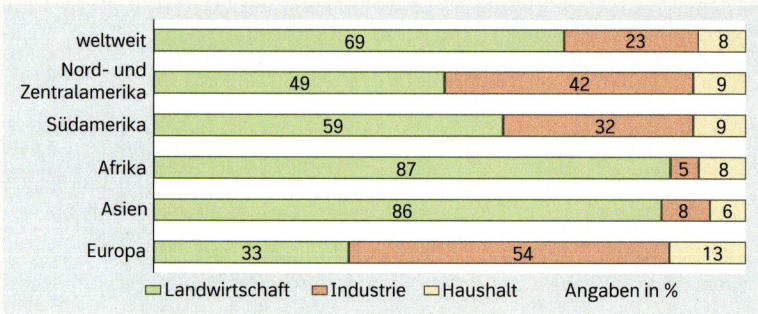

	Landwirtschaft	Industrie	Haushalt
weltweit	69	23	8
Nord- und Zentralamerika	49	42	9
Südamerika	59	32	9
Afrika	87	5	8
Asien	86	8	6
Europa	33	54	13

Angaben in %

1 Wassernutzung einzelner Kontinente

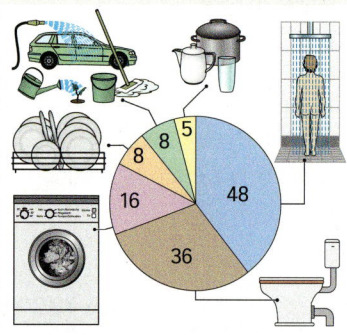

2 Durchschnittlicher täglicher Wasserverbrauch je Einwohner in Deutschland in Litern

4. **Q**
a) Informiere dich über virtuelles Wasser zu verschiedenen Produkten. Stelle dar, für welche Bereiche der Produktion Wasser benötigt wird.
b) Präsentiere deine Ergebnisse vor der Klasse.

5. **A**
Erstelle ein Flussdiagramm über den Aufbau und die Funktion einer Kläranlage.

Wasser ist lebenswichtig

Wir Menschen nutzen Wasser auf vielfältige Weise und gefährden dabei die Wasservorräte und empfindliche Ökosysteme. Denn obwohl Wasser auf der Erde in großen Mengen vorkommt, ist nur ein Bruchteil davon für den Menschen nutzbar. Der größte Teil des Süßwassers der Erde ist in den Polkappen und den Gletschern als Eis gebunden. Das Salzwasser der Meere kann nur mit aufwendigen Techniken in Trinkwasser umgewandelt werden. Aus diesem Grund ist Wasser in vielen Regionen der Erde ein kostbares Gut. Viele Menschen haben keinen Zugang zu sauberem Wasser.

Wasserverbrauch in Deutschland

Obwohl die Niederschlagsmenge in Deutschland in den vergangenen Jahren stark abgenommen hat, ist Deutschland durch zahlreiche Flüsse und Seen ein wasserreiches Land. 2019 betrug der Pro-Kopf-Verbrauch an Wasser 125 Liter pro Tag. Allerdings spiegelt dieses **reale Wasser** nur einen geringen Bruchteil des tatsächlichen Wasserverbrauchs wider. Berücksichtigt man zusätzlich die Wassermengen, die nötig sind, um Lebensmittel und Waren zu produzieren, liegt der Wert bei knapp 4 000 Litern pro Person und Tag. Für dieses in Produkten versteckte Wasser wurde der Begriff **virtuelles Wasser** eingeführt. Daran kann man erkennen, dass das dazu verwendete Wasser oft nicht aus Deutschland stammt, sondern aus Regionen der Erde, in denen bereits Wasserknappheit herrscht.

  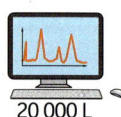

| 4100 L | 140 L | 2400 L | 20 000 L |

3 Virtuelles Wasser

Wasserverbrauch in der Zukunft

Mit der wachsenden Weltbevölkerung wird der Wasserverbrauch weiter ansteigen. Die größten Wassermengen werden für die Bewässerung landwirtschaftlicher Flächen genutzt. Es drohen ökologische, wirtschaftliche und soziale Konflikte um diese Ressource. Fehlendes Wasser könnte z. B. zu Kriegen oder Flüchtlingswellen führen.

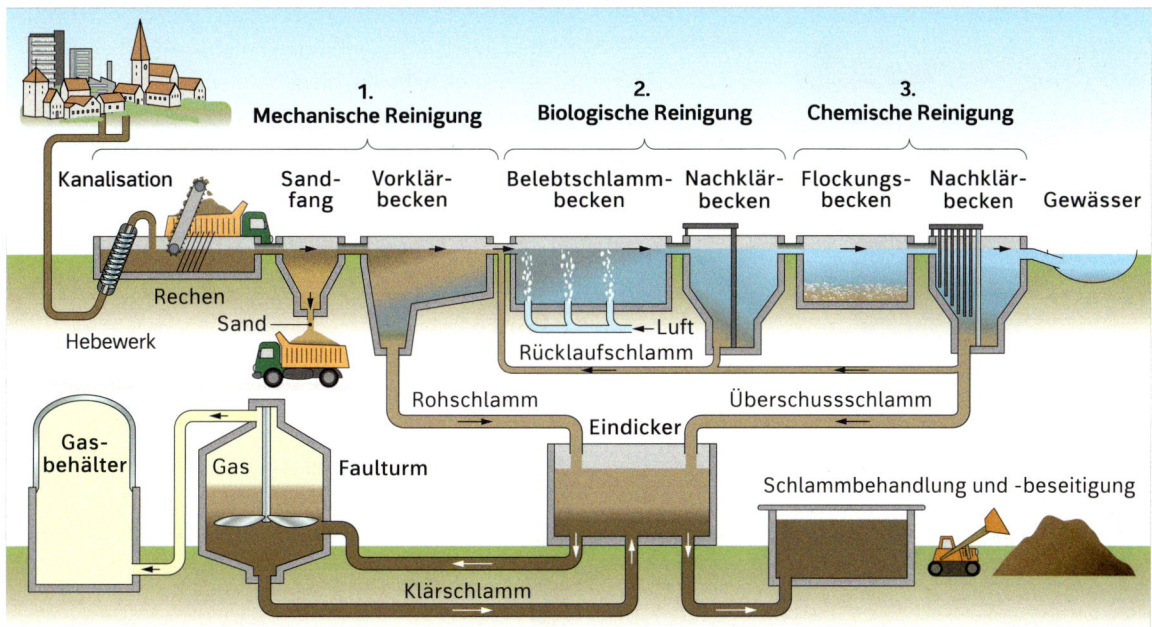

1. Mechanische Reinigung **2. Biologische Reinigung** **3. Chemische Reinigung**

Kanalisation — Sand-fang — Vorklär-becken — Belebtschlamm-becken — Nachklär-becken — Flockungs-becken — Nachklär-becken — Gewässer

Rechen — Sand — Luft — Rücklaufschlamm — Rohschlamm — Überschussschlamm — Eindicker

Hebewerk — Gas-behälter — Gas — Faulturm — Schlammbehandlung und -beseitigung — Klärschlamm

4 Schema einer Kläranlage

Gewässerverschmutzung

Die Gewässerverschmutzung betrifft sowohl das Oberflächenwasser, wie z. B. Flüsse, Seen oder Meere, als auch das Grundwasser. Grundwasserbelastung entsteht durch Dünger oder Pestizide, die auf landwirtschaftlichen Nutzflächen verteilt werden. Aber auch Reifenabrieb, Streusalze oder Öl von Straßen werden mit dem Regen in Gewässer gespült. Zusätzlich können Katastrophen, wie etwa der Verkehrsunfall eines Tanklastwagens, Gewässerbelastungen hervorrufen. Um diese zu vermindern, wurden Regelungen eingeführt, wie beispielsweise die Begrenzung von Emissionen oder der Menge an Dünger. Um besonders das Trinkwasser zu schützen, wurden Wasserschutzgebiete mit verschärften Auflagen geschaffen. Besonders die Meere sind von Gewässerverschmutzung betroffen. Müllstrudel erkennt man mit bloßem Auge. Auch Umweltkatastrophen wie Ölverschmutzungen durch Tanker oder Bohrplattformen, chemische und radioaktive Altlasten und das weitverbreitete Einleiten ungeklärter Abwässer in das Meer tragen dazu bei.

Säuberung des Wassers

Haushalte, Industrie und Landwirtschaft verschmutzen große Mengen an Wasser, welche wieder gesäubert werden müssen. Dieses Abwasser wird in Kläranlagen geleitet. Die Stoffe im Abwasser sind gelöst, oder als Feststoffe im Wasser verteilt. Daher gibt es in allen Klärwerken verschiedene Reinigungsstufen. Bei der **mechanischen Reinigung** entfernt ein großer Rechen groben Unrat, der gleich beseitigt wird. Im Sandfang lagern sich grobe Stoffe wie Kies und Sand am Grund ab. Feinere Schwebstoffe setzen sich im Vorklärbecken ab und werden als Rohschlamm abgesaugt, eingedickt und in einen Faulturm befördert. Fäulnisbakterien erzeugen hier Faulgase wie Methan, das für Heizzwecke verwendet werden kann. Bei der **biologischen Reinigung** werden im Belebtschlammbecken Mikroorganismen mit Luftsauerstoff versorgt, damit sie organische Stoffe zersetzen. Sie nehmen auch Schwermetalle aus dem Abwasser auf. Da heutige Abwässer mit chemischen Stoffen, wie Phosphaten, Nitraten und Sulfaten belastet sind, müssen diese in der **chemischen Reinigung** entfernt werden. Im Flockungsbecken reagieren z. B. wasserlösliche Phosphate zu wasserunlöslichen Verbindungen. Diese setzen sich im Nachklärbecken ab und können dem Faulturm zugeführt werden. Nun kann das gereinigte Wasser in ein natürliches Gewässer eingeleitet werden.

Weltweit wird für die Produktion von Lebensmitteln und Gütern eine große Menge Wasser verbraucht. Verschmutztes Wasser muss wieder gereinigt werden, bevor es in den Stoffkreislauf zurückgeführt wird.

Komplexe Sachverhalte darstellen

1 Lernplakat auf einer Flipchart

Bei der Präsentation komplexer Sachverhalte ist es hilfreich, diese zu visualisieren. Die bildlichen Darstellungen erzeugen Aufmerksamkeit und fordern zum Betrachten auf. Inhalte werden anschaulich und aussagekräftig aufgearbeitet und sind selbsterklärend. Für Vorträge könnt ihr selbst Visualisierungen gestalten. Dafür müsst ihr euch gut mit dem Thema auskennen, um die Informationen korrekt zu übermitteln. Mit Plakat, Flipchart oder in einer Computerpräsentation könnt ihr Informationen aufbereiten.

❶ Vorbereitung

- Informiert euch gut über euer Themengebiet.
- An wen ist der Vortrag gerichtet? Gibt es bereits Vorkenntnisse?
- Gliedert euren Vortrag sinnvoll.
- Entscheidet, was wichtig ist und auf dem Plakat erwähnt werden muss. Überschriften sind besonders wichtig.
- Fertigt eine Skizze des Plakats an.
- Überlegt euch Formen, mit denen ihr z. B. einzelne Begriffe hervorheben könnt.
- Mit Pfeilen oder Linien könnt ihr Zusammenhänge oder Schlussfolgerungen verdeutlichen.

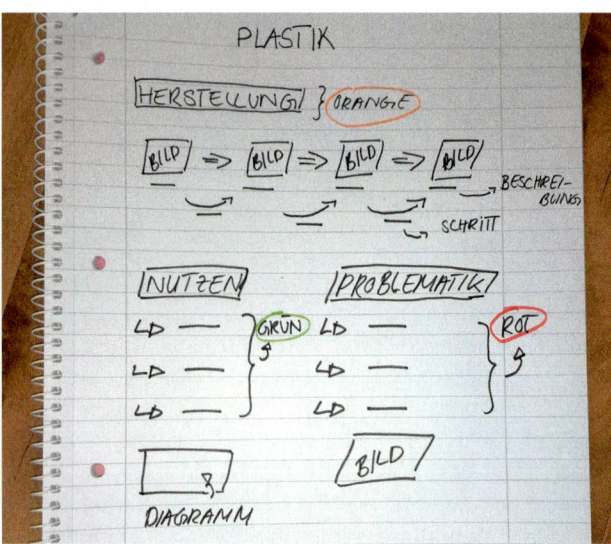

2 Skizze eines Plakats

❷ Überlegungen zur Gestaltung

- Den Mittelpunkt der Aufmerksamkeit bilden häufig Bilder oder Infografiken.
- Überladet das Plakat nicht.
- Verseht Grafiken mit Überschriften und Legenden.
- Die Bebilderung sollte typische Inhalte gut erfassen. Bleibt sachlich und informativ.
- Kurven- und Liniendiagramme visualisieren Tendenzen oder auch historische Entwicklungen.
- Balken- und Kreisdiagramme veranschaulichen statische Daten.
- Zusammenhänge oder Argumente können mit Pfeilen oder Symbolen dargestellt werden. Auch Mindmaps eignen sich für die Beschreibung von Zusammenhängen.
- Beschriftet die Pfeile deutlich und aussagekräftig.

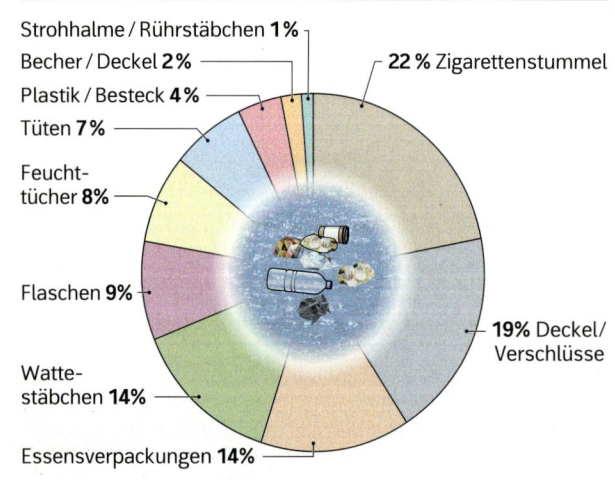

3 Kreisdiagramm

4 Mindmap

❸ Erstellen des Plakats/Flipcharts
- Organisiert das nötige Material wie Stellwand, Flipchart, Papier, Karton, Marker, Stifte, farbige Kärtchen, Schere und Kleber. Es gibt vorgefertigte Moderatorenkoffer, die euch helfen können.
- Übertragt euren Entwurf auf das Plakat. Besprecht kritisch den Inhalt und die Wirkung des Plakats auf die Zuschauer.

❹ Vorstellung
- Einigt euch, wer welchen Inhalt vorstellt.
- Legt einen Zeigestab bereit.
- Haltet Blickkontakt mit den Zuschauern. Karteikärtchen können helfen, wenn ihr den Faden verliert. Ihr solltet nicht ablesen.
- Sprecht laut und deutlich. Der Wortschatz sollte adressatengerecht gewählt sein.
- Vermeidet Füllwörter wie „äh", „genau" oder „also".
- Benennt und begründet die Thematik, mit der ihr euch beschäftigt habt.
- Gebt vorweg einen Überblick über den Inhalt.
- Stellt nacheinander die Details des Plakates vor. Verweist auf Quellen und weitere Informationsquellen.
- Erläutert das Fazit, das ihr aus der Information gezogen habt.
- Gerne könnt ihr die Zuhörer zu Fragen, Stellungnahmen oder Diskussionen auffordern.

❺ Reflexion
- Waren die Zuschauer aufmerksam?
- Wurden Zwischenfragen gestellt?
- Waren Informationen und Begriffe verständlich?
- War den Zuschauern am Ende noch etwas unklar?
Nutzt die Reflexion für zukünftige Vorträge.

Soviel Obst und Gemüse ist in Plastik verpackt

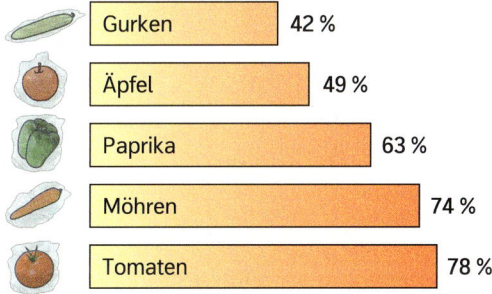

Gurken	42 %
Äpfel	49 %
Paprika	63 %
Möhren	74 %
Tomaten	78 %

5 Balkendiagramm

6 Fertiges Plakat

Was bedeutet Nachhaltigkeit?

1. ☰ **Q**
a) Erläutere den Begriff Nachhaltigkeit.
b) Recherchiere im Internet über das Kyotoprotokoll von 1997.

> **Aspekte der Nachhaltigkeit**
>
> *geringe Verarbeitung*
> *regional* *wenig Zusatzstoffe*
> **Verpackung** *saisonal*
> *ökologischer Anbau* *kurze Transportwege*

2. ☰ **A**
Erläutere mithilfe des linken Kastens die Aspekte der Nachhaltigkeit am Beispiel der Lebensmittel.

3. ☰ **Q**
a) Suche im Internet einen Rechner zum ökologischen Fußabdruck und bestimme deinen eigenen ökologischen Fußabdruck.
b) Beschreibe Möglichkeiten, wie du deinen ökologischen Fußabdruck verkleinern kannst.

4. ☰ **A**
a) Nenne die Aussagen des nebenstehenden Diagramms.
b) Bewerte die ökologischen Fußabdrücke der Länder im Sinne der drei Dimensionen der Nachhaltigkeit.

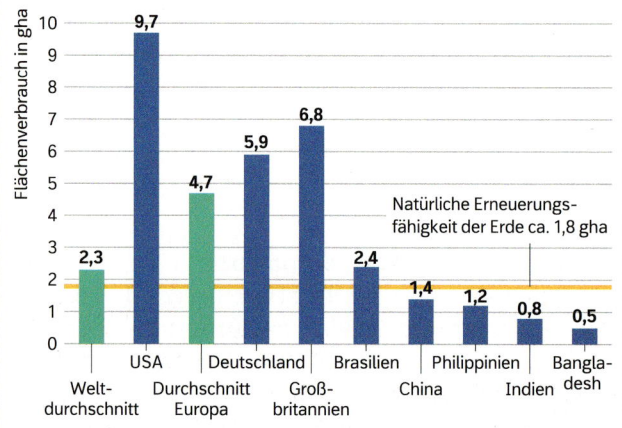

Flächenverbrauch in gha

- Weltdurchschnitt: 2,3
- USA: 9,7
- Durchschnitt Europa: 4,7
- Deutschland: 5,9
- Großbritannien: 6,8
- Brasilien: 2,4
- China: 1,4
- Philippinien: 1,2
- Indien: 0,8
- Bangladesh: 0,5

Natürliche Erneuerungsfähigkeit der Erde ca. 1,8 gha

Die Nachhaltigkeit in drei Dimensionen

Ursprünglich stammt der Begriff der **Nachhaltigkeit** aus der Forstwirtschaft. Dort bedeutet er, dass einem Wald in einem Jahr nicht mehr Holz entnommen wird, als nachwächst. Überträgt man das auf die gesamte Erde hieße das, dass wir nicht mehr natürliche Lebensgrundlagen verbrauchen, als sich wieder erneuern können. Mit diesem Prinzip sind die Lebensgrundlagen nachfolgender Generationen gesichert. Man spricht von der **ökologischen Dimension der Nachhaltigkeit.**
Beispielsweise soll mit der Energiewende in Deutschland eine Umstellung von fossilen auf erneuerbare Energiequellen stattfinden. Um künftige Generationen nicht durch unsere Schulden zu belasten, gilt das Prinzip der **ökonomischen Dimension der Nachhaltigkeit.**
Dazu gehört, dass wir nicht mehr ausgeben, als wir erwirtschaften. Außerdem sollen Staaten das Zusammenleben ihrer Bürger so organisieren, dass sie vor Not und Elend geschützt sind und Konflikte nur mit friedlichen Mitteln ausgetragen werden. So kann verhindert werden, dass Menschen aus blanker Not die Lebensgrundlage zukünftiger Generationen vernichten. Das ist die **soziale Dimension der Nachhaltigkeit.** Umweltprobleme und wirtschaftliche und soziale Fragen können nicht voneinander getrennt betrachtet werden. Alle Menschen auf der Erde haben das gleiche Recht auf Entwicklung. Kein Land darf auf Kosten der Natur, anderer Länder und zukünftiger Generationen leben. In vielen Fällen entspricht das leider nicht der Wirklichkeit. Viele Nationen, wie die USA, China, Indien, Russland oder europäische Staaten halten sich nicht an die Abmachung zur Einhaltung der Nachhaltigkeit, die 1992 in einer Konferenz der **Vereinten Nationen** (UN) in Rio de Janeiro erarbeitet wurden. Ziel war es, Klima, Wasser und Wälder zu schützen und die biologische Vielfalt zu bewahren.

1 Die drei Dimensionen der Nachhaltigkeit

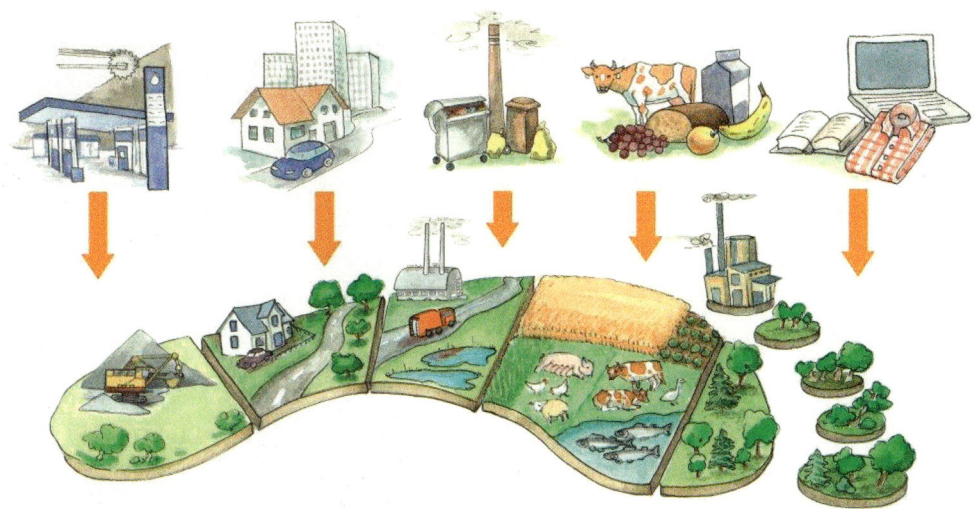

2 Der ökologische Fußabdruck

Ökobilanzen

Eine Ökobilanz stellt alle Umweltbelastungen zusammen, die von der Rohstoffgewinnung, Produktion, über die Nutzung bis zur Entsorgung eines Produktes anfallen. Auf diese kann man zurückgreifen, wenn man eine umweltbewusste Entscheidung für oder gegen ein Produkt treffen möchte. Schwachpunkt der Ökobilanz sind die oftmals unterschiedlichen Datenquellen und Datenqualitäten. Dies erschwert es, die Ökobilanzen verschiedener Produkte gezielt miteinander zu vergleichen.

Der ökologische Fußabdruck

Im Gegensatz zur Ökobilanz bezieht sich der ökologische Fußabdruck nicht auf ein einzelnes Produkt, sondern auf die Fläche, die notwendig ist, um den Lebensstandard eines Menschen dauerhaft zu ermöglichen. Hiermit sind Flächen gemeint, die der Produktion von Nahrung Kleidung und Energie dienen, zum Wohnen, zur Entsorgung von Müll oder zum Speichern von freigesetztem Kohlenstoffdioxid dienen. Die Maßeinheit wird in **gha,** also in „Globalen Hektar" angegeben. Sie berücksichtigt die unterschiedliche Bodenqualität und damit die unterschiedliche Fruchtbarkeit der Böden, die von Region zu Region anders ausfällt. Mithilfe des ökologischen Fußabdrucks kann der eigene Lebensstil ökologisch bewertet werden. Weiterhin können aber auch ganze Länder in Bezug auf die Ökologie miteinander verglichen werden.

Grenzen des ökologischen Fußabdrucks

Der ökologische Fußabdruck kann kein vollständiges Bild aller Umweltauswirkungen bieten, da er nicht alle Aspekte der Nachhaltigkeit abdeckt. Wasserverbrauch und Artenvielfalt beispielsweise bleiben unberücksichtigt.
Dies ist der Festlegung auf eine Flächenberechnung geschuldet.
Sowohl die Ökobilanz als auch der ökologische Fußabdruck sind hilfreich, um den eigenen Lebensstil im Hinblick auf Nachhaltigkeit einzuschätzen und einzuordnen.

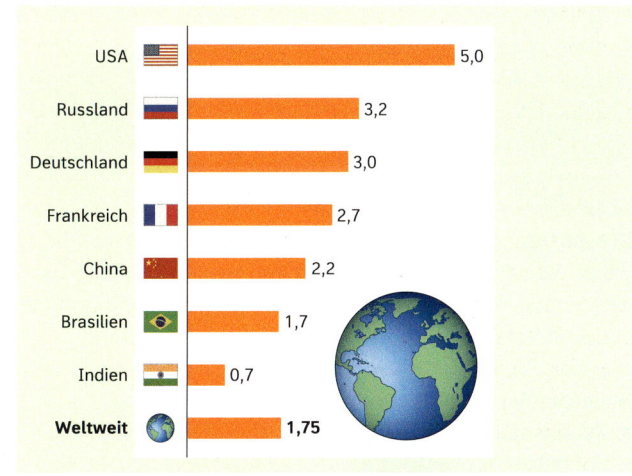

3 So viele Erden benötigen die Länder im Vergleich

USA 5,0
Russland 3,2
Deutschland 3,0
Frankreich 2,7
China 2,2
Brasilien 1,7
Indien 0,7
Weltweit 1,75

> Die Ökobilanz und der ökologische Fußabdruck sind Anzeiger für Nachhaltigkeit. Die Nachhaltigkeit vereint die Dimensionen Ökonomie, Ökologie und Soziales und soll die Lebensgrundlagen nachfolgender Generationen sichern.

Basiskonzepte S. 99

Global denken – lokal handeln

Global denken – lokal handeln

Globale Stoffkreisläufe sind untereinander verbunden. Durch wirtschaftliche Beziehungen, Import und Export stehen fast alle Länder der Erde miteinander im Austausch. Schadstoffe verbreiten sich durch Luft und Wasser und finden sich so auch weit entfernt von ihrem Entstehungsort wieder. Vieles, was wir tun, hat Auswirkungen an einem anderen Ort der Erde. Dies legt die Verantwortung für die Erde nicht nur in die Hände von Politik und Wirtschaft, sondern auch in die Hände jedes Einzelnen.

Bildet Teams und erarbeitet die Probleme der verschiedenen Themengebiete und mögliche Alternativen. Diskutiert Vor- und Nachteile.

Überlegt euch eine interessante Präsentations- oder Aktionsform, mit der ihr eure Ergebnisse in der Schule vorstellen könnt.

TEAM ❶
Ernährung

Nahrungsmittel sind für uns unverzichtbar. Aber der Verbrauch verschiedener Lebensmittel hat unterschiedlich starke Umweltauswirkungen.

Mögliche Aspekte für eure Arbeit:
- Anbau
- Wasserverbrauch
- Transportwege
- Verarbeitung
- Tierhaltung
- regional und saisonal

TEAM ❷
Kleidung

Viele Textilien, die wir in Deutschland kaufen können, werden nicht hier hergestellt. Die Produktionsbedingungen in den Herstellungsländern unterscheiden sich stark.

Mögliche Aspekte für eure Arbeit:
- Arbeitsschutz
- Arbeitszeiten
- Umweltschutzvorschriften
- Bezahlung für Angestellte
- Einsatz von Chemikalien
- Warenkennzeichnung mit Siegeln

TEAM ❸
Mobilität

In unserem Alltag müssen wir viele Wege zurücklegen. Die Entscheidung, auf welche Weise wir dies tun, ist von vielen Faktoren wie der Länge des Weges oder dem Wetter abhängig.

Mögliche Aspekte für eure Arbeit:
- Gesundheit
- Treibstoffe
- Luftbelastung
- Platzbedarf und Versiegelung von Flächen
- Geschwindigkeit
- Bequemlichkeit

TEAM ❹
Kunststoffe

Kunststoffe sind vielseitige Werkstoffe und daher in unserem Alltag ständig präsent. Umweltschutzorganisationen betrachten die Nutzung von Kunststoffen allerdings kritisch.

Mögliche Aspekte für eure Arbeit:
- Rohstoffe
- Herstellung
- Farben
- Entsorgung
- Recycling
- Mikroplastik

TEAM ❺
Elektronik

Elektronik ist in unserer Gesellschaft allgegenwärtig: Smartphones, Tablets, Computer. Mit der großen Anzahl der Geräte nimmt auch die Umweltbelastung zu.

Mögliche Aspekte für eure Arbeit:
- Rohstoffe
- Herstellung
- Stromverbrauch
- Entsorgung
- Recycling
- Nutzungsdauer

Eingriffe des Menschen in den Naturhaushalt

Verantwortung für die Biosphäre

Die Biosphäre umfasst alle Ökosysteme auf der Erde. Sie hängen weltweit zusammen und beeinflussen sich gegenseitig. Alle lebenden Systeme sind offene Systeme und tauschen mit ihrer Umgebung Stoffe und Energie aus. Veränderungen in der Atmosphäre, im Boden oder im Wasser wirken sich deshalb auch auf andere Ökosysteme aus. Der Mensch beeinflusst die Ökosysteme. Durch die Klimaerwärmung, die Bodennutzung oder den Wasserverbrauch gefährdet er Lebensräume und die darin lebenden Arten. Aufgrund seiner Lebensweise entnimmt er den Ökosystemen Energie. Auf diese Weise gefährden wir Menschen unsere eigenen Lebensgrundlagen. Daher hat der Mensch eine hohe Verantwortung für den Schutz der Ökosysteme.

Klimaveränderungen

Kohlenstoffdioxid entsteht bei Verbrennungsprozessen und ist Teil der Erdatmosphäre. Die Atmosphäre sorgt für den natürlichen Treibhauseffekt, ohne den ein Leben auf der Erde nicht möglich wäre. Durch die Verbrennung fossiler Brennstoffe oder großer Waldflächen gelangt der dort gespeicherte Kohlenstoff in Form von Kohlenstoffdioxid in die Atmosphäre. Der Anteil des Kohlenstoffdioxids in der Atmosphäre nimmt dadurch zu und führt zu einem zusätzlichen Treibhauseffekt und einem Anstieg der Durchschnittstemperaturen. Der Klimawandel begünstigt die Verbreitung fremder Tier- und Pflanzenarten in Deutschland. Diese stellen eine Gefahr für die biologische Artenvielfalt dar. Ein Artenrückgang könnte die Folge sein. Durch die Folgen des Klimawandels wird die Durchschnittstemperatur ansteigen. Dies hat regional unterschiedliche Folgen. Der Mensch muss sich an die veränderten Bedingungen anpassen.

Stoffkreisläufe

Chemische Elemente wie Kohlenstoff, Stickstoff und Sauerstoff bewegen sich in Kreisläufen. In Erdgas-, Erdöl- und Kohlevorräten sind riesige Mengen Kohlenstoff gespeichert. Er wurde bei der Fotosynthese von Pflanzen vor etwa 300 Millionen Jahren gebunden. Ohne Eingriffe des Menschen würde die Menge an Kohlenstoff, die zwischen Fotosynthese und Atmung zirkuliert, etwa gleichbleiben. Durch die Verbrennung fossiler Rohstoffe greifen wir Menschen in den Kohlenstoffkreislauf ein. Der gespeicherte Kohlenstoff gelangt in Form von Kohlenstoffdioxid in die Atmosphäre. Seit der industriellen Revolution Ende des 18. Jahrhunderts ist die Konzentration von Kohlenstoffdioxid um etwa 30 % gestiegen.

Nachhaltigkeit

Ökologisches und nachhaltiges Handeln wie die Vermeidung von Abgasen oder Plastikmüll ist wichtig für den Erhalt der Ökosysteme. Der Begriff Nachhaltigkeit bedeutet, dass wir nur so viel verbrauchen, wie nachwachsen kann. Außer dieser ökologischen Dimension gehören auch die ökonomische und die soziale Dimension zur Nachhaltigkeit. Bei all unseren Handlungen müssen wir also auf die Verträglichkeit für die Umwelt und auf die soziale Ausgewogenheit achten. Ökobilanz und ökologischer Fußabdruck sind Anzeiger für die Nachhaltigkeit.

System

Entwick-lung

Struktur und Funktion

System

1. ≡ Ⓐ

Eine Schülerin sagt: „Mir ist das überhaupt nicht klar. Was hat denn der Zucker mit dem Kohlenstoff zu tun? Das sind doch völlig unterschiedliche Stoffe." Kläre diese Frage mithilfe der chemischen Modelldarstellungen. → S. 72-73

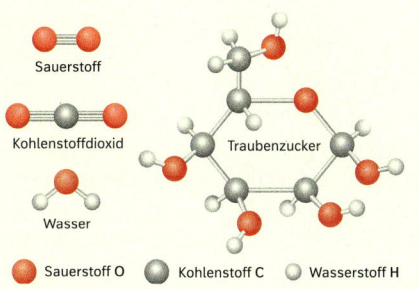

Sauerstoff

Kohlenstoffdioxid   Traubenzucker

Wasser

● Sauerstoff O   ● Kohlenstoff C   ○ Wasserstoff H

Entwicklung

3. ≡ Ⓐ

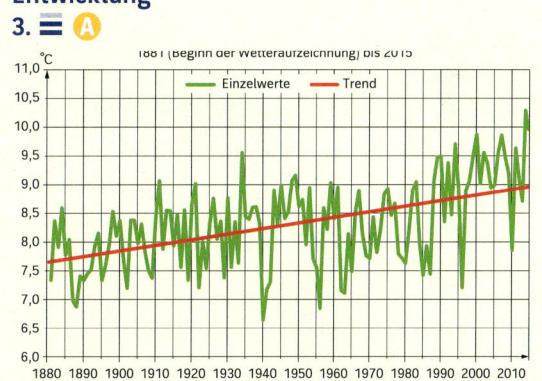

1881 (Beginn der Wetteraufzeichnung) bis 2015

— Einzelwerte   — Trend

a) Beschreibe den Sachverhalt, der im Diagramm „Jährliche mittlere Tagesmitteltemperatur in Deutschland" dargestellt wird.

b) Ziehe Schlussfolgerungen aus den dargestellten Informationen. → S. 74-75

Entwicklung

2. ≡ Ⓐ

Der Meeresspiegel steigt.

a) Erkläre, wie es zu dieser Entwicklung kommt.

b) Beschreibe die Folgen. → S. 76-77

System

4. ≡ Ⓐ

Regenerative Energie wird aus sich immer wieder erneuernden Energiequellen gewonnen.

a) Nenne verschiedene regenerative Energiequellen.

b) Gib an, wofür sie hauptsächlich genutzt werden. → S. 81

5. ≡ Ⓐ

Erkläre, wie wir gleichzeitig die Umwelt schützen und die Grundbedürfnisse aller Lebewesen sowie zukünftiger Generationen berücksichtigen können. → S. 94-95

Eingriffe des Menschen in den Naturhaushalt

Stoffkreisläufe

Kannst du schon ...

...den Unterschied zwischen einem offenen und geschlossenen System erklären? (S. 68 – 69)

...die Biosphäre als System beschreiben? (S. 68 – 69)

...den globalen Kohlenstoffkreislauf beschreiben? (S. 72 – 73)

...darstellen, wodurch der Mensch in den globalen Kohlenstoffkreislauf eingreift? (S. 72 – 73)

Zeig, was du kannst!

1. ☰ Ⓐ
Beschreibe die Vorgänge 1 – 5, die in der Schemazeichnung dargestellt sind.

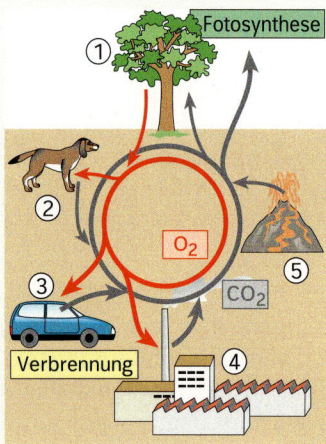

2. ☰ Ⓐ
Erkläre den Stoffkreislauf im Regenwald in drei Sätzen. Verwende dabei folgende Begriffe:

a) Biomasse, aufbauen, zersetzen
b) CO_2 binden, abgeben
c) O_2 bilden, aufnehmen

Energie

Kannst du schon ...

...den Energiefluss in einem Ökosystem beschreiben? (S. 70 – 71)

...erläutern, wie der Mensch in den natürlichen Energiefluss eingreift? (S. 70 – 71, 74 – 75)

...die Nutzung fossiler Energiequellen bewerten? (S. 80 – 81)

...beschreiben, was man unter erneuerbaren Energiequellen versteht und Beispiele dafür nennen? (S. 81)

Zeig, was du kannst!

3. ☰ Ⓐ
a) Erläutere, was man unter erneuerbaren Energiequellen versteht.
b) Nenne zwei Beispiele für erneuerbare Energien und beschreibe, wofür sie genutzt werden.

4. ☰ Ⓐ
a) Der Weg der Energie kann – anders als der Weg der Stoffe – als „Einbahnstraße" beschrieben werden. Erläutere diese Aussage mithilfe der Abbildung.
b) Produzenten und die verschiedenen Konsumenten sind in einer Pyramide angeordnet. Begründe, warum diese Form der Darstellung geeignet ist.

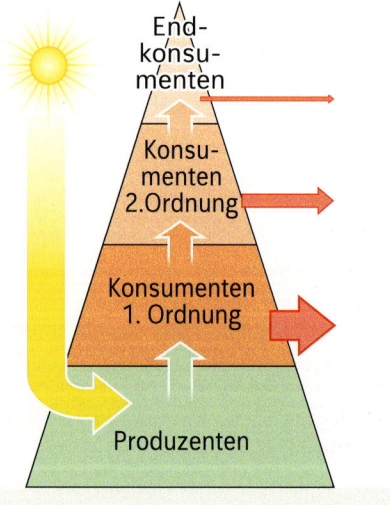

Klimaveränderungen

Kannst du schon ...

...den natürlichen und den zusätzlichen Treibhauseffekt erläutern? (S. 74 – 77)

...darstellen, warum sich seit der industriellen Revolution das Klima weltweit verändert? (S. 74 – 77)

...beschreiben, wie sich der Nutzen eines Ökosystems durch Beeinflussung des Menschen ändert?
(S. 82 – 83)

...die Auswirkungen des Treibhauseffekts auf Flora,
Fauna und den Menschen erläutern? (S. 84 – 87)

Zeig, was du kannst!

5. ☰ Ⓐ
a) Erläutere den natürlichen Treibhauseffekt
mithilfe der Abbildung.
b) Begründe, weshalb ohne den natürlichen
Treibhauseffekt das Leben nicht möglich wäre.

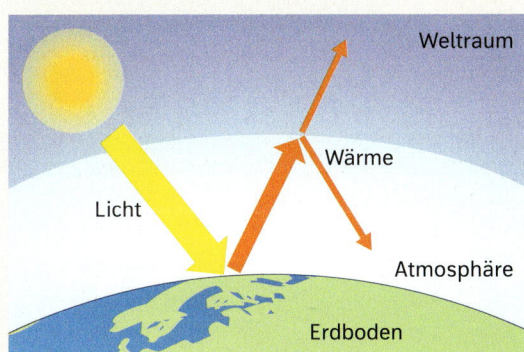

6. ☰ Ⓐ
Beschreibe, was man unter dem zusätzlichen
Treibhauseffekt versteht.

7. ☰ Ⓐ
Beschreibe Folgen des Klimawandels in
Deutschland.

8. ☰ Ⓐ
a) Erläutere am Beispiel der Kohlmeise den
Einfluss des Klimawandels auf die Nahrungsketten.
b) Erkläre die Begriffe Neozoen und Neophyten. Nenne Beispiele.

Nachhaltigkeit

Kannst du schon ...

...die Ausbreitung von Kunststoffen erläutern?
(S. 92 – 93)

...erklären, was man unter dem ökologischen Fußabdruck versteht? (S. 94 – 97)

...mithilfe des „ökologischen Fußabdrucks" einschätzen, wie unser Handeln Einfluss auf die Umwelt
nimmt? (S. 94 – 97)

...die drei Dimensionen der Nachhaltigkeit anwen-
den, um menschliches Handeln zu bewerten?
(S. 94 – 95)

Zeig, was du kannst!

9. ☰ Ⓐ
a) Gib an, woher der Begriff „Nachhaltigkeit"
stammt und was er ursprünglich bedeutet.
b) Erläutere, was man unter der ökologischen,
der ökonomischen und der sozialen Dimension
der Nachhaltigkeit heute versteht.

10. ☰ Ⓐ
Erläutere, welche
Aspekte der
Nachhaltigkeit du
beim Einkauf von
Obst und Gemüse
beachten kannst.

Wichtige Begriffe

- Ökosystem
- Biosphäre
- Energie
- globaler Stoffkreislauf
- Treibhauseffekt
- System
- fossile Energieträger
- erneuerbare Energien
- Nachhaltigkeit
- ökologischer Fußabdruck

Verantwortungsvolle Elternschaft

Wie wird aus einer Zelle
ein ganzer Mensch und
wie lange dauert das?

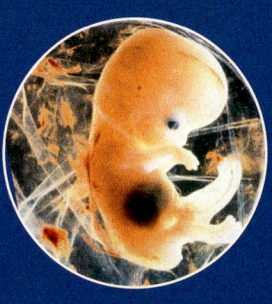

Ist es möglich,
Kinder nach Wunsch
herzustellen und
wollen wir das?

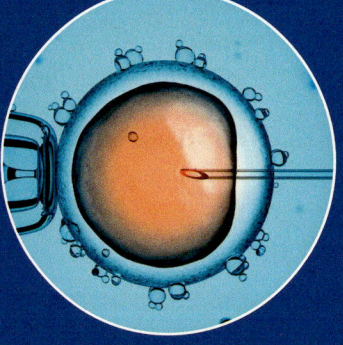

Wie entdecken
Kinder die Welt und
welche Rolle spielen
die Eltern dabei?

Ein neues Leben beginnt

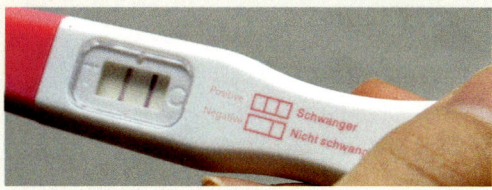

1. ≡ Ⓐ
Es gibt verschiedene Möglichkeiten eine Schwangerschaft festzustellen.
a) Nenne drei Möglichkeiten.
b) Begründe jeweils, warum sie als unsicher oder sicher gelten.

2. ≡ Ⓐ
Erkläre, warum man eine Schwangerschaft nicht vor der 12. SSW Freunden und Verwandten mitteilen sollte.

3. ≡ Ⓠ
Recherchiere, welche Erkrankung durch Folsäuremangel beim Embryo ausgelöst wird und berichte der Klasse.

4. ≡ Ⓐ Ⓘ
Erkläre, warum Fehlernährung oder Gifte im ersten Abschnitt viel gefährlicher sind, als im zweiten.

5. ≡ Ⓠ
a) Nenne Getränke, auf welche die Abbildung 3 auf der gegenüberliegenden Seite hindeuten soll.
b) Recherchiere, was das Fetale-Alkohol-Syndrom ist und berichte der Klasse, welche Folgen dies für das Kind haben kann.

6. ≡ Ⓠ
Recherchiere, wie eineiige Zwillinge entstehen.

Beginn der Schwangerschaft

Bin ich schwanger? Viele Frauen bemerken in den ersten Wochen kaum Veränderungen und wissen nicht, ob sie schwanger sind. Hinweise, wie etwa Übelkeit oder das Ausbleiben der Monatsblutung können auch andere Ursachen haben und sind eher unzuverlässig. Ein **Schwangerschaftstest** misst hormonelle Veränderungen der Frau im Urin und ist zuverlässiger. Aber nur ein Frauenarzt kann mit Ultraschall- und Blutuntersuchungen eindeutig feststellen, ob eine Frau schwanger ist.

Eine Schwangerschaft dauert etwa 38 – 42 Wochen. Der Verlauf wird in **Schwangerschaftswochen,** kurz **SSW** angegeben. Außerdem wird sie in drei Abschnitte eingeteilt. Schwangerschaftsbeginn ist der erste Tag der letzten Monatsblutung. Die Befruchtung fand dann etwa in der zweiten Schwangerschaftswoche statt. Auf diese Weise kann man den Geburtstermin gut berechnen und die Entwicklung des Kindes beobachten.

Erster Abschnitt: Ein Embryo entsteht

Die hormonellen Veränderungen zu Beginn der Schwangerschaft können Übelkeit, Kreislaufprobleme und veränderte Essgewohnheiten hervorrufen. Sie verhindern aber auch erneute Monatsblutungen, sodass die Gebärmutterschleimhaut nicht abgebaut wird.
Durch zahllose Zellteilungen entsteht aus der befruchteten Eizelle ein Zellhaufen. Dieser nistet sich in der Gebärmutterschleimhaut ein. Er wird nun als **Embryo** bezeichnet. In den ersten Wochen entsteht zwischen Mutter und Embryo ein spezielles Gewebe, die **Plazenta.** Sie ermöglicht den Austausch von Nährstoffen und Atemgasen mit der Mutter. Die Plazenta schützt den Embryo sogar vor manchen Giftstoffen und vielen Krankheitserregern.
Ab der sechsten SSW beginnen sich die inneren Organe wie etwa Herz, Leber und Gehirn zu entwickeln. Arme und Beine bilden sich aus.
In der zehnten SSW beginnt der Embryo mit Bewegungen. In den ersten zwölf Wochen kann es aber auch zum natürlichen Absterben von Embryonen kommen. Die Schwangerschaft ist noch nicht stabil. Ein Abgang des Embryos bezeichnet man als Fehlgeburt.

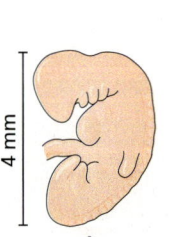
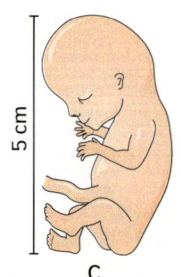

4 mm   1,5 cm   5 cm

A   B   C

1 Embryo: **A** 6. SSW, **B** 8. SSW, **C** 12. SSW

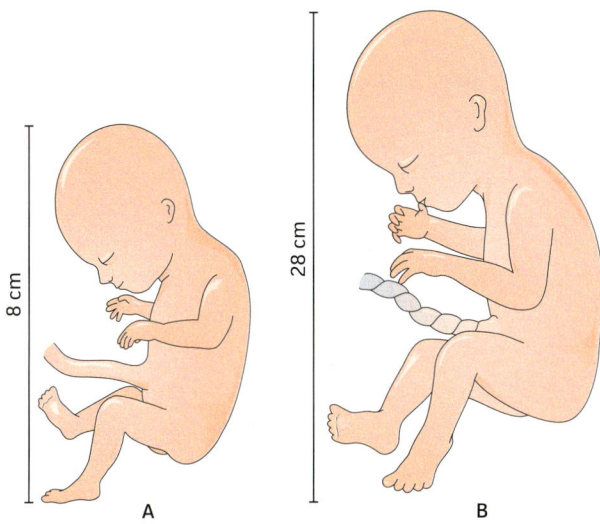

2 Fetus: **A** 16. SSW, **B** 24. SSW

Zweiter Abschnitt: Der Fetus wächst

Der zweite Abschnitt wird von Schwangeren oft als ange-
nehm empfunden, da die Kreislaufprobleme oft verschwinden und die Schwangerschaft zunehmend stabil wird.
Beim ungeborenen Kind sind nun alle inneren Organe
entstanden und auch das Geschlecht lässt sich bestimmen. Es wird nun als **Fetus** bezeichnet. Dieser wird rasch
größer und die Organe reifen heran. Daher muss auch die
Schwangere nun mehr Nährstoffe aufnehmen und nimmt
an Gewicht zu.
Ab der 24. SSW kann der Fetus bereits Geräusche wahrnehmen. Auch beginnt er mit Bewegungen der Arme und
Beine. Diese spürt die werdende Mutter mit der Zeit sogar.
Da Fetus und Gebärmutter immer größer werden, ist
bereits ab der 16. SSW der Bauch der Schwangeren
vergrößert. Der Partner kann nun zum ersten Mal das
entstehende Kind wahrnehmen und so eine Bindung zu
ihm aufbauen. Er muss sich nun langsam seiner neuen
Rolle als Vater bewusst werden.

Vitamine & Co.

Das erste Kind entwickelt sich. Da möchte man natürlich
nichts falsch machen.
Sicher ist, dass während des ersten Abschnitts der Körper
des Embryos besonders gefährdet ist. So können
Rohmilchprodukte und ungebratenes Fleisch Bakterien
enthalten, die dem Körper des Embryos sehr schaden.
Schwangeren wird daher der Verzehr solcher Produkte
nicht empfohlen. In Fisch sind häufig gefährliche Schwermetalle vorhanden. Wichtig dagegen ist gerade in den
ersten Wochen eine gute Versorgung mit Folsäure, einem
Vitamin. Dieses unterstützt die richtige Entwicklung der

Wirbelsäule und des Rückenmarkes beim
Embryo. Viele andere wichtige Stoffe nimmt
eine Schwangere durch eine normale Ernäh-
rung auf und braucht in der Regel keine
Zusatzpräparate. Überprüft wird dies vom
Frauenarzt durch Blutuntersuchungen.

Alkohol und andere Drogen

Ganz anders sieht es bei Stoffen aus, welche
giftig für den Körper sind. So können bereits
wenige Gläser Wein oder Bier zu jedem
Zeitpunkt der Schwangerschaft die Entwicklung des Ungeborenen beeinträchtigen.
Alkohol führt auch noch im zweiten Abschnitt
häufig zu Fehlgeburten. Er ist sogar eine der
häufigsten Ursachen für körperliche und
geistige Behinderungen bei Neugeborenen.

Ähnlich sieht es auch mit Rauchen aus. Viele
der in der Zigarette enthaltenen Stoffe gelangen in den Körper des Ungeborenen. Sie
schaden dort der Entwicklung, können beim
Kind zur Abhängigkeit führen und Frühgebur-
ten auslösen. Beim Konsum von Cannabis und
anderen Drogen kommt es häufig zu Gehirn-
schädigungen oder sogar zu Fehlgeburten. In
der Schwangerschaft und während der Stillzeit
sollten daher Alkohol und andere Drogen tabu
sein.

3 Alkohol schadet dem Embryo

Im ersten Abschnitt entstehen alle wichtigen
Organe des Embryos. Im zweiten wächst der
der Fetus stark. Manche Stoffe sind während
der Schwangerschaft wichtig. Drogen dagegen
schaden Mutter und Kind.

Auf dem Weg zur Geburt

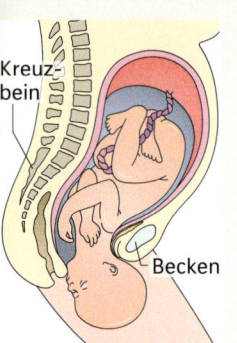

Kreuz-
bein

Becken

1. 🔘 Ⓐ
a) Erkläre mithilfe des Bildes einer Geburt, welchen Vorteil der Fetus von einer vorherigen Drehung hat.
b) Nenne zwei weitere Veränderungen beim Fetus während des dritten Abschnitts.
c) Nenne Probleme für die Mutter, die im dritten Abschnitt auftreten können.

2. 🔘 Ⓐ 🔘
a) Erkläre, warum viele Säuglinge nach einer Frühgeburt in einen Brutkasten müssen.
b) Ein Kind muss aufgrund einer Erkrankung der Mutter in der 26. SSW zur Welt gebracht werden. Nenne je ein Argument, das für oder gegen eine Frühgeburt spricht.

3. 🔘 Ⓠ
a) Plane den Besuch einer Hebamme an eurer Schule.
b) Erarbeite einen Fragebogen zum Berufsbild und der Ausbildung von Hebammen.

4. 🔘 Ⓐ
Säuglinge wachen nachts sehr häufig auf, um gefüttert oder gewickelt zu werden.
a) Beschreibe Probleme für Beruf, Gesundheit und Beziehung bei den Eltern.
b) Nenne Möglichkeiten für Eltern, diese Probleme miteinander zu lösen.

Dritter Abschnitt: Vorbereitung auf die Geburt

Noch nicht alle Organe sind beim Fetus bereit für die Geburt. So reift die Lunge erst gegen Ende der Schwangerschaft komplett aus. Sie ist bis zur Geburt noch mit Fruchtwasser gefüllt. Der Fetus bildet nun auch eine hohe Anzahl an roten Blutkörperchen, um genügend Sauerstoff während der Geburt zu bekommen.

Der Fetus wiegt am Ende der Schwangerschaft im Durchschnitt 3 400 Gramm. Für die Mutter stellt das eine enorme körperliche Belastung dar. Viele Schwangere bekommen gegen Ende der Schwangerschaft Rücken- und Kreislaufbeschwerden. Um die schwangere Frau und den Fetus zu schützen, dürfen die Schwangeren sechs Wochen vor der Geburt und acht Wochen danach nicht arbeiten. Dieser Zeitraum wird **Mutterschutz** genannt.

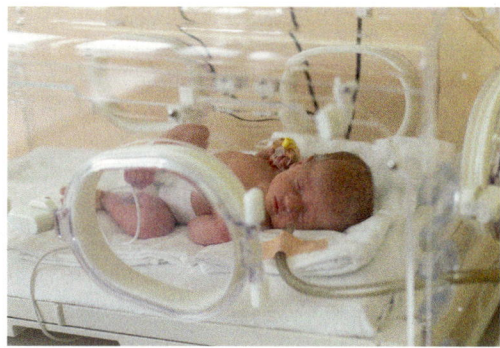

2 Ein „Frühchen" im Brutkasten

Ein Kind kommt zu früh zur Welt

Eine der häufigsten Probleme im dritten Abschnitt ist, dass die Geburt zu früh beginnt. Bei einer solchen **Frühgeburt** kommen die Kinder mehr oder weniger unreif zu Welt. Dadurch sind Folgeschäden, wie Entwicklungsstörungen und Behinderungen nicht auszuschließen. Trotzdem leiten Ärzte bei erheblichen Gefahren für Mutter oder Kind eine Frühgeburt auch künstlich ein. Die Überlebenschancen sinken mit jeder Woche, die das Kind zu früh zur Welt gebracht wird. Heutzutage können bereits Kinder überleben, die in der 25. SSW geboren werden. Sie müssen im wärmenden **Brutkasten** künstlich beatmet und ernährt werden, da viele Organe noch nicht richtig funktionieren.

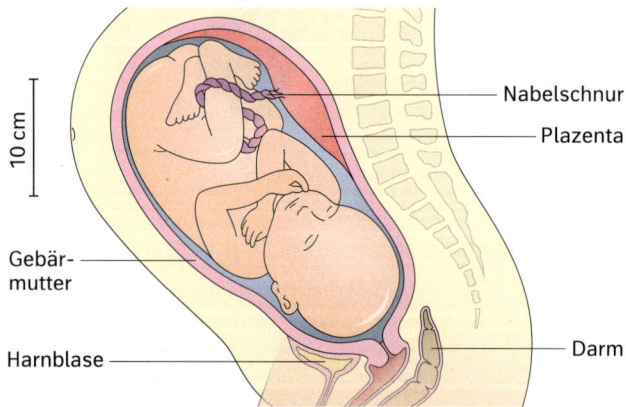

Nabelschnur

Plazenta

10 cm

Gebär-
mutter

Harnblase

Darm

1 Fetus im Bauch der Mutter in der 35. SSW

Die Geburt steht bevor

Ab der 38. SSW spricht man von einer normalen Geburt. Schon einige Zeit vor der Geburt dreht sich der Fetus, sodass der Kopf nach unten zeigt. Dies ist notwendig, damit sich der Fetus durch den Geburtskanal zwängen kann.

Kurz vor der Geburt reißt oft die Fruchtblase ein und läuft aus. Daran erkennen Schwangere, dass die Geburt kurz bevorsteht. Nun sollten sie sich ins Krankenhaus oder zur Hebamme begeben. Der Partner spielt nun eine wichtige Rolle und sollte seiner Partnerin zur Seite stehen.

Ablauf einer Geburt

Die Geburt wird bei der Frau durch Hormone wie Oxytocin ausgelöst. Durch Zusammenziehen der Gebärmutter wird der Fetus nach unten gedrückt. Diese oft schmerzhaften Wehen unterstützen ihn dabei, durch den engen Beckenboden zu kommen.

Früher kam es beim Geburtsvorgang häufig zu Problemen, die zum Tod der Mutter oder des Kindes führten. Heutzutage wird daher sowohl der Herzschlag der Mutter wie auch der des Kindes überwacht. Bei Problemen kann die Hebamme helfen oder vom Arzt sogar ein **Kaiserschnitt** durchgeführt werden. Dabei wird über einen Schnitt durch die Bauchdecke und die Gebärmutter das Kind herausgeholt.

Nach der Geburt wird das Kind gewogen und einige Reflexe getestet. Auf diese Weise können die Ärzte erfahren, ob der Säugling alles gut überstanden hat.

Auch werdende Väter dürfen nach Absprache mit der Partnerin bei einer Geburt dabei sein. Für beide Partner ist eine Geburt ein sehr emotionaler Moment im Leben. Dass ein Kind gesund zu Welt kommt, ist trotz aller medizinischen Möglichkeiten keine Selbstverständlichkeit.

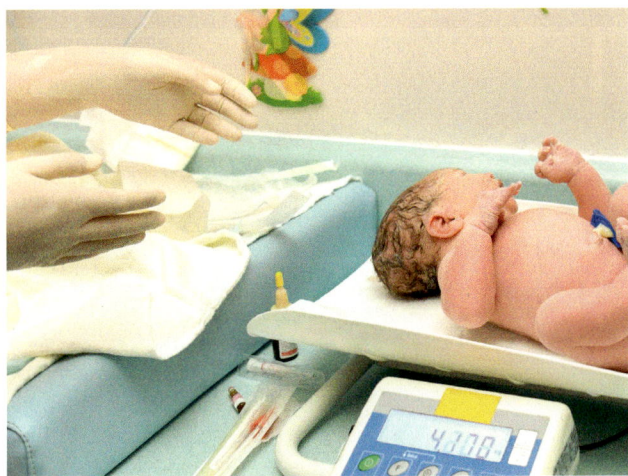

3 Erste Untersuchungen nach der Geburt

4 Eine junge Familie

Wir sind Eltern, und jetzt?

Eltern zu sein ist nicht nur ein großer Grund zur Freude, sondern verlangt auch ein hohes Maß an Verantwortung. Junge Eltern müssen sich an diese Veränderungen erst gewöhnen. Manchmal kommt es bei Müttern durch die körperlichen Veränderungen zu einer sogenannten **Wochenbett-Depression.** Hierbei fühlen sie sich in ihrer neuen Rolle überfordert und vernachlässigen sich und das Kind. Als Partner sollte man bei derartigen Problemen umgehend ärztliche Hilfe einholen.

Der viele Stress in den ersten Monaten, aber auch die vielen schönen Momente als Familie verändern auch die Beziehung in einer Partnerschaft.

Ein kleiner Säugling braucht viel Zuwendung und nimmt daher jede Menge Zeit in Anspruch. Viele Dinge, wie Diskobesuche oder Hobbies, müssen bei beiden Partnern fürs erste in den Hintergrund treten. Um Zeit für das Baby zu haben, können berufstätige Väter und Mütter **Elternzeit** beantragen. Für einen finanziellen Ausgleich während der Elternzeit, kann man **Elterngeld** beantragen. Beide Partner können sich die Elternzeit teilen, so dass keiner zu lange vom Job fernbleiben muss.

> Im dritten Abschnitt bereiten sich die Eltern und das Kind auf die Geburt vor, da die Geburt sehr viel Kraft kostet. Eine Frühgeburt birgt daher besondere Risiken. Nach der Geburt müssen sich beide Partner erst an ihre neue Rolle als Eltern gewöhnen.

Untersuchungsmethoden in der Schwangerschaft

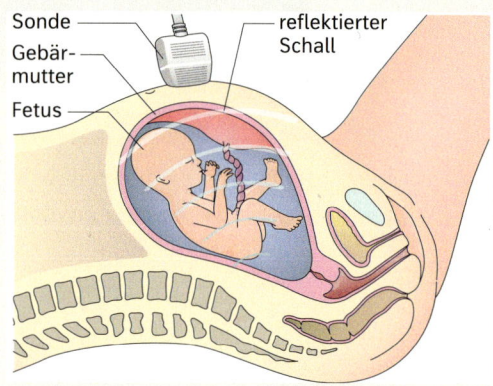

Sonde
Gebär-
mutter
Fetus
reflektierter
Schall

1. ≡ Ⓐ ⓚ
a) Beschreibe anhand der Abbildung, wie eine Ultraschalluntersuchung funktioniert.
b) Erkläre, warum Ärzte den werdenden Eltern gerne Ultraschallbilder des Fetus mitgeben.

2. ≡ Ⓠ
Recherchiere, welche Erbkrankheiten mithilfe eines Bluttests während der Schwangerschaft entdeckt werden können.

3. ≡ Ⓐ
Vergleiche Bluttests und Fruchtwasseruntersuchung in Bezug auf die Zuverlässigkeit der Ergebnisse und der Risiken einer solchen Untersuchung.

4. ≡ Ⓐ
Bei einer Ultraschalluntersuchung werden Hinweise auf eine Erbkrankheit gefunden.
a) Nenne zwei Argumente, die für die Durchführung eines Bluttestes sprechen.
b) Nenne zwei Argumente, die gegen die Durchführung weiterer Tests sprechen.
c) Diskutiert in der Klasse, welche Argumente dem Wohl des Kindes dienen und welche nicht.

Hauptsache gesund

Die moderne Medizin macht es möglich, mit unterschiedlichen Untersuchungsmethoden die Entwicklung des Fetus während der Schwangerschaft genau zu verfolgen. Dies nennt man **pränatale Diagnostik.** Dadurch können Entwicklungsstörungen rechtzeitig erkannt und Entscheidungen zum Wohl der Eltern und des Kindes getroffen werden.

Ultraschall

Bereits ab der 9. SSW kann mithilfe einer **Ultraschalluntersuchung**, auch Sonographie genannt, die Entwicklung des Embryos beobachtet werden. Dabei wird eine Ultraschallsonde auf den Bauch der Schwangeren gehalten. Diese enthält einen Sender, der Ultraschallwellen erzeugt, die bis in die Gebärmutter gelangen. Dort werden sie vergleichbar mit einem Echo je nach Dichte des Materials mehr oder weniger stark reflektiert. Die zurückkommenden Schallwellen werden von einem Empfänger in der Sonde aufgenommen und als Bild dargestellt. Heute ist es sogar möglich dreidimensionale Bilder und Bewegungen zu erstellen. Mithilfe der Ultraschalluntersuchung ist es möglich, alle Körperteile und Organe des entstehenden Kindes zu untersuchen. Auf diese Weise kann man das Wachstum verfolgen und sogar das Geburtsgewicht abschätzen. Aber auch Fehlentwicklungen können frühzeitig erkannt werden. So wird zum Beispiel die Untersuchung der Herzfunktion des Fetus durchgeführt. Bei einem Herzfehler kann dann bereits vor der Geburt eine Operation geplant werden. Auch bestimmte Symptome von Erbkrankheiten können erkannt werden. Allerdings sind viele dieser Untersuchungen ungenau. Manche müssen daher zu einem späteren Zeitpunkt wiederholt oder durch andere Untersuchungsmethoden ergänzt werden.

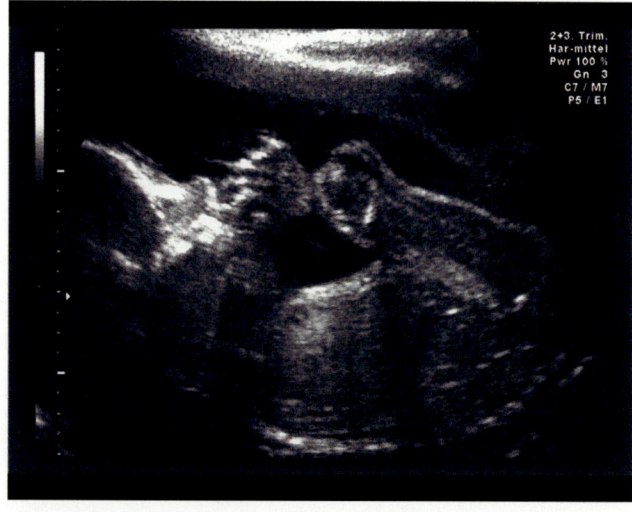

1 Ultraschallbild eines Fetus im dritten Abschnitt

Bluttests

Durch die Plazenta können Bruchstücke des kindlichen Erbgutes in das Blut der Mutter gelangen. Durch eine einfache Blutentnahme kann man so das kindliche Erbgut gewinnen und auf Erbkrankheiten hin testen. So ist es heute bereits möglich, Genommutationen, wie etwa Trisomie 21, zu erkennen. In Zukunft könnte es sogar möglich werden, einzelne defekte Gene zu entdecken. Allerdings sind die Tests momentan noch ungenau und liefern auch falsche Ergebnisse.

Fruchtwasseruntersuchung

Die Fruchtblase ist gefüllt mit Flüssigkeit, welche den Fetus schützend umgibt. In diesem Fruchtwasser befinden sich unter anderem abgestoßene Haut- und Darmzellen des Fetus. Bei einer **Fruchtwasseruntersuchung** wird mit einer feinen Nadel durch die Bauchdecke der Mutter hindurch etwas Fruchtwasser abgesaugt. Die in der Probe enthaltenen Zellen des Fetus kann man dann auf Erbkrankheiten hin untersuchen. Im Gegensatz zu Bluttests hat man nun das gesamte Erbgut des Fetus zur Verfügung. Daher bekommt man sehr zuverlässige Ergebnisse.

Allerdings birgt die Fruchtwasseruntersuchung auch Risiken. Neben Verletzungen der Plazenta und der Gebärmutter kann es auch zu Infektionen und Verletzungen des Fetus kommen. Selbst eine Fehlgeburt ist nicht auszuschließen.

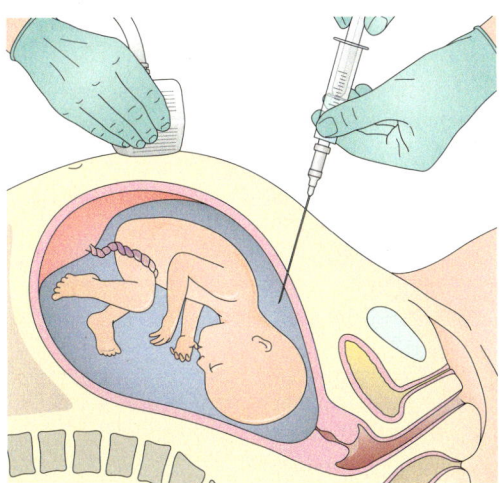

2 Schema einer Fruchtwasseruntersuchung

Das Wohl des Kindes steht im Vordergrund

Einige Untersuchungen am Fetus dienen dazu, die Entwicklung zu überwachen. Andere wiederum sollen nur nachweisen, ob eine bestimmte Erkrankung oder Behinderung vorliegt. Doch dient das alles dem Wohl des ungeborenen Kindes?

Wird eine Fehlentwicklung, wie zum Beispiel Trisomie 21, festgestellt, müssen die Eltern über das weitere Vorgehen entscheiden. Behalten sie das Kind, müssen Sie mit vielen Veränderungen im eigenen Leben rechnen. Entscheiden sie sich für eine Abtreibung, so handeln sie nicht zum Wohle des Kindes. Für Eltern sind derartige Entscheidungen über Leben und Tod oft sehr schwer und belastend.

3 Eltern mit ihren Kindern

Die Rolle der Gesellschaft

Kritiker warnen, dass werdende Eltern durch die pränatale Diagnostik unter hohen gesellschaftlichen Druck geraten: Wer die Möglichkeiten der Pränataldiagnostik nicht ausschöpft oder sich bewusst dagegen entscheidet, könnte sich später rechtfertigen müssen, die Gesellschaft durch einen behinderten Menschen zu belasten.

Eine wichtige Rolle spielt daher der Umgang mit Behinderung und Anderssein in der Gesellschaft. Sind Eltern, die sich für ein Kind mit Behinderung entscheiden, mutig oder unverantwortlich? Werden sie von der Gesellschaft unterstützt, damit sie ein normales Leben führen können, oder ausgegrenzt? Sich für oder gegen ein Kind zu entscheiden hängt also davon ab, ob man selbst und das Kind von der Gesellschaft später einmal Unterstützung bekommen wird.

> Mit pränataler Diagnostik kann man die Entwicklung des Fetus verfolgen und Krankheiten frühzeitig entdecken. Die Gesellschaft kann dazu beitragen, dass Eltern sich für ihr Kind entscheiden.

Fragen und Ängste

1. Q
a) Recherchiere mithilfe des Bildes links einige Beratungsstellen in deiner Umgebung und nenne deinen Mitschülern Adressen und deren Beratungsmöglichkeiten.
b) Beschreibe, welche Vorteile eine Beratung in einer Beratungsstelle bietet.

2. A
Nenne drei verschiedene Perspektiven, die bei einer Schwangerschaftskonfliktberatung eine Rolle spielen sollten.

3. Q
Recherchiere die genauen rechtlichen Bedingungen in §218a für eine Straffreiheit bei einem Schwangerschaftsabbruch und nenne diese.

Ungewollt schwanger

Julia ist schwanger. Sie und Ihr Freund Tom haben sich schon lange ein Kind gewünscht. Doch bereits in der 14. Schwangerschaftswoche wird festgestellt, dass das Kind eine Erbkrankheit hat. Eine Folge dieser Erkrankung ist eine körperliche und geistige Behinderung. Julia ist schockiert: „Werden wir in der Lage sein, das Kind zu pflegen? Kann ich meinen Beruf noch weiter ausführen? Wird Tom mich nun verlassen?" Solche und viele weitere Fragen müssen sich Schwangere in Julias Situation oft stellen.

Hilfe für Eltern

Erste Ansprechpartner für Fragen und Probleme können Eltern und Freunde sein. Darüber hinaus gibt es anerkannte Beratungsstellen, an die sich Schwangere und ihre Partner wenden können. Bei einer solchen **Schwangerschaftskonfliktberatung** geht es darum, die Problematik aus verschiedenen Perspektiven zu betrachten. Dazu gehört die Sichtweise des ungeborenen Kindes, der Eltern, aber auch die der Ärzte und anderer gesellschaftlicher Gruppen.

Die Beratungsstellen informieren über finanzielle Unterstützungsmöglichkeiten, wie das Elterngeld oder Pflegegeld sowie über Haushaltshilfen oder Kinderbetreuung. Ziel ist es, zu zeigen, wie die Eltern bei der Pflege des Kindes unterstützt werden können.

Paare können sich mithilfe der Beratungsstellen auch über die medizinischen Zusammenhänge informieren und so die Folgen der Erkrankung für ihr eigenes Leben und das Leben des Kindes besser einschätzen.

Das Recht auf Leben

Aber auch das Leben des Kindes ist ein wichtiges Thema. Das Ziel der Schwangerschaftskonfliktberatung liegt immer darin, ungeborenes Leben zu schützen und deutlich zu machen, dass auch das Kind ein eigenes Recht auf Leben hat. So steht häufig zur Geburt gar nicht fest, welche medizinischen Möglichkeiten in Zukunft das Leben des

Kindes verbessern könnten. Außerdem muss die Frage gestellt werden, ob nicht auch ein kurzes Leben glücklich verlaufen kann. Durch Gespräche bekommen Paare Möglichkeiten aufgezeigt, wie sie ihr Leben mit einem Kind gestalten können.

1 Ein Paar bei der Beratung

Rechtliche Grundlagen

Bei einer Beratung werden auch die rechtlichen Grundlagen eines Schwangerschaftsabbruchs, auch Abtreibung genannt, angesprochen.

In Deutschland ist der **Schwangerschaftsabbruch** in § 218 des Strafgesetzbuches geregelt. Ab der 14. Schwangerschaftswoche ist dieser nicht rechtswidrig, wenn der Abbruch nach ärztlicher Erkenntnis angezeigt ist. Dabei müssen die Folgen für die Mutter, das Alter des Fetus und die vorausgegangenen Beratungen beachtet werden.

> Beratungsstellen können bei einem Schwangerschaftskonflikt gut weiterhelfen, um alle Sichtweisen zu verstehen. Der Schwangerschaftsabbruch ist gesetzlich geregelt.

Über Werte diskutieren

Ob wir etwas „richtig" oder „falsch" finden, sagt uns oft unser Gewissen. Es gibt auch Situationen, in denen es nur eine schlechte, aber keine gute Lösung gibt. Egal, was wir tun, es scheint falsch zu sein. Man spricht dann von einem **Dilemma.**

Dann sollte man darüber nachdenken, warum wir etwas „gut" oder „schlecht", „richtig" oder „falsch" finden. Hinter einer solchen Beurteilung stehen Vorstellungen über **Werte,** die wir uns im Laufe unseres Lebens aneignen. Erziehung, Gesellschaft und Religion beeinflussen dies stark. Werte können somit Gefühle wie Liebe, Freundschaft, Achtung des Eigentums oder die Würde des Menschen sein. Aber auch Besitz von Geld, Land oder sonstige Dinge können Werte darstellen. Ausgehend von **Grundwerten,** die die meisten Mitglieder einer Gesellschaft teilen, entwickeln sich Regeln und **Normen.** Sie erleichtern es uns in konkreten Situationen, die „richtige" Entscheidung zu treffen.

Dilemmasituationen sind deswegen problematisch, weil Werte miteinander in **Konflikt** stehen: Um den einen Wert zu respektieren, muss man den anderen missachten. Oft löst sich das Dilemma aber auch auf, weil der eine Wert eindeutig höherrangig ist als der andere. Dies wäre etwa der Fall, wenn man stehlen müsste, um ein Menschenleben zu retten: Der Wert eines Menschenlebens ist weit höher anzusiedeln als der Wert der Achtung vor dem Eigentum.

Zum Beispiel: Annabell

Annabell ist 20 Jahre alt, macht gerade eine Ausbildung zur Hotelfachfrau und ist ungewollt schwanger geworden. In der 17. Schwangerschaftswoche erfährt sie, dass es Veränderungen in der Rückenmarks-Entwicklung des Fetus gab und das Kind womöglich stark körperlich behindert sein würde.

Nachdem ihr Partner sie deswegen verließ, sieht sie keinen Ausweg mehr für sich, als einen Schwangerschaftsabbruch durchführen zu lassen. Daher geht sie nun zu einer Schwangerschaftskonfliktberatung.

Erste Zuordnung	Gruppeninterne Diskussion	Diskussion im Plenum	Zweite Zuordnung
Formuliert das Dilemma als „Ja-Nein-Frage", die sich in dieser Situation stellt. Ordnet euch jeweils einer der beiden Alternativen zu. Es entstehen zwei Gruppen.	– Warum habt ihr euch so entschieden? – Auf welche Wertvorstellung gehen eure Entscheidungen zurück? – Welche Werte konkurrieren, ist einer höherrangiger als der andere? – Handelt es sich um Grundwerte oder könnte man über die Werte unterschiedlicher Meinung sein? – Gibt es weitere Argumente für die unterschiedlichen Standpunkte? – Welche Argumente könnte die „Gegenseite" bringen und wie könnte man diese entkräften?	Tauscht Argumente, Wertvorstellungen und Standpunkte zwischen den Gruppen aus. Bleibt dabei sachlich und bedenkt, dass es bei einem Dilemma keine einfache, eindeutig richtige oder falsche Lösung gibt.	Ordnet euch nun erneut einer der beiden Alternativen zu. Wie viele haben ihre Meinung geändert? Haltet als Ergebnis das abschließende Meinungsbild, die Hauptargumente der Gruppen und vor allem die Gewichtung der dahinterstehenden Werte fest. Falls sich neue Alternativen ergeben haben, haltet sie ebenfalls fest.

1. **Q**
Wann beginnt das Leben und ab wann hat ein Mensch Rechte? Recherchiere und berichte.

2. **A**
Diskutiert Annabells Dilemma unter der Annahme, dass …
a) sie auf die Hilfe ihrer Eltern zählen kann.
b) die Wahrscheinlichkeit einer Totgeburt sehr hoch ist.

Wenn kein Kind kommt

Ungewollt kinderlos

Für die meisten Paare gehören Kinder zu einem glücklichen Leben dazu. Nicht alle Paare bekommen aber Kinder auf natürlichem Weg. Für manche dieser Paare ist diese ungewollte Kinderlosigkeit eine große Belastung. In diesem Fall können sie die Beratung eines Reproduktionsmediziners in Anspruch nehmen. Die **Reproduktionsmedizin** ist ein Bereich der Medizin, der sich damit befasst, den Kinderwunsch zu erfüllen. Dabei wird zunächst nach den Ursachen der Kinderlosigkeit geforscht. Möglicherweise produzieren die Hoden des Mannes nicht ausreichend oder zu unbewegliche Spermien. Die Ursachen können aber auch bei der Frau liegen, wenn zum Beispiel die Reifung der Eizellen gestört ist oder diese nicht durch den Eileiter wandern können.

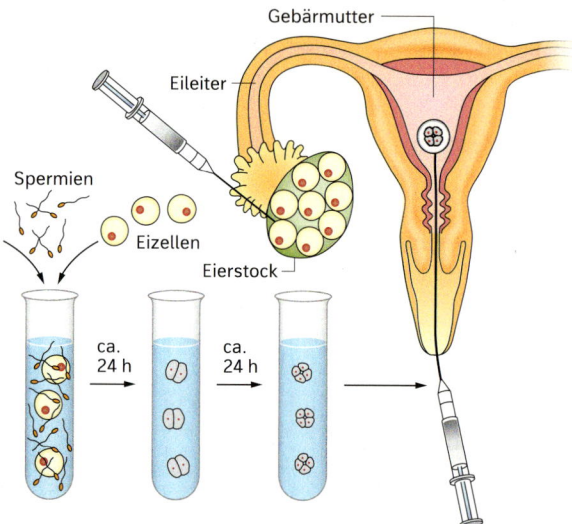

2 Schematischer Ablauf der In-Vitro-Fertilisation

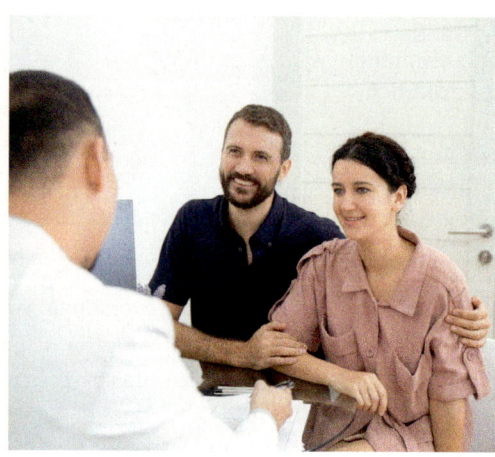

1 Ärztliche Beratung eines Paares

Insemination und IVF

Um den Kinderwunsch zu erfüllen, kann es schon helfen, wenn ein Arzt den Zeitpunkt des Eisprunges der Frau bestimmt und dann das Sperma direkt in die Gebärmutter oder in den Eileiter überträgt. Dieser Eingriff wird auch **Insemination** genannt.

Sehr viel aufwändiger und belastender ist das Verfahren der **In-Vitro-Fertilisation (IVF).** Dabei muss sich die Frau zunächst einer Hormonbehandlung unterziehen, damit mehrere Eizellen gleichzeitig heranreifen. Diese werden ihr dann im Rahmen eines operativen Eingriffs entnommen. Im Labor werden später Spermien und Eizellen in einer

speziellen Nährlösung zusammengebracht. Dabei werden die Eizellen befruchtet und beginnen sich zu teilen. Die so entstehenden Embryonen werden in die Gebärmutter der Frau eingesetzt, wo sie sich weiterentwickeln und zu einem Kind heranwachsen sollen. Bei etwa 50 % der Paare, die sich für eine solche Methode entscheiden, kommt es zur Erfüllung des Kinderwunsches.

Kritik an der IVF

Um die Chancen zu erhöhen, dass eine der befruchteten Eizellen zu einem Kind heranwächst, erzeugt man zunächst mehrere solcher Embryonen und bringt sie in die Gebärmutter der Frau ein. Dabei steigt die Wahrscheinlichkeit von ungewollten Mehrlingsgeburten, was für die Mutter und die Kinder ein Risiko darstellt. Daher dürfen in Deutschland bei jeder IVF höchstens drei Embryonen eingepflanzt werden.

Eine IVF bedeutet für die Frau eine hohe körperliche und für das Paar eine hohe psychische Belastung, vor allem, wenn viele Versuche misslingen. Ein Paar muss daher gut abwägen, ob ein Kinderwunsch um jeden Preis erfüllt werden sollte.

1. ≡ Ⓐ
Beschreibe die Verfahren Insemination und IVF.

2. ≡ Ⓠ
Recherchiere und beschreibe das ICSI-Verfahren.

Experimente ohne Tabu?

1.
Beschreibe das Verfahren der PID und benenne die Möglichkeiten ihres Einsatzes.

2. ≡ Q ◐
Recherchiere die rechtlichen Bestimmungen bezüglich der PID.

3. ≡ Ⓐ
a) Nenne eine Situation, in welcher eine PID gerechtfertigt wäre und eine, in welcher dies nicht der Fall wäre.
b) „PID könnte dazu führen, dass ein Anderssein in unserer Gesellschaft noch weniger akzeptiert wird". Beziehe Stellung zu dieser Aussage.

Präimplantationsdiagnostik (PID)

In manchen Familien tauchen immer wieder die gleichen schweren Erkrankungen auf. Mukoviszidose ist so eine Erbkrankheit. Liegt bei einem Paar bei beiden Partnern eine erbliche Vorbelastung vor, besteht die Möglichkeit, dass auch die Kinder des Paares an Mukoviszidose erkranken. Es besteht die große Sorge, dass ein Kind mit einer so schweren Erkrankung sehr leiden muss. Besonders Paare, die schon ein erkranktes Kind haben, bekommen Angst vor einem weiteren schwerkranken Kind. Bei solchen Paaren kann der Wunsch nach einer **Präimplantationsdiagnostik (PID)** aufkommen. Die PID ist ein Verfahren, bei dem Embryonen, die durch eine künstliche Befruchtung erzeugt wurden, auf mögliche Krankheiten hin untersucht werden können.
Dabei entnimmt man einem Embryo zwei bis drei Tage nach der Befruchtung eine Zelle und untersucht sie auf genetische Defekte. Dem Embryo schadet man dabei nicht.
Danach werden der Frau nur Embryonen eingepflanzt, welche die Erbkrankheit nicht besitzen. So wird nicht nur ein krankes Kind vermieden, sondern es kann auch gewährleistet werden, dass diese Erbkrankheit nicht mehr weitervererbt wird.
Embryonen, die Träger der Krankheit sind, werden abgetötet.

Kritik an PID

Immer wieder wird heftig darüber diskutiert, in welchem Umfang die PID in Deutschland erlaubt sein soll. Gegner der PID geben zu bedenken, dass die Auswahl bestimmter Embryonen in keinem Fall erlaubt sein sollte, da jeder Mensch ein Recht auf Leben hat. Auch behinderte Menschen fühlen sich durch die Diskussion um die PID in ihrer Menschenwürde verletzt. Viele befürchten auch, dass

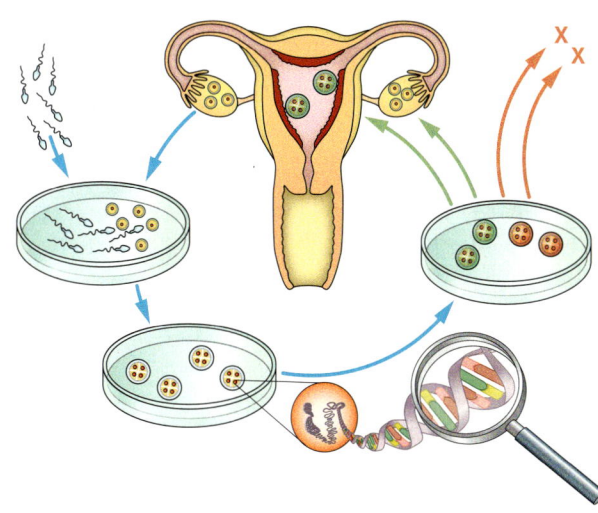

2 Schematischer Ablauf der PID

Verfahren wie die PID auf weitere unerwünschte oder sogar erwünschte Eigenschaften von Kindern ausgeweitet werden. Einige glauben, dass dies zu einer Welt führen könnte, in der Eltern sich ihre Kinder „aus dem Katalog" bestellen könnten.
Andererseits betonen die Befürworter der PID, dass das Verfahren großes Leid verhindert. PID kann Paaren zu einem gesunden Kind verhelfen, die ansonsten vielleicht – aus Angst vor einem behinderten Kind – gar keine Kinder bekommen hätten. PID kann eventuell Abtreibungen verhindern. Denn auch die Abtreibung behinderter Kinder ist unter bestimmten Voraussetzungen nach § 218a StGB straffrei.
In Deutschland ist die PID aber nur dann erlaubt, wenn aufgrund der erblichen Vorbelastung der Eltern die Wahrscheinlichkeit einer schweren Erbkrankheit beim Kind, einer Fehl- oder einer Totgeburt sehr hoch ist.

> Mit der PID kann man vor einer Einnistung Embryonen auf Erbkrankheiten hin untersuchen. Die darauffolgende Auswahl gesunder Embryonen ist sehr umstritten und gesetzlich streng geregelt.

Wie Kinder die Welt entdecken

1.
a) Erkläre, warum man den Begriff „Stillen"
beim Ernähren des Säuglings verwendet.
b) Beschreibe, welche soziale Funktion das
„Stillen" des Säuglings hat.
c) Nenne die Sinne des Säuglings, welche
beim Stillen besonders aktiv sein könnten.

2.
Menschenbabys werden in der Biologie auch als
„Traglinge" bezeichnet.
a) Erkläre diesen Begriff mithilfe des linken Bildes.
b) Begründe, warum das Tragen für die geistige Entwicklung des Säuglings vorteilhaft sein könnte.
c) Erkläre, warum Säuglinge seltener weinen, wenn sie
getragen werden, als wenn sie allein im Bettchen oder
Kinderwagen liegen.

3.
Ein etwa 13 Monate altes Kind kann noch nicht laufen.
a) Begründe, ob sich die Eltern Sorgen machen müssen.
b) Erkläre, warum Spielen mit anderen Kindern die
Entwicklung fördert.

4.
Recherchiere weitere motorische, psychische oder
soziale Entwicklungsstufen bis zum sechsten Lebensjahr.

Die ersten Tage nach der Geburt

Bereits kurz nach der Geburt wird der Säugling
zum ersten Mal gestillt. Für den Säugling ist
dies sehr anstrengend. Er schläft daher öfters
dabei ein. Selbst wenn noch keine Muttermilch
zur Verfügung steht, ist das Stillen sehr
wichtig. Der Säugling spürt den warmen
Körper seiner Mutter, hört ihre Stimme und
nimmt ihren Geruch wahr. Auch die Mutter
lernt auf diese Weise ihr Kind kennen. Dadurch
entsteht bereits früh eine feste Bindung
zwischen Mutter und Kind. Bei beiden werden
dabei auch Hormone wie **Oxytocin** freigesetzt.
Diese bewirken eine sehr starke Festigung der
Bindung zwischen beiden. Sie wird **Mutter-
Kind-Bindung** genannt.

Pflege des Säuglings

Die Muttermilch enthält alles, was der Säugling für seine
Ernährung in den ersten Monaten braucht. Außerdem
werden Abwehrstoffe zum Schutz vor Infektionen mit der
Muttermilch übertragen. Mit etwa fünf bis sechs Monaten
kann dann auch zusätzlich Gemüse- oder Getreidebrei
gefüttert werden.
Auch eine gute Körperpflege beim Säugling ist wichtig.
Neben häufigem Wickeln ist auch das regelmäßige Baden
wichtig. Hebammen können den Eltern dafür gute Tipps
geben.
Mit der Zeit wird der Säugling dann immer aktiver. Er
schaut sich um, lächelt, lauscht Gesprächen und versucht
zu „brabbeln". Er lernt greifen und schließlich krabbeln. Der
Säugling entwickelt sich zum Kleinkind.

Bezugspersonen

Für eine gesunde körperliche und psychische Entwicklung
des Säuglings sind feste **Bezugspersonen** unerlässlich.
Neben der Mutter lernt der Säugling nach und nach auch
andere Bezugspersonen, wie den Vater, Geschwister oder
Großeltern kennen. Beim Wickeln, Baden und Füttern, beim
Singen, Streicheln, Spielen und Toben werden Beziehungen aufgebaut. Für das Kind ist es wichtig, sich auf seine
Bezugspersonen verlassen zu können. Dieses Vertrauen in
andere Menschen beeinflusst auch die spätere Entwicklung des Kindes.

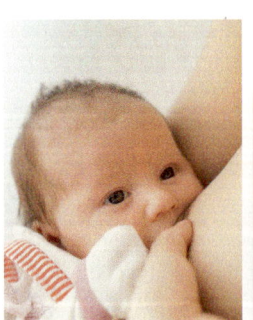
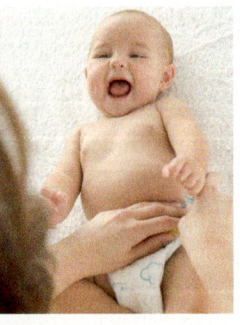

1 Stillen und Pflegen ist sehr wichtig

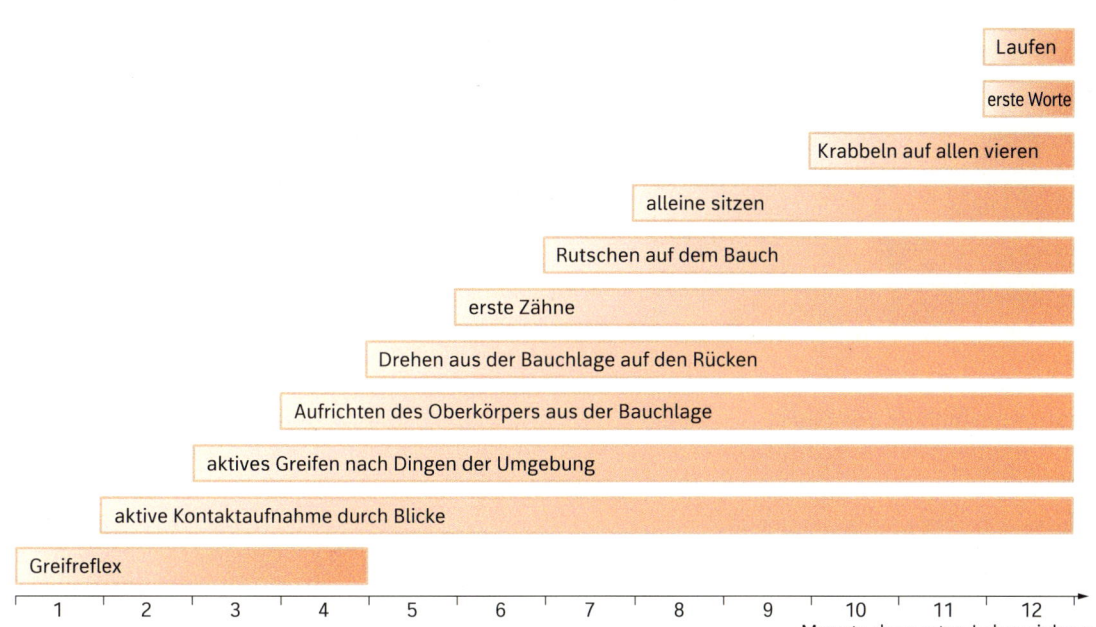

2 Wichtige Entwicklungsstufen bei Säuglingen

Entwicklung garantiert

Mit zunehmendem Alter schreitet die Entwicklung fort. Jedes Kind durchläuft dabei in einer angeborenen Reihenfolge verschiedene körperliche und geistige **Entwicklungsstufen.** Diese laufen aber nicht bei jedem Kind gleich ab. Manche Kinder lernen zum Beispiel sehr früh Krabbeln, andere krabbeln fast gar nicht. Auch der Beginn und die Dauer anderer Entwicklungsstufen sind bei jedem Kind anders. Bei den **U-Untersuchungen** kann der Kinderarzt etwaige Entwicklungsstörungen frühzeitig erkennen und ihnen engegensteuern.

Vom Stehen zum Sprechen

Am Ende des ersten Lebensjahres kann das Kleinkind meist kurze Zeit stehen, ohne sich festzuhalten. Es richtet sich an Möbeln auf und geht an der Hand. Es spricht erste Worte. Mit dem zweiten Lebensjahr gelingt es dem Kind, mit dem Löffel zu essen und aus der Tasse zu trinken. Es lernt viele neue Wörter. Mit zwei Jahren haben die meisten Kinder bereits einen Wortschatz von etwa 50 Wörtern. Man nennt dies auch die **50-Wort-Grenze.** Sie gibt einen wichtigen Hinweis auf eine gesunde Entwicklung des Gehörs und des Sprachzentrums im Gehirn. Bilderbücher, Sprach- oder Singspiele sind nun besonders interessant.

3 Kinder brauchen Zuwendung

Gemeinsam Zeit verbringen

Menschen brauchen während der Entwicklung Unterstützung durch ihre Bezugspersonen. Miteinander spielen fördert beispielsweise das Sozialverhalten. Zwischen dem achten Monat und dem vierten Lebensjahr können Kinder besonders gut Sprachen lernen. Leider verbringen immer mehr kleine Kinder allein Zeit vor dem Fernseher, dem Computer oder einem Tablet. Auch die Eltern verbringen immer mehr Zeit vor solchen Geräten, anstatt mit ihren Kindern zu spielen. Dies kann Entwicklungsverzögerungen oder gar **Entwicklungsstörungen** zur Folge haben. Eltern sollten daher viel Zeit mit ihren Kindern verbringen und gemeinsam spielen, singen und reden.

> Säuglinge benötigen Pflege und Zuwendung. Zu Bezugspersonen werden enge Bindungen aufgebaut. Jedes Kind macht bis zum Erwachsenenalter auf seine Weise unterschiedliche Entwicklungsstufen durch. Eltern können die richtige Entwicklung begünstigen.

Auf die Erziehung kommt es an

1.  **A**

a) Beschreibe mithilfe des Bildes, wie Kinder bestraft wurden, wenn sie zu spät kamen.
b) Nenne Unterschiede zu heutiger Erziehung.

2. ≡ **Q** 👆
Recherchiere drei Rechte, die Kinder in Deutschland bei der Erziehung haben und erläutere sie an Beispielen.

3. ≡ **A**
a) Vergleiche die vier Erziehungsstile mithilfe einer Tabelle in Bezug auf Zuneigung und Kontrolle.
b) Ordne folgenden Satz des Schriftstellers Emil Oesch einem der vier Erziehungsstile zu: „Wer die Lebenslaufbahn seiner Kinder zu verpfuschen gedenkt, der räume ihnen alle Hindernisse weg."
c) Erkläre, warum kleine Kinder eine stärkere Kontrolle und engere Grenzen für ihr Verhalten brauchen als ältere.

Erziehung früher

Eltern, aber auch andere Bezugspersonen, können das Kind in seiner Entwicklung, seinem Verhalten und Lernen unterstützen. Dies nennt man **Erziehung.** Sie hilft den Kindern, Fehler zu vermeiden und kann Fähigkeiten fördern.

Allerdings gab es in der Geschichte ganz unterschiedliche Meinungen darüber, welche Art der Erziehung richtig ist. Noch vor hundertfünfzig Jahren stand eine strenge, militärische Erziehung im Vordergrund. Man bestrafte Kinder häufig für ihre Fehler. Sie wurden oft geschlagen und mussten den Eltern immer gehorsam sein. Diese Art der Erziehung wird auch als **autoritäre Erziehung** bezeichnet.

Erziehung, ohne zu erziehen

Vor fünfzig Jahren hingegen wollte man den Kindern mehr Freiheiten schenken. Diese sollten selbst entscheiden, was sie machen wollten und wurden nicht für Fehlverhalten bestraft. Man war der Meinung, dass sich Kinder durch ihre eigenen Erfahrungen richtig entwickeln würden. Sie sollten aus den eigenen Fehlern lernen und sich dadurch selbst und gegenseitig erziehen. Daher hielten sich die Eltern eher zurück und ließen das Kind allein die Welt entdecken. Man nannte diese Art der Erziehung **antiautoritäre Erziehung.**

Erziehungsstile

Inzwischen hat man gut untersucht, wie Erziehung ablaufen kann und wie sie auch misslingen kann. Im Erziehungsmodell gibt es, wie auf einem Kompass vier Richtungen, wie Eltern sich verhalten können. Hohe bis geringe Zuneigung zum Kind und wenig bis viel Kontrolle des Kindes. So ergeben sich vier

1 Karikatur der autoritären Erziehung um 1850

2 Antiautoritäre Erziehung um 1968

einzelne Felder. Bei einem **nachgiebigen Erziehungsstil** schenken Eltern den Kindern viel Zuneigung, indem sie Hindernisse aus dem Weg räumen und keine Grenzen setzen. Kindern fällt es dadurch aber schwer, zu lernen, wie man Probleme selbst lösen kann.

Das Gegenteil dazu tritt ein, wenn die Eltern dem Kind wenig Zuneigung schenken und es sehr stark kontrollieren. Durch Bestrafung von Fehlern soll falsches Verhalten unterdrückt werden. Bei einem solchen **autoritären Erziehungsstil** erfahren Kinder oft Lieblosigkeit und Gewalt.

Beim **vernachlässigenden Erziehungsstil** hingegen schenken Eltern ihrem Kind wenig Zuneigung und Aufmerksamkeit und interessieren sich nicht für seine Entwicklung, da sie das Verhalten des Kindes nicht kontrollieren. Kinder lernen dadurch keine Grenzen und erfahren Einsamkeit.

Als letztes gibt es noch den **autoritativen Erziehungsstil.** Dabei bekommen Kinder Zuneigung von ihren Eltern, erfahren durch Verhaltenskontrolle aber auch Grenzen. Meist wird hier nicht mit Bestrafung, sondern mit Belohnung für richtiges Verhalten gearbeitet. Die meisten Eltern erziehen heutzutage ihre Kinder eher autoritativ. Jedoch gibt es immer Situationen, in welchen kurzzeitig andere Erziehungsstile zum Einsatz kommen. Kinder gleichzeitig zu lieben und ihnen Grenzen zu setzen ist eben keine leichte Aufgabe für Eltern.

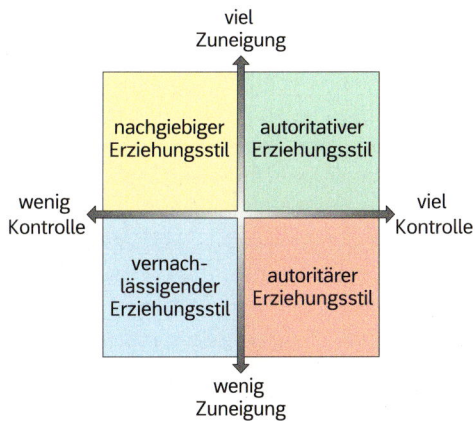

3 Modell der Erziehungsstile

Respektvoller Umgang

Eines der wichtigsten Merkmale eines autoritativen Erziehungsstils ist der respektvolle Umgang mit Kindern. Ein Kind ist kein Erwachsener und kann daher auch nicht wie ein solcher behandelt werden. Kinder können aufgrund ihrer körperlichen oder geistigen Entwicklung manches noch nicht so gut lösen oder verstehen wie ein Erwachsener. Viele Kinder im Vorschulalter verwechseln beispielsweise links und rechts. Kinder in diesem Alter können mit Richtungsangaben noch nicht viel anfangen. Dieser Fehler kann daher häufiger passieren. Es wäre also nicht sinnvoll, ein Kind dafür zu bestrafen. Ein respektvoller Umgang verzeiht diesen Fehler und belohnt, wenn der Fehler nicht gemacht wird.

Auf der anderen Seite lernen Kinder sehr viel, wenn sie Arbeiten von Erwachsenen erledigen dürfen. Man sollte daher Kindern entsprechend ihres Alters einfache Aufgaben der Erwachsenen auch zutrauen. Mit Hilfe und Erklärung lernen Kinder dadurch viel, auch über die Welt der Erwachsenen.

4 Kinder helfen gerne, benötigen aber auch Hilfe

Lieben und Grenzen setzen

Da Kinder noch nicht alles verstehen können, muss man sie auch vor Gefahren schützen. Eine gute Erziehung setzt daher immer Grenzen für das, was ein Kind darf oder nicht. Diese Grenzen müssen natürlich immer wieder dem Alter angepasst werden. Ein Kind, das krabbelt, darf beispielsweise nicht alleine zu einer Treppe gelangen. Ein fünfjähriges Kind dagegen schon. Man muss als Eltern, Geschwister, Großeltern oder Erzieher immer beides können: Dem Kind Zuneigung schenken und respektvoll Grenzen setzen.

> Erziehung hilft Kindern, sich richtig zu entwickeln. Sie veränderte sich aber im Laufe der Geschichte. Es gibt verschiedene gute Erziehungsstile. Eine respektvolle Erziehung setzt dem Kind auch altersgerechte Grenzen.

Partnerschaft und Familie

1.   **A**

a) a) Betrachte die Abbildungen oben. Erläutere, welche Wünsche Paare haben könnten.
b) Nenne Probleme, die bei der Zukunftsplanung auf das Pärchen zukommen könnten.
c) Nenne zwei Möglichkeiten, wie die Gesellschaft dem Pärchen helfen könnte.
d) Beschreibe deine eigenen Erwartungen an die Zukunft in Bezug auf Zusammenleben oder Familie.

2. **A**

a) Nenne mindestens vier Bereiche, in welchen Eltern Verantwortung übernehmen müssen.
b) Beschreibe für zwei der Bereiche, welche Voraussetzungen dafür bei den Eltern vorhanden sein müssen.

3. **Q**

Informiere dich über die Idee der Mehrgenerationenhäuser.

a) Beschreibe kurz, was ein Mehrgenerationenhaus ist.
b) Nenne Vorteile dieser Lebensform jeweils für Kinder, Eltern und Senioren.

Erwachsen werden bedeutet Verantwortung zu übernehmen

Kinder und Jugendliche werden im Laufe ihrer Entwicklung selbstständiger. Sie setzen sich intensiver mit ihrer Umwelt auseinander und übernehmen mehr und mehr Verantwortung für ihr Leben. Wer erwachsen wird, schmiedet Pläne für die Zukunft. Dabei muss man sich beispielsweise mit beruflichen Möglichkeiten auseinandersetzen. Man entwickelt Wünsche im Hinblick auf partnerschaftliche Beziehungen oder vielleicht auf Gründung einer Familie. Mit dem Alter wächst auch die Verantwortung für die nächste Generation.

Das Leben mit Kindern

Entscheidet man sich für Kinder, bedeutet dies eine große Bereicherung, aber auch eine große Veränderung der persönlichen Situation. Als Eltern übernimmt man viel Verantwortung, eben nicht nur für sich selbst, sondern auch für die Kinder. So ist man dafür verantwortlich, dass die Kinder nicht nur versorgt und gepflegt werden.

Man muss sich auch um die eigene Gesundheit und die der Kinder kümmern. Außerdem trägt man durch die Erziehung und den Umgang maßgeblich dazu bei, wie sich ein Kind emotional, charakterlich und sozial entwickelt.

Ehe und Familie im Umbruch

Die Ehe ist immer noch die häufigste Form des Zusammenlebens, vor allem wenn es darum geht, Kinder groß zu ziehen. Aber es ist ein Wandel festzustellen. Immer mehr Familien entscheiden sich gegen eine Rollenverteilung, in der der Vater arbeitet und die Mutter sich allein um die Kinder kümmert. In 85% aller Ehen mit Kindern unter 15 Jahren arbeitet die Mutter mindestens Teilzeit, in 20% sogar Vollzeit. Mütter verzichten heute seltener als früher auf die eigene Karriere. Väter möchten heute mehr am Familienleben teilhaben, stoßen dabei allerdings in der Arbeitswelt nicht immer auf Verständnis. Für Eltern wird es daher oft schwierig ein Zusammenleben als Familie und die beruflichen Wünsche zusammenzubringen. In einer verantwortungsvollen Beziehung wird es immer wichtiger, sich auf Kompromisse einzulassen und die eigenen Ziele in der Partnerschaft anzusprechen. Dies kann ein Grund sein, warum sich Paare manchmal für ein Leben ohne Kinder entscheiden.

Andere Formen des Zusammenlebens

Heute gibt es viele verschiedene Formen des Zusammenlebens. Neben der Familie als Lebensform findet man häufig **Alleinerziehende** und **Patchworkfamilien,** bei denen ein oder beide Partner Kinder mit in die neue Beziehung bringen. Auch generationsübergreifende Lebensgemeinschaften wie etwa Mehrgenerationenhäuser können Perspektiven für Familien bieten. Daneben gibt es viele Paare, die kinderlos bleiben. Sie leben oft für einen begrenzten Zeitraum in einer **Lebensgemeinschaft** oder in einer Ehe.

1 Patchworkfamilie

Das Problem der Kinderlosigkeit

In Deutschland liegt die durchschnittliche Kinderzahl pro Frau bei etwa 1,3. Rund ein Viertel der Frauen, die zwischen 40 und 60 Jahren alt sind, haben keine Kinder. Dies kann körperliche Ursachen haben, häufig spielen aber auch gesellschaftliche Gründe wie die schwierige Vereinbarkeit von Familie und Beruf oder die finanzielle Belastung durch Kinder eine Rolle. Eine niedrige **Geburtenrate** führt zu einer Abnahme der Bevölkerung. Gleichzeitig steigt der Anteil der älteren Menschen, weil diese aufgrund der modernen medizinischen Möglichkeiten immer älter werden. Nur arbeitende Menschen, meist im Alter zwischen 16 und 66, zahlen Steuern und Sozialabgaben. Gibt es davon immer weniger, wird das bisherige Sozialsystem nicht mehr funktionieren. Unsere Gesellschaft ist auf Kinder angewiesen. Daher bemüht man sich, Familien finanziell zu fördern. Durch preiswertere Betreuungsangebote, flexiblere Arbeitszeiten und viele Freizeitangebote für Kinder sollen Familie und Beruf zusammengebracht werden.

Erwachsenwerden verlangt, Verantwortung für sich und andere zu übernehmen. Oft ist es schwierig, Familienleben und berufliche Ziele zusammenzubringen. Heutzutage gibt es daher zahlreiche Formen des Zusammenlebens.

Familie im Wandel

2 Großfamilie

Familie im Wandel der Zeit

Die Familie bezeichnete früher den gesamten Hausstand eines Mannes. Dazu gehörten seine Ehefrau, Kinder und auch alle Bediensteten, Helfer und sogar das Vieh. Bis vor gut 200 Jahren gab es auch bei uns „große Hausfamilien". Auf einem Bauernhof waren das neben den Großeltern, Eltern und Kindern auch Mägde und Knechte (Hilfsarbeiter), sowie häufig noch unverheiratete Angehörige. Sie bildeten eine Hausgemeinschaft, die sich anfallende Arbeiten im Haus, Stall oder auf dem Feld teilten. Mit der Industrialisierung lebten immer mehr Menschen in der Stadt in kleinen Wohnungen. Vor ungefähr 150 Jahren hatte sich der Familienbegriff so weit gewandelt, dass man hierunter nur noch die beiden Eltern mit ihren Kindern verstand. Der Vater ging arbeiten, während sich die Mutter um durchschnittlich drei Kinder kümmerte.

Dies nannte man die bürgerliche Kleinfamilie. Heute sind die Familien meist nicht nur kleiner, immer häufiger versuchen auch beide Eltern, Familie und Beruf miteinander zu vereinbaren. Dafür benötigen sie gute Kinderbetreuungsmöglichkeiten, z. B. in Kindertagesstätten oder bei Tagesmüttern.

3 Kindertagesstätte

STREIFZUG

Verantwortungsvolle Elternschaft

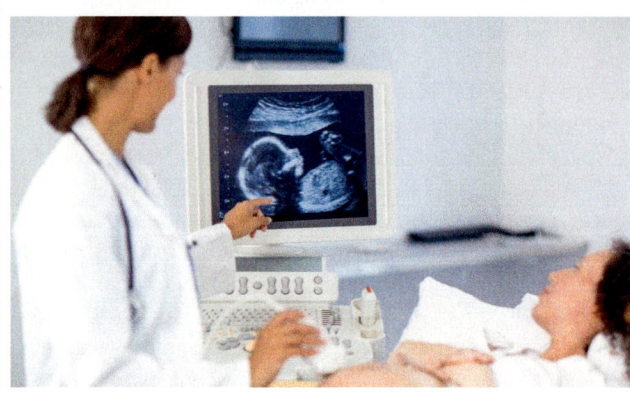

Schwangerschaft

Nach der Einnistung in der Gebärmutterschleimhaut entwickelt sich aus einer befruchteten Eizelle ein Embryo. Im zweiten Abschnitt der Schwangerschaft reift dieser zum Fetus weiter heran. Nahrungsmittel, Giftstoffe und Drogen können das Wachstum beeinflussen. Nach etwa 38 bis 42 Wochen kommt es zur Geburt. Die Eltern müssen sich nun auf ihre neue Rolle als Vater und Mutter vorbereiten, da ein Säugling viel Zuwendung und Pflege braucht.

Moderne Medizin

Mithilfe der modernen Medizin ist es möglich, einen ausbleibenden Kinderwunsch zu erfüllen. Durch Präimplantationsdiagnostik kann man Embryonen auswählen, die keine Erbkrankheiten besitzen. Während der Schwangerschaft kann durch Ultraschall- oder Fruchtwasseruntersuchungen und Bluttests die Entwicklung des Kindes verfolgt werden. Auch die Geburt wird medizinisch überwacht, sodass sogar eine Frühgeburt möglich wird. Durch einen Kaiserschnitt können selbst Kinder, die nicht durch den Geburtskanal passen, zur Welt gebracht werden.

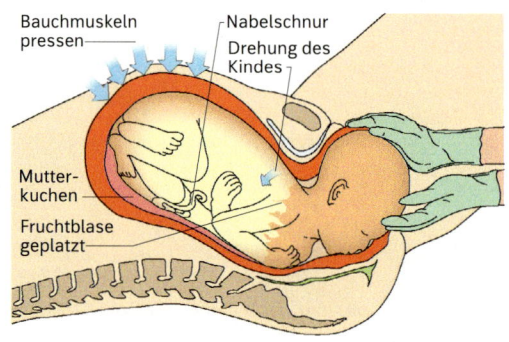

Bauchmuskeln pressen — Nabelschnur — Drehung des Kindes

Mutterkuchen

Fruchtblase geplatzt

Werte und Entscheidungen

Aufgrund des medizinischen Fortschrittes müssen bei Schwangerschaften manchmal auch ethische Entscheidungen getroffen werden, die über das Leben des Kindes entscheiden. Eltern müssen sich die Frage stellen, ob sie sich beispielsweise das Leben mit einem kranken Kind vorstellen können oder nicht. Durch Beratung können alle Folgen und Probleme angesprochen werden, die eine Entscheidung ermöglichen.

Erziehung und Leben mit Kindern

Vom Säugling bis zum Erwachsenen findet eine stetige Entwicklung von Körper und Geist statt. Jedes Kind hat dabei sein eigenes Entwicklungstempo. Um dies zu unterstützen, brauchen Kinder eine gute Erziehung. Nicht jede Erziehungsform ist günstig für eine Entwicklung zur Selbstständigkeit. Eine gute Erziehung schenkt Liebe, setzt aber auch Grenzen zum Schutz des Kindes.
Neben der klassischen Familie gibt es auch andere Partnerschaftsformen, die förderlich für ein Kind sind. Dabei kommt es vor allem darauf an, dass Kinder dauerhaft Vertrauen zu den Menschen aufbauen können, mit denen sie zusammenleben.

Entwick-
lung

Struktur
und
Funktion

System

BASISKONZEPTE

Struktur und Funktion

1. ≡ Ⓐ

Der Fetus wächst im Bauch der Mutter heran.

a) Nenne zu den Ziffern die richtigen Begriffe.

b) Beschreibe zu allen gesuchten Strukturen eine Funktion.

➜ S. 104 – 107

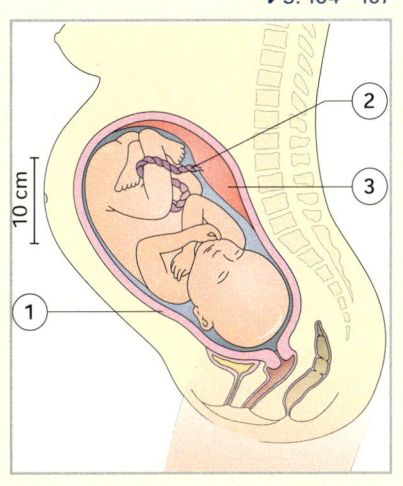

System
→ Organisationsebenen

3. ≡ Ⓐ

Medikamente, Alkohol oder Drogen können die Zellteilung beim Embryo stoppen.

a) Begründe, warum die Änderung der Zellteilung Folgen für die Organbildung und die richtige Entwicklung des ganzen Körpers hat.

b) Beschreibe in welchem Abschnitt der Schwangerschaft die Entwicklung des Herzens am stärksten betroffen ist.

c) Erkläre an der Gehirnentwicklung, warum man Schwangeren rät auch im letzten Abschnitt der Schwangerschaft auf Suchtmittel zu verzichten.

➜ S. 104 – 107

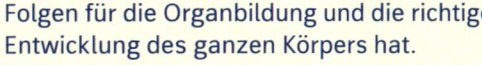

Entwicklung

2. ≡ Ⓐ

Nicht wenige kleine Kinder haben einen zu hohen Konsum an Medien, wie etwa Filme oder Computerspiele.

a) Erkläre, wie sich ein hoher täglicher Medienkonsum auf die Sprachentwicklung eines kleinen Kindes auswirken könnte.

b) Nenne zwei Alternativen, die die Sprachentwicklung fördern.

➜ S. 114 – 115

Entwicklung

4. ≡ Ⓐ

Auch die Erziehung wirkt sich auf die Entwicklung eines Kindes zum Erwachsenen aus.

a) Begründe diese Aussage, indem du die verschiedenen Erziehungsstile vergleichst.

b) Vor dem Ersten Weltkrieg wurden Kinder sehr streng und autoritär erzogen. Beschreibe, was man damit bezwecken wollte.   ➜ S. 116 – 117

Verantwortungsvolle Elternschaft

Schwangerschaft und Untersuchungsmethoden

Kannst du schon ...

... die verschiedenen Abschnitte einer Schwangerschaft beschreiben? (S. 104 – 107)

... begründen, warum Suchtmittel während der Schwangerschaft nicht konsumiert werden dürfen? (S. 104 – 105)

... beschreiben, wie eine Geburt abläuft? (S. 107)

... erklären, warum sich Eltern auf ihr Leben mit einem Kind einstellen müssen? (S. 107)

... die Untersuchungsmöglichkeiten während der Schwangerschaft benennen? (S. 108 – 109)

Zeig, was du kannst!

1. ☰ Ⓐ
Vergleiche tabellarisch die drei Abschnitte der Schwangerschaft im Hinblick auf: Größe des Kindes, Organentwicklung und Veränderungen bei der Mutter.

	Erster Abschnitt	Zweiter Abschnitt	Dritter Abschnitt
Größe des Kindes			
Organentwicklung			
Veränderung			

2. ☰ Ⓐ
a) Begründe, welches der Bilder unten einen Zeitpunkt kurz vor der Geburt beschreibt.
b) Erkläre, warum eine Überwachung der kindlichen Herztöne bei der Geburt wichtig ist.

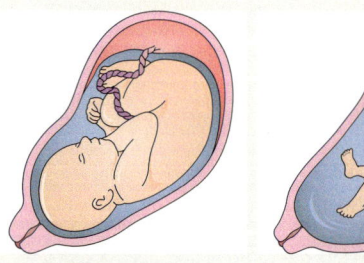

3. ☰ Ⓐ
a) Nenne Vorteile einer Ultraschalluntersuchung.
b) Beschreibe den Ablauf einer Fruchtwasseruntersuchung.

Kinderwunsch und Konfliktberatung

Kannst du schon ...

... beschreiben, was bei einer Schwangerschaftskonfliktberatung gemacht wird? (S. 110)

... mögliche Lösungen in Dilemma-Situationen diskutieren? (S. 111)

... drei Techniken der Reproduktionsmedizin benennen? (S. 112 – 113)

... beschreiben, welche Folgen die Auswahl von Embryonen bei der PID hat? (S. 113)

Zeig, was du kannst!

4. ☰ Ⓐ
a) Beschreibe, welche Gedanken einer Schwangeren vor einer Schwangerschaftskonfliktberatung durch den Kopf gehen könnten.

b) Erkläre, wie die Schwangerschaftskonfliktberatung vor allem zum Schutz des Fetus beiträgt.

5. ☰ Ⓐ
a) Nenne zwei Möglichkeiten von kinderlosen Paaren, sich ihren Kinderwunsch zu erfüllen.
b) Vergleiche diese zwei Möglichkeiten im Hinblick darauf, wie kompliziert der Eingriff ist und ob es ethische Konflikte gibt.

6. ☰ Ⓐ
Erläutere mithilfe der unteren Aussagen die ethische Problematik der PID.

> *Ob ich ein behindertes Kind bekomme oder nicht, ist immer noch meine Entscheidung!*

> *Hat nicht jeder Mensch das Recht auf die Welt zu kommen, egal wie lange er lebt?*

Entwicklung des Kindes

Kannst du schon ...

... beschreiben, wie eine Mutter-Kind-Bindung entsteht? (S. 114)

... benennen, was man bei der Pflege von Säuglingen beachten sollte? (S. 114)

... beschreiben, was Entwicklungsstufen sind? (S. 115)

... begründen, warum die Eltern mit ihrem Kind viel spielen und sprechen sollten? (S. 115)

Zeig, was du kannst!

7.

In einem Experiment wurden junge Rhesusaffen von ihren Müttern getrennt und mithilfe von milchspendenden Draht-Attrappen und weichen Stoff-Attrappen aufgezogen. Als diese Rhesusaffen ausgewachsen waren, litten sie unter psychischen und sozialen Störungen.

a) Beschreibe mithilfe des Bildes die Bedeutung der Attrappen für die Jungtiere.

b) Erkläre aufgrund des Versuches die Bedeutung der Mutter-Kind-Bindung für die Entwicklung des Kindes.

8.

a) Nenne drei Entwicklungsstufen eines Kindes.

b) Erläutere an einem selbstgewählten Beispiel, wie die Eltern jede der drei Stufen durch gemeinsame Zeit fördern könnten.

Erziehung und Familie

Kannst du schon ...

... die vier Erziehungsstile beschreiben und vergleichen? (S. 116 – 117)

... erklären, warum man Kindern manchmal auch Grenzen setzen muss? (S. 117)

... an Beispielen erläutern, welche Formen von Lebensgemeinschaften möglich sind? (S. 118 – 119)

... beschreiben, wie sich Familie in den letzten 200 Jahren geändert hat? (S. 119)

... beschreiben, welche Möglichkeiten es gibt, Beruf und Familie zu vereinen? (S. 107, 119)

Zeig, was du kannst!

9.

a) Beschreibe die Stärke an Zuneigung und die an Kontrolle bei den vier Erziehungsstilen, indem du diese miteinander vergleichst.

b) Ordne folgende Aussagen jeweils einem Erziehungsstil zu und begründe deine Wahl.

> *Anna darf alles machen, was sie möchte. Als Eltern sollten wir ihre Entwicklung respektieren und nicht kontrollieren.*

> *Tom sollte die Welt selbst entdecken. Als Eltern sollten wir ihn begleiten und vor Gefahren schützen.*

10.

a) Erkläre, warum die Geburtenrate in Deutschland niedrig ist.

b) Nenne zwei Maßnahmen, die eine Berufstätigkeit von Eltern ermöglichen sollen.

Wichtige Begriffe

- Schwangerschaftswochen
- Plazenta, Embryo, Fetus
- Ultraschall, Fruchtwasseruntersuchung
- Schwangerschaftskonfliktberatung, § 218a
- Insemination, IVF, PID
- Mutter-Kind-Bindung
- Entwicklungsstufen
- Erziehungsstile

Stichwortverzeichnis

Übersicht

Bildquellenverzeichnis

|123RF.com, Hong Kong: marcouliana 79.1. |2 & 3d design Renate Diener, Wolfgang Gluszak, Düsseldorf: 45.1. |akg-images GmbH, Berlin: 28.1, 44.4. |Alamy Stock Photo, Abingdon/Oxfordshire: FLPA 84.4; imageBROKER 121.3; Kupeli, Yulia 14.2; lophius_sub 10.2; Moller, Sibylle A. 87.1; Panther Media GmbH/niehaus 35.2; Phanie 39.3; Pictorial Press Ltd 10.1; PictureLux/The Hollywood Archive 35.1; Science History Images 14.1; Sinclair, Paulette 84.3, 84.5; The Natural History Museum 84.7, 84.8. |Alamy Stock Photo (RMB), Abingdon/Oxfordshire: BSIP SA 52.1; Kuhne, Daniel 83.4; Science History Images 102.1; Wildlife 59.4. |BC GmbH Verlags- und Medien-, Forschungs- und Beratungsgesell-schaft, Ingelheim: 5.3, 24.1, 24.2, 24.3, 131.1, 131.2, 131.3, 131.4. |Biermann-Schickling, Birgitt, Hannover: 7.1, 24.6, 25.6, 25.8, 25.10, 64.6, 64.7, 99.2, 112.1. |Bintakies, Jan, Hannover: 36.1, 58.3. |Bundesministerium der Finanzen, Berlin: 32.5, 32.6, 32.7, 32.8. |ddp images GmbH, Hamburg: 41.1. |Domke, Franz-Josef, Hannover: 18.1, 33.2, 71.6, 94.1, 100.2. |Europäische Kommission, Berlin: 121.1. |Fairtrade Deutschland, Köln: 68.3. |Forest Stewardship Council (FSC) Deutschland, Freiburg: 68.2. |fotolia.com, New York: Alexmar 69.2; beerfan 57.2; Benicce 71.4; digitalstock 97.1; Joelle, M. 63.3; loraks 18.2; Luis 66.2; Melastmohican 57.1; PRILL Mediendesign 7.4; psdesign1 81.3; reineg 11.1; Tramper2 6.1; Wilhelm, Andrea 7.5. |Gall, Eike, Enkirch: 76.2. |Gesellschaft für ökologische Forschung e.V., München: 74.2, 74.3. |Getty Images, München: Cavan Images 82.2; Design Pics/Westmorland, Stuart 73.2; FEMA 44.5. |Gräter, Johannes, Bad Königshofen: 102.3. |Henkel, Christine, Dahmen: 95.1. |Herzig, Wolfgang, Essen: 95.2, 128.3. |Imago, Berlin: imagebroker 66.3. |Institut für Humangenetik, Universitätsklinikum, RWTH Aachen/Dr. rer.nat. Herdit M. Schüler, Aachen: 22.2, 23.2, 38.1, 38.2. |iStockphoto.com, Calgary: AlexRaths 101.2; ArtMarie 119.2; banarfilardhi 104.1; BlackJack3D 3.1, 9.1; CoenWeesjes 73.3; DaveLongMedia Titel; DenKuvaiev 43.2, 63.2; emer1940 86.3; funky-data 100.3; Geber86 119.1; kali9 109.1; Kerrick 77.4; Kletr 79.5; Mac99 41.2; Melnikov, Vladimir 73.1; Nayomiee 118.1; Neustockimages 118.4; Olariu, Madalin 77.2; ollo 79.6; Oskanov 79.3; Rebollo, David González 77.3; Ridofranz 4.1, 103.1; Schluenz, Oliver 59.1; simon91germany 79.2; Svisio 8.1; TommL 5.4; TonyBaggett 116.1. |Janßen, Josefine, Braunschweig: 92.2, 93.3. |juniors@wildlife Bildagentur GmbH, Hamburg: Harms, D. 59.2. |Karnath, Brigitte, Wiesba-den: 24.5, 34.2, 34.4, 35.3, 37.1, 38.3, 39.1, 43.1, 49.1, 69.1, 80.1, 110.1, 118.5. |Keis, Heike, Rödental: 5.1, 5.5, 13.1, 20.1, 28.2, 28.3, 29.1, 64.1, 115.1. |Leisse, Silke, Braunschweig: 42.2, 44.3, 50.2, 62.1, 100.1. |Lüddecke, Liselotte, Hannover: 23.3, 30.2, 30.3, 42.1, 42.3, 45.2, 46.2, 47.1, 53.1, 62.2, 72.1. |Mall, Karin, Berlin: 10.3, 88.1, 88.3, 131.5. |Marahrens, Olav, Hamburg: 75.1. |mauritius images GmbH, Mittenwald: 22.1; BSIP/GODONG 82.3; imageBROKER 77.5; imageBROKER/Mang, Christian 3.2, 67.1; IPS 71.1; Science Source/Hamilton, Nancy 34.1; Westend61 108.2. |Max-Delbrück-Centrum für Molekulare Medizin in der Helmholtz-Gemeinschaft (MDC), Berlin: Hakan Toka 34.5. |Ministerium für Arbeit, Soziales und Integration des Landes Sachsen-Anhalt, Magdeburg: Dies war eine Kampagne des Landes Sachsen-Anhalt. 115.2. |Minkus Images Fotodesignagentur, Isernhagen: 24.4, 26.1, 30.1, 39.4, 39.5, 44.1, 44.2, 57.3, 70.1, 97.2. |OKAPIA KG - Michael Grzimek & Co., Frankfurt/M.: Dirscherl, Reinhard 71.2; NAS/Omikron 65.2; NAS/Phillips, Mark D. 43.3; Otto, Werner 116.2; SAVE/Kunz, Bernd 96.1; Science Source/NAS/Abbey, M. 25.1, 25.3, 25.5, 25.7, 25.9, 64.2, 64.3, 64.4; Science Source/NAS/M. Abbey 64.5. |PantherMedia GmbH (panthermedia.net), München: totalpics 96.2. |Picture-Alliance GmbH, Frankfurt a.M.: dpa 6.2; dpa-Zentralbild 8.3; dpa/Cat 46.1, 46.3; dpa/ Stratmann, Oliver 55.2; dpa/Verlagsarchiv J. E. von Seidel 116.3; dpa/Zucchi, Uwe 81.2; EPA/ASAHI SHIMBUN 41.3; imagestate/HI 15.2; Wildlife/Harms, D. 59.3. |Reitberger, Werner, Aidenbach: 12.3, 19.3, 19.4, 19.5. |Scheid, Walther-Maria, Berlin: 58.1. |Schlierf, Birgit und Olaf, Lachendorf: 5.2, 19.1, 19.2. |Schobel, Ingrid, Hannover: 55.3, 101.1, 104.2, 105.1, 106.1, 106.3, 108.1, 109.2, 121.2, 122.2, 122.3. |Science Photo Library, München: 128.2; Biophoto Associates 26.2, 26.3, 26.4; Brown, A. Barrington 15.1; Caffrey, Conor 35.4; Franceshini, Pr. Ph. 128.4; Goetgheluck, Pascal 14.3; Leroy, Francis 43.4; Photo Researchers 123.1; Psaila, Philippe 19.6; SPL 12.2, 39.2; Springer Medizin 128.1. |Shutter-stock.com, New York: 1000 Words 76.1; Bidouze, Stephane 83.2; Caunt, Mark 79.4; Christophersen, Chris 77.1; cloki 98.1; CroMary 117.1; Dvornyk, Volodymyr 29.2; Filimonov, Iakov 118.2; Grogan, Holly 87.3; Halfpoint 114.1; Ilyukhin, Pavel 114.2; Image Point Fr 48.1; Image Source Trading Ltd 8.2; Kneschke, Robert 119.3; koya979 102.2; Kuzmina, Oksana 45.3; LazarevaEl 33.3; Lestertair 7.3; lllonajalll 66.1; Marcos Mesa Sam Wordley 111.1, 122.1; Masson 118.3; milka-kotka 33.1; Monkey Business Images 34.6, 114.3; Pavel L Photo and Video 96.3; pets in frames 32.9; Scanrail1 97.3; Sirivutcharungchit, Suwat 32.2; sirtravelalot 16.1; sittitap 68.1; Space_Cat 112.2; Thongdumhyu, Rattiya 13.2; VGstockstudio 117.2. |Shutterstock.com (RM), New York: Glasshouse Images 36.3. |stock.adobe.com, Dublin: 230849747 71.5; alexandersw 87.2; Arcady 105.2; ARochau 82.1; Carey, Richard 89.1; dechevm 106.2; detailblick-foto 120.4; dieter76 32.4, 83.1; Flamingo Images 107.1; Fotoschlick 71.3; j-mel 86.1; kikimor 99.3; Körber, Stefan 86.2; marls 84.6; micromt 23.1; o1559kip 107.2; Schwier, Christian 34.3; Seybert, Gerhard 92.1; Tina 32.10; trafa 84.11; Vilanova, Luis 84.9, 84.10; W PRODUCTION 110.2; WavebreakMediaMicro 120.1; Wicklund, Jaren 120.3; Zahi 69.3; © 2013 Alfred Weintoegl, Gumpendorferstraße 36/35, 1060 Wien, all rights reserved 56.1. |take five - Joachim Seifried, Essen: 12.1. |Tönnies, Frauke, Laatzen: 7.2. |vario images, Bonn: 50.1. |Verband Lebensmittel ohne Gentechnik e.V. (VLOG), Berlin: 58.2. |Visum Foto GmbH, München: Reents, S. 81.4. |Wagner Solar GmbH, Kirchhain: 81.1. |Wildermuth, Werner, Würzburg: 10.4, 11.2, 11.3, 17.1, 21.1, 25.2, 25.4, 27.1, 31.1, 31.2, 32.1, 32.3, 36.2, 37.2, 40.1, 44.6, 51.1, 52.2, 52.3, 54.1, 55.1, 56.2, 63.1, 63.4, 65.1, 65.3, 74.1, 76.3, 78.1, 78.2, 83.3, 84.1, 84.2, 85.1, 85.2, 88.2, 90.1, 90.2, 90.3, 91.1, 92.3, 93.1, 93.2, 94.2, 99.1, 113.1, 117.3, 120.2.